近代中日關係研究 第一輯 3

# 甲午戰爭外交秘錄

陸奧宗光編
陳鵬仁譯著

蘭臺出版社

# 新版譯者的話

甲午戰爭當時，日本外務大臣陸奧宗光的口述著作《蹇蹇錄》—日清戰爭外交秘錄—是一本非常重要的外交文獻。十一年前，我受託翻譯此書出版，但這家出版社早就找不到了。

今年欣逢甲午戰爭結束，簽訂《馬關修約》一百一十周年，王曉波先生說這本書應該出新版，乃交由海峽學術出版社發行。

十一年前，該書書稿沒有讓我親自校對，因此錯字很多，還有一小段漏掉了。所以，此書我敢說是中文翻譯最完整的一本。

現在我要說的是，本書文中，中國都稱清國，因為當時中國的正式國名是大清帝國，簡稱清國。當然，原著也都稱為清國。只有一個地方稱「支那」，故我把它譯為「中國」。另外，我增加好多「譯註」，無非是想幫助讀者理解此書內容。

關於甲午戰爭，我有一本《從甲午戰爭到中日戰爭》（國史館出版，二刷），裡頭有兩篇是關於甲午戰爭的，請參考。

最後，我要由衷感謝王曉波先生和海峽學術出版社幫我出版這本極有史料價值的這本書，今由蘭臺出版社重新出版，並請各位方家指教。

編案：此書初版原名《中日世紀之戰—甲午戰爭》

陳鵬仁
二〇〇五・三・三

# 譯者的話

陳鵬仁

本書原名《蹇蹇錄》——日清戰爭外交秘錄，是甲午戰爭（一八九四—一九五）當時，日本伊藤博文內閣的外務大臣陸奧宗光（一八四四—一九七）的口述著作。這是他在大磯養病期間，口述由速記者速記而成，然後自己推敲再三纔定稿的秘錄。由於陸奧身為外相，因此這部著作有許多機密文件，而其真正價值也在此。

《蹇蹇錄》於一八九六年首次由外務省印行，但祇分給少數人，是外交秘密書本。迨至一九二九年一月，《伯爵陸奧宗光遺稿》出版之後纔正式公開，當時出版它的是岩波書店。不過在秘本時代，坊間也有幾種版本。

二次大戰以後，於一九五二年，陸奧後裔將陸奧宗光的有關文件捐贈給日本國會圖書館，經該圖書館憲政資料室整理後，於一九六六年出版《陸奧宗光關係文書目錄》。

以上是《日本外交史辭典》和有關書刊的記載。但《蹇蹇錄》的主要內容，譬如陸奧對中國媾和條約案、伊藤的奏文、《馬關條約》的交涉經過等等，早於一九二六年底二七年初，已經由曾任陸奧任外相時的外務省屬託小松綠在報紙《中外商業新報》連載過；小松且將其連載文章於一九二七年四月十五日，交由該報以《明治史實外交秘話》出版單行本，封面作者名使用「櫻雲閣主人」。至今，日本學術界從沒有人提過此事，算是一種怪事。

《蹇蹇錄》的日文版，有岩波書店、中央公論社等的版本。中文版，據我所知道，龔德柏於民國十八年初在大陸翻譯和出版過，在台北，我看過龔譯的兩種翻印本。他的譯本，雖然有些譯得不是很正確和有小錯，但整個來說，是相當不錯的。他的「辯言」寫得非常中肯，見解正確。不過對於中國官方密碼被解碼一事，他懷疑是我電報生被收買，但這是一種錯誤猜測，後面再詳述。英文版由南加州大學教授巴卡（Gordon M. Berger）翻譯，於一九八二年由日本國際交流基金會出版。

中方密碼於爆發甲午戰爭之前，已經由當時的外務省電信課長佐藤愛麿所解讀。即一八九四年六月二十二日，外相陸奧致中國駐日公使汪鳳藻一長函，汪於翌二十三日打長電報給總理衙門，佐藤以汪之電文與陸奧的信函對照，終於解開了中國的電報密碼。當時中國的電報密碼用一、二、三、四、五……的數字，非常簡單，因此遂被解碼。李鴻章到日本談判《馬關條約》，與總理衙門往還的一切電報，全部被解讀，日本政府盡悉中國的底牌，所以李鴻章再怎麼說也無法達到其目的。由於佐藤解讀中國的密碼，甲午戰爭後論功行賞時，陸奧特別褒舉佐藤獲得「勳四等旭日小綬章」勳章，並領年金。此時，領取年金者祇有佐藤一個人。（陸奧外相秘書中田敬義的回憶口述《日清戰爭前後》，一九三八年十月，日本國會圖書館憲政資料室《憲政史編纂會收集文書目錄》五五〇，櫻雲閣主人著前述書一四八—一四九頁）。

甲午戰爭是中國真正開始沒落，日本處心積慮走上侵略中國的開端。爾後的俄日戰爭、第一次世界大戰、五三慘案、炸死張作霖、九一八事變、盧溝橋事變以至太平洋戰爭，在此種意義上來說都是甲午戰爭的延續和結果。由此可見甲午戰爭對中國如何重要。值此爆發甲午戰爭一百周年，翻譯陸奧宗光的《蹇蹇錄》後草此數言，希望國人讀此書，知所警惕，有所覺醒。

一九九四・二・十二　台北

# 目次

# 一　東學黨之亂

對於朝鮮的東學黨，日本人和外國人，各有不同的看法。有的人認為，這是混合儒學和道學的一種宗教性的團體；也有人認為這是朝鮮國內希望改革政治的團體；更有人說這只是好亂凶徒的集團。我覺得在這裡不必討論其性質，故不贅。要之擁有這個名稱的亂民，自明治二十七年（西曆一八九四年，以下皆用西曆——譯者）四月底五月初，在朝鮮國全羅、忠清兩道蜂起，掠奪所在民舍，驅逐地方官員，其先鋒指向京畿道，全羅道首府全州府且一度曾落入其手中，勢力頗為猖獗。由於清日兩國各主張其權利和立場，並各派遣其軍隊到朝鮮，爾後經過幾次形勢的變化，而為清日兩國海陸戰爭，日軍連戰連捷之後，清國政府兩次派其使臣前來日本求和，因下關（馬關）條約，清日兩國外交關係為之一變，世界承認日本為東洋的優等國家，其近因乃由於清韓兩國政府對東學黨之叛亂的內治、外交錯誤所導致。將來如果有人要撰寫清日兩國間當時的外交史，他必須以東學黨之亂為其開卷的第一章。

東學黨的勢力，日趨強大，朝鮮官軍處處潰敗，亂民終於攻下全羅道首府的消息傳到日本時，日本報紙競相刊載，物議騷然，或謂朝鮮政府如果無力鎮壓，日本應以鄰邦之誼派兵予以平定；或以東學黨係為韓廷暴政下欲拯救人民於塗炭之苦的真正改革黨，故應當給予援助，俾使其達成改革秕政的目的，尤其平素反對政府的政黨者流，為乘機困惑當局，而出於臨機的政略，頻頻煽動輿論，致力於製造戰爭氣勢。當時，日本駐朝鮮公使大鳥圭介（譯註一）准假回國中不在任所，臨時代理公使杉村濬（譯註二）在朝鮮工作數年，深諳朝鮮國情，因此日本政很相信他的報告。根據杉村五月左右的各種報告，東學黨之亂雖是近幾年來朝鮮絕無僅有的事件，但這些亂民並沒有能夠推翻現今政府的勢力，又依亂民前進的方向，為保護日本公使館、領事館及僑民，或許有需要從日本派遣一些軍隊前來之一日，但目前漢城自不在話下，釜山、仁川都沒有此種顧慮，故其認為日本政府之討論出兵問題實稍嫌太早。不過面對經常亂雜的朝鮮內政，以及往往會出軌的清國外交，我認為還是應該事先有所準備，因而我遂秘密訓令杉村，要其隨時密切注意東學黨的舉動，和觀察韓廷對其將如何處置以及韓廷與清國使臣的關係如何等等。

此時，日本國會正在開會中，在眾議院，反對政府者仍然佔多數，故時或發生各種紛爭，不過政府皆儘量採取寬容態度，極力避免衝突，迨至五月三十一日，眾議院通過責難內閣之行為的上奏案（不信任案），不得已，政府只有祭出最後手段：奏請解散眾議院。六月二日，準備在內閣總理大臣官邸召開內閣會議時，杉村來電報說朝鮮政府已向清國請求援兵。這是極重大事件，如果坐視這個事實，已經偏頗的清日兩國在朝鮮的權力關係將更加偏頗，將來在朝鮮，日本實祇有袖手旁觀清國為所欲為，日韓條約（譯註三）的精神可能由此遭受蹂躪，故我一出席內閣會議，馬上給閣員看杉村的電報，同時表示：不管以何種名義，清國如果有派兵朝鮮的事實，日本亦應派遣相當數目之軍隊前往朝鮮，以防萬一，並維持清日兩國在朝鮮的權力（軍事）均衡。閣員們皆贊成我的意見，於是伊藤（博文）內閣總理大臣遂派人請參謀總長熾仁（有栖川宮）親王和參謀本部次長川上（操六，譯註四）陸軍中將列席，協議今後派兵朝鮮事宜。爾後，內閣總理大臣遂攜帶本件與解散眾議院之閣議進宮，獲得明治天皇核可並執行。

如此這般，廟議決定派遣日本軍隊前往朝鮮，因此我便要大鳥特命全權公使作隨時返任所的準備，並與海軍大臣（西鄉從道，譯註五）密商，令大鳥公使搭乘軍艦八重山，要該艦多載若干海軍士兵，訓令該艦及其海軍士兵統受大鳥公使之指揮；同時由參謀本部密令第五師團長，要其抽調一部分軍隊，趕緊作出兵朝鮮的準備，更密令徵用郵輪公司等的運輸及軍需，很短時間內完成了一切所需的準備。由於這些廟算皆屬於外交軍事機密，局外人自無從得悉。故反對政府者仍然拚命在其報紙上，或以演說大事鼓吹派軍隊到朝鮮之刻不容緩，極力責難政府之怠慢，以洩解散眾議院之餘憤。

廟議雖然如此決定，但其實施必須臨機應變，不能對國家大計有所失誤。故日本政府慎重再加討論，以確定其方針。即清日兩國既然各派遣其軍隊，便有隨時發生衝突互相交戰之可能，屆時，日本自當盡其全力，以達到當初之目的，但還是要盡量努力於不破壞和平，而又能保全國家的榮譽和清日兩國的勢力均衡。與其同時，日本要儘可能地立於被動，令清國採取主動。而且發生此種大事件時，在外交上，第三者的歐美各國必各有其向背，故除非不得已，要極力使事情侷限於清日兩國之間，致力於避免與第三國扯上關係，以上是其要點。上述廟算，係由伊藤首相與我熟議所得結論，其中大多為伊藤首相高見，當時閣員都贊成此種意見，而既蒙聖裁，清日交戰中，日本政府便始終忠於這個原則，堅持其立場。

日本政府雖已如此決心，可是對方的清國政府是否已經下定與日本同樣的決心實大有疑問。蓋清日兩國在朝鮮的權力鬥爭由來已久，這裡不必詳述。但在清日兩國於朝鮮欲各維持其勢力，這一點，則幾乎冰炭不相容。日本一直認為朝鮮是一個獨立國家，因而意圖斷絕清韓兩國之間曖昧的宗屬關係；而清國根據往昔的關係，表示朝鮮是她的屬邦，但在實際上，清韓的關係，實欠缺在國際公法上能夠確定其為宗主國與屬邦之關係的要素，因而清國希望在名義上承認朝鮮為其屬邦。尤其是自一八八四年漢城變亂以後，清國在朝鮮的勢力大有進展，無論個人或國家，得到權力以後便想擁有更多和更大的權力乃是人情之常。清國雖自稱其與朝鮮具有宗屬關係，但對於朝鮮國不是名副其實的屬邦不僅感覺不滿，而且其東方還有一個一天到晚想妨礙此種關係的強國（日本），因此就清國政府來說，欲予以剷除乃是理所當然的事。尤其當時年富力壯駐紮漢城之軍人袁世凱，更是如此想法。

袁世凱目睹一八八四年以後日本在朝鮮的勢力有所減弱，加以於一八九〇年日本實施憲法以後，日本政府與國會之間，常常發生衝突，乃認為日本政府不可能派兵到外國，清國自可乘此機會在朝鮮擴大其勢力，清國駐日公使汪鳳藻也以日本官民之爭執日烈，而妄斷日本無餘力對付他國，袁、汪兩氏如此報告其政府，此為清國政府錯誤判斷清日形勢的第一個原因。

當時韓廷的情況是，為王妃閔氏一族的專權，但其中還有朋黨的相爭。閔泳駿為王室外戚，位居勢道之職，其權力極其龐大，惟及至東學黨之亂起，官軍屢屢挫敗，乃集內外之攻擊於一身，在困苦艱難之中為求取一條生路，遂與清國使臣袁世凱勾結，請求清國派來軍隊，俾以挽回其劣勢。據說，當時朝鮮政府大臣之中，尤其是國王，以清國軍隊如進入朝鮮，日本亦必出兵，求清國之外援極為危險，以此非難閔泳駿，但卻沒有人敢出來負責，以擔當困局，故閔泳駿便請國王向清國稱臣，並請其出兵。

以上的事實是，對於東學黨之亂，清廷外交的錯誤，以及韓廷內政之不得法的第一個階段。簡言之，日本政府一直立於被動地位，除非萬不得已，不採取最後的手段；反此，清國則先對日本和朝鮮予以言論上的威脅，繼而以行動，以為這樣便足夠壓住日本，而似無清日兩國間的紛爭未能獲得解決時，要訴諸於武力的決斷。清廷既然這樣，韓廷更以其事大觀念，萬萬沒想到日本會戰勝清國，而有如搭上巨輪，大放其心，完全依靠清國。由於陷於此種錯誤，清韓兩廷及至平壤、黃海之役結束，仍然毫不知悉，誠非偶然。

# 二　清日兩國出兵朝鮮

日本政府於六月四日，根據臨時代理公使杉村漢城的來電，得悉該公使與袁世凱見面時，確聞朝鮮政府曾請清國派援兵，清國政府接受其請求，並將遣派若干軍隊到朝鮮的消息；從六月五日左右，天津領事荒川（已次）和北京公使館武官陸軍少佐神戶，曾分別向外務省和參謀本部拍來有關清國政府在天津準備出師情形的電報，或謂清國軍隊若干將於某日由大沽直往仁川；或說將直接山海關陸行，或報裝載軍需若干之清國輪船已開出大沽。一日之中，接獲此類電報數件，尤其接到駐北京臨時代理公使小村壽太郎（譯註六）說清國政府之決定出兵朝鮮國應該屬實的電報以後，朝鮮政府無法鎮壓其內亂，故請求清國援兵，清國政府隨即著手準備出師，或已派出若干軍隊，凡此都是不容置疑的事實，所以對其外交、軍事活動不可稍怠，由之我方遂努力於確認清國政府是否根據天津條約，為派兵朝鮮事要行文知照日本，或以此次出兵完全係根據朝鮮國王之請求，與天津條約無關，隨意出兵。當然，不管清國政府是否遵守天津條約，就派兵朝鮮行文知照日本政府與否，清國政府既然確實要派兵朝鮮，為保持清日兩國在朝鮮的勢力均衡，日本亦應派遣相當數目之軍隊，乃為廟議所已經決定，但日本要立於被動地位，並為必須確認清國政府對天津條約將採取何種態度，因而日夜密切注意清國政府的行動。

若是，為何懷疑清國政府派兵朝鮮時，她究竟要不要日本實行天津條約呢？因為清日兩國在朝鮮的關係，係基於冰炭不相容的原則。一八七三年左右，當時的外務卿（外交部長）副島種臣（譯註七）以特命全權大使身分派到清國，逗留北京時，據說曾與總理衙門的王大臣等，就清韓宗屬關係交談過，認為公文上沒有一項對清日兩國政府間具有效力；一八七六年，日本政府遣派全權辦理大臣黑田（清隆）、副大臣井上（馨，譯註八）前往朝鮮，簽訂當今之日韓修好條約時，日本則承認朝鮮為一個獨立國家，朝鮮亦以獨立國家與日本簽訂該項條約，惟日本政府感覺需要弄清楚清國與朝鮮之間曖昧的宗屬關係，遂訓令即將赴任的駐北京特命全權公使森有禮（譯註九）上任後，就此事與總理衙門有所商議，在此期間，彼此往來公文且已成卷，但其結果清國政府卻一方面說，在內政、外交上她讓朝鮮自主，故對於在朝鮮發生的事件不能直接負其責任；另方面又說朝鮮是清國的屬邦，不能承認其為一個獨立王國，其主張前後互相矛盾。當時，日本政府為了避免因此與清國政府發生糾紛，只是根據國際公法上的普通見解說明宗國與屬國的關係，並以清國稱朝鮮國為其屬邦卻說不能干與其內政、外交，無異是擁有屬邦的空名而迴避作為宗國的責任，故日本確認朝鮮國為一獨立國家，並主張由朝鮮政府負一切責任。與清國政府洽商事務，英國駐日公使巴克斯（Sir Harry Smith Parks, 1828-1885）（譯註一〇）比喻得好，實有如以無底的吊桶打井水，毫無效果，因此本件的商議也未能得出任何結論，變成抬死槓，而徒增往還公文的數量而已。一八八四年漢城之變亂的隔年，現在的伊藤內閣總理大臣，當時的參議兼宮內卿以特命全權大使被派到清國，簽訂天津條約以前，清日兩國在朝鮮的權利，彼此之間並無任何約定。日本根據一八七五年的日韓修好條約，主張朝鮮為一個獨立國家，但清國卻仍然堅持朝鮮為其屬邦，互相相持不下。天津條約係為處理當時在朝鮮清日兩國軍隊衝突的善後而簽訂，它雖然沒有能夠確定清韓宗屬關係的明確條款，但在該項條約，卻約定清日兩國要同時從朝鮮國撤回其駐紮軍隊，並規定將來在朝鮮發生事變，清日兩國之中任何一方要出兵朝鮮時，必須互相行文知照。這是表示清日兩國在朝鮮權力平等的唯一明文，除此以外，對朝鮮的權力均衡，在清日兩國之間沒有任何保障。惟對於天津條約，在日本也有人批評和攻擊；但清國政府簽訂了具有在條約上不得不從她一直稱其為屬邦的朝鮮撤回其駐紮軍隊，將來在任何情況下要出兵朝鮮時，必須首先行文知照日本政府之條款的條約，對她幾乎是一種重大的打擊。由此，清國所主張的屬邦論，毫無疑問地大減其威力。因此發生此次朝鮮事件時，英國政府率先欲嘗試居間調停，後來又勸告再度設立清日兩國政府之間一旦破裂的共同委員，對此日本政府回答說，將來事暫且不談，迨至今日，就日本已經單獨勸告朝鮮政府，朝鮮政府表示同意的改革事項，實沒有再與清國從事任何協商的必要時，英國政府似乎也認為，關於朝鮮之事，清日兩國之間一切必須保持平衡一事為天津條約的精神，後來對於日本政府的回答，責備說是無視天津條約的精神，日後駐韓清日兩國軍隊共同佔有朝鮮南北部時，英國勸告清日兩國慢慢謀求調適，應該出於同一理由，作為天津條約的解釋雖然錯誤，但該項條約之清日兩國在朝鮮的權力平衡，很受外國政府重視，則顯而易見。對於此次事件，就派兵事應互相行文知照的規定外，我之所以詳述與其無直接關係的天津條約的解釋，乃認為自簽訂該條約以後，清日兩國政府之出兵朝鮮，實以此次事件為首次，而且確認清國政府是否遵從天津條約，行文知照日本政府，對於現在與未來，日本對清國外交都非常重要。

如上所述，日本政府一方面趕緊作隨時可以出師朝鮮的一切準備，另方面密切注意清國政府如何實行天津條約時，清國駐東京特命全權公使汪鳳藻，以一八九四年六月七日公文，說是政府的訓令，照會日本；清國應朝鮮國王之請求，為鎮壓東學黨將派遣若干軍隊前往朝鮮。作為出兵的行文知照，實是多餘的議論，其間雖亦有稍稍傲慢的語句，但文中除「我朝保護屬邦舊例」一句外，現在無暇作文字上之爭執。於是日本政府照復：日本政府得悉清國政府根據天津條約第三款之規定，為出兵朝鮮所行文知照之旨趣，惟文中有「保護屬邦」一語，但日本政府從未承認過朝鮮國為清國之屬邦，故附上此抗議之文字。

日本政府得悉清國政府已經遵行天津條約。故日本實不必要等待。我當天晚上訓令駐北京臨時代理公使小村壽太郎，要其向清國政府說：「朝鮮國現今發現重大變亂，日本將遣派若干軍隊前往該國，根據天津條約之規定，茲行文知照。」日本政府的照會，只是按照天津條約的規定，知照派兵而已，比諸清國政府致日本政府的照會極其簡單，可是總理衙門對於日本政府的照會，卻說清國係應朝鮮之請求為戡定其內亂而派兵，即依保護屬邦的舊例而為，內亂平定之立刻要撤兵，但日本政府派兵的理由，如果是為了保護公使館、領事館和商民，就不必派出多數軍隊，非出於朝鮮政府之請求，硬將日本軍隊運到朝鮮內地，必驚駭其人民，而且萬一與清國軍隊相遇時，因語言不通等可能發生事端，因而要求代理公使小村將此意思電達日本政府，小村亦立刻將其旨趣電稟。日本政府以其係根據天津條約之規定行文知照出兵朝鮮而已，並無答應清國任何要求之理由，故令小村回答總理衙門：第一，清國說出兵朝鮮是為保護屬邦，但日本政府從未承認過朝鮮為清國之屬邦；第二，日本政府此次出兵朝鮮，係根據濟物浦條約上之權利，關於出兵，遵照天津條約行文知照外，日本政府可為所欲為，軍隊多少及其進退動止完全不受清國政府掣肘，即使清日兩國軍隊在朝鮮國內，彼此相逢，語言不通，日本軍隊經常依紀律節制而行動，故日本政府深信決不會亂衝突，因此希望清國政府亦訓令其軍隊，以免發生事端。

這祇是清日兩國根據既有條約行文知照派兵朝鮮而已。對於清國照會所說保護屬邦文字，日本不能坐視。對於日方照會，對方亦提出許多質問，雖和平未破尚未干戈相見，但在簡牘之中彼此所見不同，早已表露甲爭乙抗之情況。具有另一種電氣的雨雲，已經互相接觸，其將轉變為電擊雷轟之形勢甚明。但日本政府即使在此千鈞一髮之際，仍然盡量努力尋求避免破壞現今之和平，且能保全國家榮譽之道。

## 三　大鳥公使回任後之朝鮮情勢

日本政府在外交上雖然常立於被動的地位，但一旦有事時在軍事上便要制敵機先；現在清國既然決定派其軍隊到朝鮮，要等其在形式上根據天津條約行文知照，事實上有問題。加以清國要進退其軍隊，遠比日本自由自在，譬如彼此與朝鮮的距離，如果從山海關或大沽以相當速度的汽船直往仁川，只要十二、三小時即可到達；但從日本廣島宇品港直駛仁川，最少要四十多個小時。當時的朝鮮形勢，絕不允許大鳥公使拖延一日歸還任所，因而我於接到清國政府公然出兵通知之前兩天亦即六月五日，令大鳥公使搭乘軍艦「八重山」，由橫須賀出發。軍艦「八重山」，此次增加大約一百名海軍士兵，同時巡視東海和南洋的數艘日本軍艦恰好數日前回到釜山港，所以我遂與海軍大臣協議，要求這些軍艦儘快開到仁川，以警備該港，俟大鳥公使抵達仁川，要進入漢城之際需要統率若干兵員時，依該公使之請求，由「八重山」艦及其他各艦分別提供兵員，以應所需。因此，至少有三、四百名海軍士兵隨時可以跟著大鳥公使，使大鳥公使之歸還漢城任所得到方便。這是日本政府在大鳥公使蒞任朝鮮時，對於可能已經駐紮朝鮮的清兵，為求取勢力之均衡所採取的措施。不過在國家榮譽不受到毀損範圍內，日本政府將以和平手段處理時局，故我對尚未離開東京的大鳥公使曾予以最精細的幾件訓令說：關於今後朝鮮的情形，政府可能派遣相當數目之軍隊到朝鮮，但除非萬不得已，要以和平手段處理事務為第一要義；惟因當時形勢非常迫切，我又訓令他，如果時局急促，無暇請示時，可以臨機處理。這個訓令，似有表裡兩種原則，但在當時的情勢下，給予駐外使臣以此種權力，亦屬不得已之事。

大鳥公使於六月九日抵達仁川。他帶領著由各軍艦提供的三百多名海軍士兵回到漢城任所。繼而由第五師團派遣的一戶（兵衛，譯註一一）少佐也率領一個大隊的陸軍到達漢城，日本政府預定遣派的混成旅團，亦將陸續悉數派出。不過大鳥公使返抵漢城時，清國軍隊已經駐在朝鮮國內忠清道的牙山。而朝鮮的官軍近日似乎稍稍恢復其勇氣，因此東學黨的勢力大為受挫，進攻幾近停頓，漢城、仁川等地很是平靜，故清韓兩國政府眼看大鳥帶領大兵返任甚為驚愕，而以種種藉口，意圖阻止大鳥公使帶兵進京。惟清日兩國之間既已根據天津條約行文知照；日韓兩國之間，依濟物浦條約第五款之規定，日本擁有派兵朝鮮國的權利，故他們在表面上無法提出任何抗議，但卻用盡各種奸計努力於要使日本軍隊早日由朝鮮撤退，其用心不問而知。清國政府則訓令袁世凱，與大鳥公使秘密會談清日兩國軍隊互相由朝鮮撤退事宜。反觀駐在朝鮮的外國官員及商民，他們則在心裡默認朝鮮是清國的屬邦，相信清國此次出兵乃由於朝鮮國王的請求，而知道日韓兩國之間訂有濟物浦條約者很少，他們甚至於認為：如果清日兩國交戰，其勝負，頭一、二次戰爭姑暫不談，最後的勝利必歸於清國。日本軍隊在朝鮮，雖然很能守紀節制，毫無所犯，表現美風而為外國人所驚歎，但軍人不管如何和平地行動還是軍人，所以七千多軍隊駐紮於漢城、仁川，在他們看來仍是很奇怪，同時也很害怕。他們在漢城、仁川日夜目睹許多日本軍隊徘徊，但卻看不到牙山之清國軍人的動靜。於是，不管日本政府出兵之名義及用意如何，他們妄以為日本政府欲在平地起波瀾，意圖伺機侵略朝鮮。由此他們（即駐朝鮮歐美外交官和領事等）便更同情清國，並將其推測向其政府報告；至於其商人，更是亂猜妄斷，為其國內報紙寫文章。這是為什麼清日事件初期所以打動歐美各強國感情的主要原因。

大鳥公使歸任所後對當地情況所作觀察是極為正確的。他進入漢城以後，發現與其離開日本時所想像者大異其趣，朝鮮國很是平靜，清國軍隊滯陣於牙山，並未進入內地。得知如上所述外國人情況的大鳥公使，遂頻頻電報日本政府，建議暫時不要派太多軍隊到朝鮮，使朝鮮政府、人民尤其第三者的外國人抱持無謂的疑心，否則在外交上非常不利。可是在日本國內，卻已成騎虎之勢，不但不能中途變更既定之兵員數目，而且鑒於以往清國之外交，也難排除她玩弄譎詐權變以欺騙日本的可能。根據最近來自天津、北京的電報，清國還在忙於準備派遣更多的軍隊到朝鮮，故大鳥公使的電稟雖然也很有道理，但隨時都有發生意想不到變化的可能，而千鈞一髮之時，成敗完全繫於兵力之優劣和多寡，因此認為還是按照廟算所預定，儘快將混成旅團派往朝鮮為萬全。於是我便對大鳥公使訓令：即使在外交上有些爭議，使大島（義昌，譯註一二）少將所統率的混成旅團全部滯陣漢城，要朝鮮政府儘速鎮壓其內亂為上策，並要其向朝鮮政府提出，如果為鎮壓內亂需要，日本願意出借軍隊。

如上所略述，日本政府的廟算是：在外交上採取被動的態度，在軍事上則一定要制敵機先，即在迅雷不及掩耳的時機，外交、軍事的關係上要步步聯行，各當局之慘澹苦心，現在回想起來，真令人仍覺竦然。今日，清日兩國的軍隊均駐紮於朝鮮國內，其駐屯地互相隔離，暫時似無衝突之虞，東學黨在表面上也平靜下來，但清日兩國的軍隊仍然在睥睨、對峙和互相猜疑，樽俎之間彼此能夠釋然並將其軍隊由朝鮮同時撤退，幾不可能；另一方面，彼此卻也沒有最好的藉口以為交戰的理由。對於此種內外的形勢欲有所突破，實祇有施以某種外交政略以扭轉時局一途。

## 四 清日兩國共同派遣委員之提案

清日兩國政府互相行文知照派兵朝鮮之後，僅僅經過旬日，兩國在朝鮮的關係便瀕於危殆。在此種情況之下的自然結果是，彼此自以為是並排斥對方，猜疑與嫉妒日深，浮說流言百出，宛如凹凸鏡面亂射的幾道光線，互相反映屈曲，呈顯千狀萬態。而且不僅在相對立者之間如此，無直接關係之第三者的評論也一是一非，往往刺激當局之頭腦，由之使局勢更加複雜。換句話說，歐美各強國隨時有藉口干涉的可能。清日兩國的軍隊因互相隔著距離駐紮，故似乎不可能馬上發生衝突，而清韓政府似乎在背後勾結，搞各種陰謀，暗中尋求歐美強國的援助，不過沒有任何證據，真是密雲不雨的氣候。此時我覺得非以外交手段疏通這種纏糾紛錯的局面不可，因而再三與伊藤首相商量。他完全贊成我的意見，並在某日內閣會議席上，他寫了朝鮮內亂應由清日兩國軍隊共同戮力迅予鎮壓，平定亂民之後，為改革朝鮮內政，由清日兩國派遣常設委員若干名前往朝鮮，大略調查該國的財政，命令中央政府及地方官吏，設置必要的警備人員以保持國內的安寧，整頓該國財政，盡量招募公債，以使用於國家公益之目的等數項，並徵求大家可否以此為日本政府提案與清國政府商議。對此，閣員皆表示贊同。我對其意見雖無異議，但以為如果這樣做，日本外交的地位將由被動變為主動，而且在今日的情勢之下，清國政府不是那麼容易同意日方提議，如果清國政府不同意日方提案時，日本外交策略該如何繼續推動都是問題。伊藤首相在內閣議席上雖然沒有公開說明，但他既然起草這個提案，自有他的想法和打算。為著對它決定可否，我便請伊藤首相給我一天思考的時間，我想了一夜之後，認為日本政府在外交上必須有所轉變，清國政府十之八、九一定不會同意日方的提案，但即使清國政府不同意，日本也不能將其提案丟進舊紙簍裡，故除大致同意首相的提案外，雖然沒有更好的辦法，覺得如果清國政府不同意日方提案時，日本亦應該有單獨擔任韓國內政改革的決心，否則來日彼此意見衝突時，可能阻礙日本外交上的走向。因而於隔日內閣會議時，除伊藤首相的提案項目外，我更加上了以下兩項：「無論與清國政府的商議成功與否，在未得出結果以前，目前派在韓國的我方軍隊絕不能撤退；如果清國政府不贊成我方提案時，日本政府應以獨力促使朝鮮政府從事上述之改革」，並將其提出內閣會議決定，和由首相上奏並獲得核可。

至此，日本外交百尺竿頭更進了一步。今後一線的希望是：清國政府是否會同意日本的提案。但不管清國政府出於怎樣的處置，萬一拒絕日方提案時，日本政府當然不能坐視。屆時，清日兩國之衝突終無法避免，此時日本只有實行其最後的決心。這個決心，是日本政府決定派兵朝鮮時所已經決定了的，故自不必躊躇。因而我便於六月十六日，將清國駐日特命全權公使汪鳳藻請來，將閣議所決定條件中，除我所加的最後二項外，全部向他口述，並請他將之向其政府報告，請清國政府迅速同意日方提案，由清日兩國研究朝鮮善後之策，共同專心於維持東洋全局的和平。汪聽完了我的話以後，似覺得有點意外，並頗有難色。但又不敢正面提出抗議，而開陳種種枝葉論調，以避免向其政府報告日本提案。他的主要論點是：在講求朝鮮的善後政策之前，清日兩國應先將其軍隊由朝鮮撤出，然後再慢慢商議後圖。因此我懇切對他說明：觀察朝鮮現時之形勢，其禍亂之根源甚深，除非改革其秕政之根本，實無從獲得將來久遠之安寧，只是施以區區姑息之術、彌縫一時之和平，日本政府以領土接近鄰邦，一日亦不能安其心，除非確實獲得安心，日本政府無論如何絕不從朝鮮國撤退其駐軍；但如果清國政府能體察我政府之真意，贊同日方提案，自必予日本政府安心的一大幫助，總之這個提案與清日兩國由朝鮮撤退的問題是兩件事，故請其務必向其政府報告，並見覆清國政府之態度。這個談判，從該日下午八時開始，一直談到翌日凌晨一時左右，此時汪鳳藻才答應把日本政府的提案報告其政府。惟我還是懷疑他是否真正瞭解我國提案的意思，而即使他確實理解了，但是否會將其內容報告他的政府，還是個疑問。因此於隔（十七）日，我又備一份公文，列記昨夜所談的提案，交給汪公使，同時訓令駐北京臨時代理公使小村壽太郎，要其將上述提案向總理衙門提出，並要求其迅速回答，更訓令駐天津領事荒川已次，示直隸總督李鴻章以該項提案，要求李鴻章慫恿清國政府能早日同意。

汪鳳藻依清國政府的訓令，於一八九四年五月十八日（舊曆，新曆為六月二十一日），回答日本政府的提案。他對於不能同意日方提案提出三個理由：第一，朝鮮內亂已經平定，故清國軍隊不必代朝鮮政府剿伐，換言之，此時清日兩國不必互相合作從事鎮壓；第二，日本政府對朝鮮國的善後政策，雖為美意，但朝鮮的改革應由朝鮮自己來做，清國尚不干預其內政，日本既一向承認朝鮮為自主之國，尤無權利干預其內政；第三，事變平定之後，清日兩國軍隊必須撤退，乃為天津條約所規定，所以此時彼此軍隊應該撤退，自不容置疑，因而拒絕日本的提案。這個回答的內容，出自李鴻章的意見，並經由總理衙門，訓令汪鳳藻，應無疑問。不過，關於朝鮮內亂已定一節，如果從表面上來看，朝鮮國內確已恢復其靜謐，因此他們或許真的這樣想也說不定。他們既然認為朝鮮內亂已經平定，根據天津條約規定，說清日兩國軍隊必須從朝鮮撤退，從理論上來說並不矛盾；但日本政府認為，朝鮮的內亂，除非根除其根本禍根，否則不能放心，故不能以一時的和平假象為滿足，並以此斷定將來的形勢已無危殆之虞。這是兩國政府見解之不同，基本上應該沒有什麼差別才對。至於所謂朝鮮的改革應由朝鮮自己來一節，不但以非常中聽的說法來迴避自己的責任，說清國尚不干預其內政，竟以「尚」字來鞏固其地位，以日本承認朝鮮為自主國，故尤無干預其內政之權利，俾以壓抑日本的權利，實不脫清國政府特別是李鴻章平素倨傲之舊套，殊不知此時日本已下定最後決心，而仍然沉緬於當初之妄想迷夢，以為以壯語虛聲可了結這般大事，真是愚昧透頂。這是他們面對朝鮮事務時，一切皆由屬邦論出發，認為獨他們居於頭等地位，其他各國不得與其比肩併行，所以要清日兩國軍隊一起平定朝鮮內亂，清日兩國共同派出委員，以為朝鮮謀求善後等等，亦即對於清日兩國在朝鮮國內將導致平等權力之結果的任何提案，不管其內容對不對、好不好，他們很難予以接受。這是為什麼一開始我就認為清國政府十之八九不可能同意日本提案的主要原因。但日本政府對於清國政府的回答，自不能保持沉默。因而於（六月）二十二日，我對於汪公使所列舉各項，以公文一一予以駁斥。其內容略為：對於朝鮮目前情勢，清日兩國所見有異，甚為遺憾。不過徵諸過去事蹟，朝鮮半島為朋黨爭鬩、內訌暴動之淵叢，時起事變，其所以如此，我認為乃由於完全欠缺克盡獨立國責任之因素所致。而我國與彼國只一水之隔，疆土接近，彼此交易上重要，日本帝國對於朝鮮之種種利害，關係極其重大，今日對於該國之慘狀若袖手旁觀，不施匡救之謀，不僅有背鄰邦之友誼，更違悖我國自衛之道。因此，日本政府對於要求擔任朝鮮國之安寧靜謐的計畫，毫不遲疑，故除非確定能保持該國將來之安寧，足以保證政道得宜之辦法，日本政府認為不宜撤退現今駐紮該國之軍隊。這樣作不但合乎天津條約之精神，而且對於朝鮮國的善後也應該如此。在該項公文的最後部分，我這樣說：「本大臣以如此胸襟吐真誠，縱令貴國政府所見有異，帝國政府斷不能命令現在駐紮朝鮮國之軍隊撤退。」這是表示我國政府不能再與清國政府同其步武，今後無論清國往何處去，日本只有單獨向自己所相信方向一直前進，此為清日兩國已不可能互相合作的宣言，而這可以說是日本政府對清國政府的第一次絕交書。

# 五　清韓宗屬問題

無論朝鮮內政的改革，還是清韓宗屬的問題，溯其本源，畢竟都是清日兩國在朝鮮權力競爭的結果，因此在論究這個問題之前，我們必須概論清日兩國從前的關係。蓋清日兩國作為鄰友互相交往，歷年甚遠。政治、典例、文學、技術手藝、道義、宗教等等，凡百文明之元素，幾同其淵源。往昔，日本因清國文明之誘導而蒙其惠者甚多，清國為先進國家，日本為後進國家。迨至近來，歐洲各國勢力，日及東洋，所謂西歐文明之元素亦流進遠東，尤其日本自維新以來至此二十有七年，政府與國民皆孜孜不倦地努力於吸取西歐文明，因此完成百般改革，而有長足之進步，幾一變古日本之面目，新日本由之出現，而令當時歐美各先進國家驚歎。反此，清國卻是墨守成規，完全不隨內外之形勢改變其習套，故雖僅隔一衣帶水之兩國，日本代表西歐文明，清國仍然保守著東亞舊套。日本漢儒家一時曾稱清國為中華或者大國，以自己國家為恥辱，一味崇慕清國；但現在，日本人卻說清國為執迷不悟之保守大國，而予以侮辱；清國人則譏日本為輕佻躁進，妄學歐洲文明之皮毛的一小島夷，兩者之感情，實冰炭不相容，將來有一日，必起一大爭論，而不管其爭論的外因如何，其爭因無異是西歐新文明與東亞舊文明之衝突，這是任何人都不能不承認的事實。加以存在於疆土相接、國力相若之鄰邦間的功名心和猜疑心，日益勾起憎恨和嫉妒，因而彼此疑所不疑，侮所不侮，表面上雖尚未發生任何爭端，但禍機隨時隨地會爆發。譬如琉球、台灣問題，在此地固不必詳述；而自一八八二年以還，清日兩國似將其競爭焦點完全集中於朝鮮國內，爾後，舉凡有關朝鮮之事，彼此皆以嫉妒之眼光相睨視。即此次事件，係自始就以朝鮮之內亂為契機，清日兩國欲在朝鮮國滿足其權力慾所引起，這是無可否認的事實。

日本政府擬共同設立委員的提案，為清國所拒絕。因而日本政府不得不單獨擔任朝鮮的改革。這是衝突的原因，也是日本所決心的，此騎虎之勢是不可避免的。清日兩國的爭執，第一是有關實行改革朝鮮內政的方法，第二是如何決定清韓宗屬的問題。宗屬的關係，在牙山日本戰爭之後，朝鮮政府遵照日本政府的勸告，因公開表明她是一個獨立國家，並公然宣言廢除有害其獨立之清韓通商章程等各定約，此問題應該已經消失；加以在《馬關條約》，清國政府確認朝鮮為獨立國家，至此日本政府完全達到其當初之目的，當毫無疑問。至於朝鮮內政的改革，一直有種種紛雜的因素，故至今尚無能令人滿意的結果。當向社會表明日本政府應該單獨擔任朝鮮的內政改革時，日本朝野上下的主張翕然一致，都說：朝鮮為我國鄰邦，我國即使有些困難，對於鄰邦予以友誼之扶助，乃為正義國家日本帝國義不容辭之事；及至兩國交戰，則都表示：我國為抑強扶弱與仁義之師，當置勝敗於度外，對於這個外交問題，認為道義比政治重要。惟發表此類議論者之中，確有擬藉改革朝鮮之名，以擴張日本版圖者；

或者欲以朝鮮為日本之保護國，使其屈服於日本權力之下；亦政府令朝鮮從事適當之改革，雖小亦要使其保持獨立國家之面目，將來日本與清國或者俄國有事時，以朝鮮為緩衝者；更有人主張乘此機會由日本召集列國會議，倣效歐洲大陸比利時、瑞士之例，以朝鮮為列國所保障之中立國；但這些都只是個人的對話私語，其公開發表者，皆為社會庸俗之扶弱抑強的俠義議論。而我個人則認為：朝鮮內政的改革，乃為政治上所需要，除此以外沒有任何其他意義。因我不認為有從俠義精神興十字軍之必要，故朝鮮內政之改革，首先應以日本利益為主要目的為限度，不能因此而犧牲日本的利益。從此次事件來看，所謂朝鮮內政的改革，是欲調適清日兩國間無法解開之難局所想出來的一個政策，惟因時局大變，日本不得不單獨擔當此一任務，因此我自始就不特別重視朝鮮內政改革本身；同時我也懷疑：朝鮮這種國家，究竟能不能作好改革。不過，朝鮮的內政改革既然成為外交上的問題，日本政府能不能實行，自根本不必顧慮日本朝野的態度源自何因，故而此種一致的看法對內對外皆很有幫助。我藉這個大好題目，來決定是否要再調和已經破裂的清日關係，如果不能調和，是否應該促使其更加破裂呢？總之，我想利用此陰陰濕濕的黑暗天，一變而為下一場大雨或者一大晴天的風雨針。

日本政府曾向世界各國明言朝鮮是一個獨立國家，發生此次事變時，亦對各國宣佈絕不傷害該國的獨立。故勸告朝鮮改革內政時，表面上自不便採取太過於激烈的方法。當歐美列強睜大眼睛環視著日本對朝鮮將採取何種措施之際，日本如果錯走一步，勢必陷於四面楚歌的危險。因此對朝鮮政府勸告改革內政時，也要特別顧慮內外的形勢，每每要留意其失宜。因而其手段難免欠缺迅速有力，而且朝鮮本身亦不知該國積弊為何，所以對於自己不感覺需要改革的國家而言，他人對其勸告、鼓勵改革，實有如要以脆弱之廢堤來防止滔天之洪水，修復此一隅，另一角即起氾濫，日本政府所慫恿的所謂改革案，其精神雖同，其形狀則必須隨時勢而改變。如果將此事業限於只是日韓兩國間，可以不必顧慮其他國家意向之事，任何難事都容易解決；但一切朝鮮問題，自始即使在名義上以朝鮮為主題，但卻非考慮其他第三國的意向不可，而此種情況幾成為本件之客題，由於很難調和主題與客題之間的關係，加以主題與客題之重要性極其懸殊，考慮朝鮮問題時或中途不得不付諸散慢，往往致使垂成之效果功虧一簣。換言之，自共同設置委員之議破裂，日本政府表示擬單獨擔任朝鮮內政改革以後，至今此事業所以未能完成，乃由於上述理由所造成。有關改革朝鮮之來龍去脈，事端甚多，記事又長，非一章所能包括，故擬分為數章以敘述，即以自清日兩國間擬共同設置委員之議破裂之後，至日本在牙山戰勝為改革朝鮮之第一期；牙山戰爭之後，井上馨取代大鳥圭介為特命全權公使，派到朝鮮為第二期；井上公使赴任朝鮮，至簽訂馬關媾和條約為第三期。

# 六　朝鮮內政改革第一期

清國政府尤其是李鴻章，後來才知道日本政府之決心而似很慌張，欲妨害日本干預朝鮮之內政，他曾對日本政府明言朝鮮之變亂已經平定，但似耽心此事尚未分明，而突然電令袁世凱，問詰朝鮮政府：以朝鮮政府雖說已平定了賊匪，但無數之亂民遁逃，至今無蹤跡，亦未能擒拿賊魁。故雖說已鎮壓變亂，不但不能相信，而且將予他國以駐兵之口實，因此，此刻應迅速合清韓之軍兵，進而剿伐殘賊，舉肅清禍亂之實，消除清國之憂懼，以防止他人之藉口。與此同時，屯營牙山之清將葉志超，為討伐殘賊曾派遣一隊兵員至內地，但朝鮮地方官員百般阻攔，令葉極其不滿，故由陣中電報袁世凱稱，韓廷不憂國內之匪賊，唯懼日軍，與其協議任何事，一概不成，如果這樣下去，不分良莠，則撫必無所成，因此請與韓廷嚴談。據說袁遂以此照會韓廷。但朝鮮政府只回答因賊匪已經平定，無需清國援軍而謝絕清國的援助。正如清將所推測，今日韓廷所懼怕的是日軍而不是內亂，韓廷深怕清軍如果進入朝鮮內地，日軍亦將向清軍看齊，其國內將由之變成戰場，故必定出於首鼠兩端之計。這雖是弱國所免不了的常態，但他們自始就搞錯國計，亂請外援，終貽此後悔而不自知。此時據說駐東京汪公使，曾電稟李鴻章謂：日本之欲干預朝鮮內政係基於朝鮮不能改革其內政，因此清國始能慫恿朝鮮國王早日整頓其內政，日本自無從找出干預之口實。參考彼此，自可窺悉清國之內部情況。

清國之內部情況既如上述；此時日本政府應該採取何種態度呢？自從清日共同創設委員之議破裂之後，我已訓令大鳥公使以日本政府將來所將要採取政策的概要，並草擬朝鮮內政改革案，經內閣會議通過之後，於六月二十八日對大鳥公使發出秘密訓令。其大致內容為：日本一向重視與朝鮮之舊交鄰好，且顧全東洋之大局，率先他國與其簽訂修好（友好）條約，對列國表明朝鮮為一獨立國家。然朝鮮卻徒墨守舊章，未能去除宿弊，內亂繼起，獨立自主之根基為之瓦解，時或連累鄰邦，進而可能擾亂東洋大局之和平，對此，日本基於鄰邦之情誼以及自衛立場，自不能袖手旁觀，故勸告朝鮮政府講究改革秕政之道，早日實現自立獨立，永遠維持光榮王國之大計；同時提改革要領：「須明官司之職守，矯正地方官吏之舞弊」、「須重外國交涉事宜，依職守擇人」、「裁判必須公正」、「會計出納必須嚴正」、「須改良兵制，建立警察制度」、「須修改幣制」、「須利便交通」等數條。為便於大鳥公使理解，對於上述各條，曾逐一附以詳細註解。但大鳥公使卻目睹韓國之形勢日非，接到我電訓時，他已大致知道日本政府將來所要採取之方針，故於接獲我上述訓令之同日（即六月二十八日），大鳥公使則以極長秘密信件稟報業已實行之事以及即將實行之方策。其大要為：朝鮮政府一味希求清日兩國軍隊之撤退，並曾與袁世凱商量，惟知其力量不足，遂電請李鴻章俾借其力量，亦依賴駐漢城各國外交官，請求其斡旋，正在百般苦心之際，袁世凱便大言壯語謂，縱令清日交戰，最後勝利必歸於清國，並偽造各種電報，誣衊日本包藏侵略朝鮮之野心，威脅韓廷，俾使他們起忌避日本、依賴清國之心，無所不用惡計奸策，至此，除非發動清日兩國之衝突，並予以打倒，實無從期待朝鮮之改革。其（大鳥公使—譯者）已於（六月）二十六日，晉見朝鮮國王，並親自建議朝鮮必須改革秕政，為此朝鮮政府應該任命特別委員，以調查改革事項。大鳥公使以為今後可進行甲乙兩方案，甲案是為弄清楚清韓宗屬關係，擬舉出汪公使公文中之「保護屬邦」，以及在牙山之清將聶士成在檄文中所說「愛恤屬國」或「保護藩屬」等文字，責問朝鮮政府是否承認此種關係，認為以此種名義派來之清兵，侵犯朝鮮之獨立與蔑視日韓條約之明文規定，因而擬要求朝鮮政府令其早日由其國內撤退；乙案為對於日本政府所建議之提案，要求朝鮮政府回答，或對不回答日方建議時，在道理許可範圍內，則以恐嚇手段，迫其一定實行。與通過內閣會議我予大鳥公使之訓令比較，其精神雖無不同，但其方法則稍偏激。惟處於形勢朝夕轉變之非常時機，駐紮外國之使節，在其責任上要作應有之處置，亦屬不得已之事。故只要大體上不違背既定之廟謨，我決定其方法暫時一任大鳥公使，觀察以後之情形再採取其他之計策。

大鳥公使根據上述之方針，穩步實行其步驟。當時之韓廷，事大黨之勢力極盛，外雖顧忌清國之意思而不欲改革內政，但日本公使後面卻有強大兵力，且其建議在道理上亦極合理，因而不敢峻拒，故朝鮮國王終於發布罪己之詔，後悔多年之秕政，痛心內亂迭起，以為其原因完全來自國王自己之不德與有司之失職，尤其詔文末段謂：凡政府之得失，各有司應呈報不該隱藏，該講而不講乃有司之罪，講而不聽即為朕之過。朝鮮政府同時由其重臣中任命申正熙、金宗漢、曹寅承為改革委員，令其與日本公使協議內政事項，外表上假裝熱心於改革，但其事大黨卻暗中與清使袁世凱協議，採取暫時迴避日方銳鋒之姑息手法。因此爾後大鳥公使繼續向改革委員和外務督辦偲偲切切，但彼輩對任何事毫無決斷權力，每以曖昧言辭相對，優柔寡斷，徒遷延時日。朝鮮政府對日本政府之提議，外表上唯一之正面辯疏為：對於改革內政數年來已感覺有其必要，自無異議，惟今日日本政府集其強大兵力於漢城，且嚴促實行改革之期限，實不無干涉內政之嫌；對於日方表示，修復京釜間電信，由條約上義務說，應由韓廷擔任，但如果朝鮮力量不足一時無法處理時，日本可代為負責一事，朝鮮政府回答：京釜間電信因天災斷線，其修復乃為我國自然之權利，允許由他國代為處理，將有損國權；同時要求大鳥公使請日本政府先撤退其軍隊，以及撤回有關改革內政之公然照會，然後朝鮮一定自己改革內政，並感謝日本之善意。

韓京情況正如上述之時，在東京因清韓兩國請託結果，歐美各國遂以忠告、調停、仲裁等名義開始干涉。其中有使用極其嚴厲之言詞者，但我則依既定廟議，努力於使事態不出清日兩國範圍，並盡道理與情理之能事，終於令其干涉未走上極端。至於其詳情則擬於下章論述。現在只比照彼此兩地之情況，以說服我政府在外交上之苦心。正當此時，駐北京英國代表之仲裁為清國政府所拒絕，其他強國似亦在旁觀局勢之演變，故我以為不能使此種情勢繼續下去，此時不如設法在清日之間興風作浪以引起衝突為上策，因而於七月十二日，我遂訓令大鳥公使：北京之英國仲裁已經失敗，今日實可採取斷然之措施，只要在不招致外間嚴厲非難之範圍內，可採取任何手段，應迅速開始實際行動。此時大鳥公使亦正在苦於韓廷之優柔寡斷，認為唯有行使高壓方策，因此於七月十九日照會朝鮮政府：㈠日本政府將著手於架設京釜間軍用電信；㈡朝鮮政府應遵照濟物浦條約儘速為日本國軍隊建蓋相當之營房；㈢駐牙山之清兵係以不正當之名義派來者，故應迅速令其撤退；㈣清韓水陸貿易章程等牴觸朝鮮之獨立的清韓間條約，應一律廢之，並要求朝鮮政府在七月二十二日以前答覆。朝鮮政府對如此重大之問題，自不容易回答可否，而一連串召開大臣會議，徹夜之皇宮會議亦不能有所決定。此時，清使袁世凱似乎察覺事不可為，而突然回國。此一消息一傳開韓廷，據謂滿廷大臣皆驚慌不知所措。表面上此為大鳥公使對韓廷工作之結果，而在背後一般朝鮮人心向大院君，且知大院君之功名心熾，大鳥公使乃利用朝鮮人稱其為開化黨或日本黨之金嘉鎮、安駉壽等人，同時內諭日本人岡本柳之助，暗中說服大院君。二日之期限既至，朝鮮政府之回答與以往一樣籠統不得要領。大鳥公使立刻一方面照會外務督辦趙秉稷說，朝鮮政府對日本政府之提議迨至期限亦未予令人滿意之答覆，日本政府自為其所當為，依情形，為伸長我國權利或將使用兵力；另方面與大鳥旅團長協議，二十三日拂曉，趁駐紮龍山營房之若干士兵進京之際，王宮附近之韓兵突然向日軍開槍，日軍遂予追擊，推開城門，進入闕內。朝鮮政府之驚慌失措，不可名狀。諸閔、事大黨皆逃逸不知去向。於是所謂開化黨揚揚得意出現，依王敕大院君入闕，繼而朝鮮國王以欽差邀大鳥公使進宮，大院君代國王予以引見，並對大鳥公使說奉敕命今後將總裁國政，保證改革內政必與其協議。朝鮮之改革於此啟開其端。至此朝鮮公然宣稱廢除清韓條約，國王更請大鳥公使協助驅逐駐紮牙山之清軍。旋即日軍在牙山、成歡大破清軍，清軍遁跑。在此之前，於牙山海面附近，清日兩國軍艦偶然相遇，清艦先開火，但勝利歸於日本海軍。清日兩國和平既已破裂，八月一日，日本發佈宣戰詔書。從此，朝鮮之內政改革，完全成為日韓兩國之事業。朝鮮內政改革之第一期，至此結束，今後之成績如何，於他章敘述。

# 七　歐美各國之干涉

東學黨出現於朝鮮之時，歐美各國政府似不特別注意。譬如大鳥公使回國時，俄國駐東京公使希多羅華（Mikhail Hitorovo）曾問我：他常常聽到日本頻頻派出軍隊之傳聞，不知敵人在何處？這固然是一場托戲言以暗中試探日本政府之真意，但同時並不認為此為重大之事。爾後，見聞清日兩國陸續派出比歐美各國所預想更多軍隊前往朝鮮，加以如上述在朝鮮之歐美官吏及商民非常驚愕，並自始就對日本不大同情，故以種種虛實混合之意見報告其政府或故鄉，此時到達彼地，歐美各國政府漸將其眼光轉到朝鮮之內亂，特別是清日兩國紛爭上來之際，好像是清韓兩國政府頻向歐美各國要求其援助。於是於六月中旬前後，歐美政府開始對我國干涉。

## 俄國之勸告

俄國首先干涉我國。據聞，當時俄國駐北京公使加西尼（A.P. Cassini）伯爵得其政府許可準備回國前往天津時，李鴻章曾託該公使：請俄國政府調停清日兩國間之爭議。俄國公使當然報告其本國並請示，俄國政府乘此機會以獲得清國之歡心。即一面令加西尼伯爵逗留天津與李鴻章談判，一面訓令駐東京公使希多羅華對我政府有所勸告。故於六月二十五日，希多羅華請求與我會面，並以其本國政府訓令稱：清國政府請求俄國調停清日事件，俄國政府希望清日兩國爭議早日歸於和平，並問如果清國撤去派在朝鮮之軍隊，日本政府是否同意由朝鮮撤走其軍隊。我回答：大體上無異議，惟在兩國對峙互相猜疑之時，要徹底化解極其困難，此種情況不僅清日兩國如此，歐美強國之間亦屬難免。加以清國一向以陰險手段干涉朝鮮內政，施以表裡反覆之術策，每每欺瞞日韓兩國之事例甚多，我國政府無法相信清國之言行，並非完全無根據之猜疑，故除非清國政府保證：㈠同意清日兩國共同擔任朝鮮內政之改革，以至其完成；或㈡不論任何理由，關於朝鮮之改革，清國不欲與日本合作，而日本政府獨力以赴時，清國政府不直接或間接予以妨礙任何一項，並撤去其軍隊，則日本政府亦願意撤退其軍隊。我同時對俄國公使鄭重表示二事：（甲）日本政府除希望確立朝鮮之獨立與和平之外決無他意；（乙）將來無論清國有任何舉動，日本政府不會出於攻擊挑戰，萬一不幸日後兩國之間不得不交戰時，日本亦將處於防禦地位。迨至六月三十日，俄國公使又以其政府之訓令，面交公文，其概要為：「朝鮮政府正式通告駐該國各國使節朝鮮內亂已經鎮定，並就清日兩國撤兵事請求各國使節等予以援助。故俄國政府勸告日本政府接受朝鮮之請求。」俄國忠告：「如果日本政府拒絕與清國政府同時撤退其軍隊，日本政府必須負起重大之責任。」俄國政府發出如此言詞嚴厲之公文用意如何，我實無法判斷其深淺。而日本政府不管任何理由，此時對外肇事端決非上策，自無需煩言。反觀內部，當時事態，局面大有變化進展，即使清國從朝鮮撤退其軍隊，我國亦很難無條件撤走我國軍隊。為解決此兩難，我頗為費心，並大致作最後之判斷，惟不知伊藤首相作如何想法。因而與俄國公使分手之後，我立刻造訪伊藤首相於其位於伊皿子之私宅，不發一言，向其呈俄國公使之公文，並請教其意見。伊藤首相讀後沉思良久，爾後確言：時至今日，吾人如何能接受俄國之建議（原文為指教—譯者）由朝鮮撤退我軍隊？聽此言後，我說尊意正與鄙見符合，將來時局之艱易，其責任全歸於吾二人，自無需多言，而匆匆告辭，當夜急電告知駐俄國公使西德二郎（譯註一三）：對俄國的勸告，應如何回答，雖尚未經閣議，我與伊藤伯爵對俄國之指教，認為今日非由朝鮮撤退我軍隊之時機。而為使英國日後牽制俄國，需要對英國灌輸先入為主之觀念，必須先向英國政府密示我國意向，故又對駐英公使青木（周藏，譯註一四）子爵發出與西公使同樣之訓電。嗚呼，我今日回顧當時之情況，猶不無悚然慄慴之感。蓋當時伊藤與我晤談實以兩言決定之故。默許之間，彼此意見相同。然試想：若果當時我與伊藤之意見相左，或其意見雖無不同，但二者俱作相反之判斷，則當時之時局將如何變化？尚能獲得今日我國誇耀於世界之勳績、光榮乎。

我與伊藤首相之意見完全相符。我為爭取時間，既向駐英俄兩國公使發出應有電訓，翌日即七月一日，我則草擬對俄國政府之回覆，與閣員協議之後，呈蒙聖裁，於二日即致送俄國公使。其概要為：「俄國特命全權公使致送之公文，事體極為重要，帝國政府曾審慎熟閱。該公文謂朝鮮政府已通告駐該國各國使臣該國內亂已經鎮定，然據帝國政府最近所接報告，釀成此次朝鮮事變之根本原因不僅尚未消除，導致日本派出軍隊之內亂亦未絕跡。蓋帝國政府對該國派出軍隊，係對現在形勢出於不得已，決無侵略疆土之意。故我要正告俄國特命全權公使：若該國內亂完全消滅，恢復平靜，將來亦無任何危懼時，我國當由該國撤出軍隊。帝國政府對俄國政府友誼之建議，深表謝意，同時基於兩國政府間現今之信義與交誼，切盼俄國政府對我所明言者予以充分信賴。」上述回答，表面上絲毫未露出圭角，實際上乃以外交上筆法婉拒俄國政府之建議，至於俄國政府對此答覆是否滿意，只有指日以待。及至七月十三日，對上述回答，俄國公使又送來公文。其大要為：「俄國皇帝陛下從日本皇帝陛下之政府宣言中，得悉（日本）對朝鮮無侵略之意，該國內亂完全消滅，恢復平靜，再無爆發禍亂之虞時，有意從該國迅速撤去其軍隊，極為滿意。但切盼清日兩國政府速開協議，早日和平結局。俄國皇帝陛下之政府以鄰邦之故，對朝鮮國事變，不能袖手旁觀，今日出於此舉，完全希望預防清日兩國之糾葛，請予諒解。」俄國政府此份公文，因是外交文書，乍看之餘甚為平穩，但說對日本政府宣言中謂對朝鮮無侵略之意，該國內亂完全消滅，恢復平靜，再無爆發變亂之虞時，要迅速撤去其軍隊表示非常滿意，意味俄國不許日本行動超出日本政府所明言範圍之外。俄國政府又以鄰國之故，謂不能袖手旁觀朝鮮事變，似暗示對朝鮮國內事，有意隨時置喙，其真意如何雖不可測，總之俄國政府將其所說出異議暫時撤回，確使我稍稍放心。但我推測：俄國對今後清日兩國糾葛，尤其對朝鮮國內事絕不可能始終保持沉默；果然於七月二十一日，俄國公使復稱為其本國政府訓令，面交公文。其概要為：「現今日本對朝鮮所要求之讓與究竟為何。無論其讓與為何，舉凡與朝鮮國以獨立政府與列國所訂條約違背者，俄國政府斷不能承認其為有效，為避免將來無謂之爭議，友誼上，茲再忠告日本政府，促請其注意。」此乃對前書所謂不能旁觀朝鮮國事變之說法加以註解，確定其意義。俄國致送此公文之後，不久清日兩國和平破裂，海陸軍干戈相見，列國雖有容吻其間之機會，一如其他列國，俄國暫立於旁觀地位。但俄國一直專心注意清日交戰之演變，並致力於尋求利己之機會，根據駐俄國西公使日後之報告，以及希多羅華與我會談時之質問，俄國執拗初衷毫無改變，歷歷可稽。而於簽訂《馬關條約》瞬間，俄國首先出面干涉，誘伴德法二國，決非偶然。

## 英國之仲裁

朝鮮事件之初，英國之舉動似乎同情清國，故自然不免為我國民所厭惡。然如詳察其內部情形，英國眼看遠東兩大國即將交戰，察知其結果將予其政略上、通商上之利害巨大影響，又因歷史上關係，產生重視清國之傾向，亦屬不得已之事。加以英國起初一如其他旁觀者，皆認為最後勝利將屬於清國，殆無疑義。因此清日開戰前後，英國東方艦隊司令傅利曼特之不少舉動，往往令人感覺託異，對此很難辯解完全非出於其有意行為，然吾人不能因此而斷定英國對我國具惡感與敵意。總之，無論如何，英國似始終切望不願擾亂東洋之和平。

英國駐北京特命全權公使奧康那（Nicolas R. O'connor）之為機敏外交家，由近來英國政府累次予以重用，可資證明。他絕非對現今於天津之李鴻章與加西尼伯爵之關係，作雲煙過眼之觀察，而不顧自己國家利益與榮譽者。他立刻對總理衙門王大臣提議清日兩國早日完成和平協議，以避免衝突為上策。惟當時總理衙門倚信李鴻章與俄國公使商談之成功，似並不重視英國公使之忠告。此時清國政府內部有主張不戰，並非議李鴻章之一群，總理衙門由之遵照英國公使之忠告，暫停李鴻章要求續派大軍至朝鮮之建議，並經由英國公使表示願再與我國商議和平。英國公使隨即與英國駐日臨時代理公使巴捷往還數次電報後，巴捷對我國政府稱：清國政府對前此日本政府提案，附某種條件有意再商議，希望對此日本政府是否贊成見告。我屢次與巴捷會談之後，猶覺清國政府之提議，是否出自誠意，雖不無疑問，惟對其謂：日本政府亦決非希望擾亂和平，如為朝鮮之內政改革，清國政府願與日本共同派出委員，並基於此種主旨由清國提議，我國政府並不拒絕再次商議。巴捷遂將我之答覆電照奧康那爾。

奧康那一得此電報，則一面慫恿總理衙門王大臣，一面與小村臨時代理公使協議，百般居中周旋結果，總理衙門王大臣與奧康那公使約定：於某日願與日本公使會於總理衙門以商議清國提議之條件。奧康那公使即通知小村臨時代理公使，小村則於該日前往總理衙門，以聽取對方之意見。然對方不僅未提任何新案，而只謂除非日本先由朝鮮撤其軍隊，清國政府不作任何提議，毫不得要領。小村雖聽此意外之說辭，但以與對方辯論亦無益，歸途面晤奧康那爾公使，責總理衙門違約，奧康那爾公使吃驚一番，謂若是，唯有俟他日之機會。小村如此電稟我。我自始即疑清國之誠意，惟以無任何理由峻拒英國公使之仲裁為不妥，而靜觀其演變。但我以此仲裁之失敗反予我國將來行動上之自由而喜，加以近日朝鮮時局之迫切，已不許清日兩國為商議徒遷延時日，我以不如乘此機會與清國斷絕關係為上策，乃與內閣同僚協議後，立即電訓小村，令其對清國政府宣布：「朝鮮之屢起內訌變亂，畢竟因其內政不治。故帝國政府以為與該國具有密切利害關係之清日兩國需要援助其改革內政，並曾向清國政府有所提議，但清國政府截然擯斥，最近駐貴國英國公使重清日兩國之友誼，曾善意居中周旋，努力於調停清日兩國爭議，但清國政府除仍然主張我國軍隊由朝鮮撤出以外，不作任何商議，乃非清國政府徒好事而何？時局既已至此，將來即生不測之變，日本政府不負其責任。」此可謂日本政府對清國政府之第二次最後通牒。我並於該日，對大鳥公使電訓：英國仲裁失敗，今應採取斷然措施。

縱令表裡反覆無常之總理衙門王大臣輩，竟將英國公使約言之事全然遺忘，似屬不可思議；然若仔細洞察其真正計謀，彼等實不顧日後之結果如何，隨意在北京與天津，個別且幾乎同時與英俄兩國代表商議。而且彼等不特自始倚信在天津俄國公使之成功，心中亦如此切望。因英國代表關於朝鮮內政之改革，應由清日兩國再商議之意見，不比俄國勸告清日兩國應由朝鮮同時撤出其軍隊，為彼等所能接受。六月三十日，俄國駐東京公使希多羅華對日本政府提出撤兵勸告，七月二日，日本政府溫和地予以謝絕。俄國政府之真意如何不得而知，但於七月三十日，俄國對日本回答表示滿意。故於七月九日小村臨時代理公使與總理衙門王大臣會商時，李鴻章與總理衙門對俄國之強援不但仍寄以厚望，連在天津之俄國公使加西尼伯爵亦不知其本國政府之意思如何，而頻向李鴻章投好餌俾抓住彼。情勢果為如此，總理衙門王大臣等一時假裝接受英國公使意見，而另有所圖亦為不得已之事。其實清國政府自始即不知必須遵守外交上之信義，因急救自己焦眉之心切，遂採取以一女招二婿之拙劣外交手段，終於陷入孑孑孤立之境而不自知，如為其他碌碌凡庸之流輩姑暫不論，以有經驗有識量之李鴻章仍不能免，實屬可惜。

爾後，清國眼看俄國對日本之舉動不無虎頭蛇尾之嫌而必極其失望。於是與康那爾立刻密派其翻譯官並授以密旨，令其前往天津與李鴻章有所內議。由此李鴻章復慫恿北京政府再請英國公使仲裁。故英國代理公使巴捷又要求與我會面，以英國駐北京公使之電照，謂清國政府接獲小村公使本月十四日之照會極為憤慨（所謂小村十四日之照會，即我於十二日對小村所發出電訓，小村於十四日向總理衙門提出。至於彼等所以極為憤慨，乃指於電訓文末，謂非清國政府徒好事而何？時局既已至此，將來即生不測之變，日本政府不負其責任而言），日本政府如仍有意於和平，清國並不反對再次舉行談判，欲知日本政府之意思。我以此時朝鮮時局非常急迫，大鳥公使亦對韓廷提出最後照會，為達到目的或非使用兵力不可，在韓清日兩國軍隊隨時有交戰可能，自無與清國優游樽俎間再次會商之時間，但對英國一味拒絕又有失外交上之禮儀，因認為不如對清國政府提出其絕不可能接受之條件，使其自然中止，故我遂對巴捷表示：朝鮮問題今已步武大進，時局決非昔比，日本政府不能根據從前與清國所約會商之條件，即使清國政府為改革朝鮮內政選派共同委員，對日本政府及至今日以獨力所著手事項，必須答應不插嘴；朝鮮形勢之所以演變至如此迫切，完全因清國政府以陰險手段與因循手法拖延各事所造成，因此對我國此次提議，除非清國政府自本日起五日以內循適當管道表明答應與否，否則日本決不與其會商，清國若是此時更增派其軍隊至朝鮮，日本政府將認定此為脅嚇之措施，清國政府果願以此內容與日本會商，日本政府未必拒絕。對於如此急迫之要求，緩慢多疑之清國政府，自無從輕易答要為：日本政府此次對清國政府所提出要求，與從前日本政府明言要以之為其談判基礎者有所矛盾，且超出其範圍，謂日本政府已單獨著手之事項不許清國政府插嘴協議，實無視天津條約之精神，因此若日本政府堅持其政略致使引發戰爭，則日本政府應負其責任，其表面之嚴厲，幾與六月三十日俄國政府之照會並無二致，但當時之情況與俄國政府提出最後公文時不僅不同，且我自始即確信英國政府之決心不比俄國政府之決心堅定，故於翌（二十二）日遂面交英國臨時代理公使一備忘錄，請其電呈其本國政府。其大要為：日本政府對清國政府之要求，決非如英國外務大臣所責問，此次日本政府之要求並未超出從前明言要以之為談判基礎者之範圍，因為清國之提議比諸日本政府前所提出條件相差甚多，加以天津條約除規定清日兩國派兵朝鮮之程序外，並未有其他任何約定，故英國若以此次糾葛所生結果應由日本政府負責一節，日本政府不以為然，蓋若起初清國政府接受日本政府之提議，或英國駐清國公使仲裁時再次與日本政府會商，情況自不至於如此重大。對此回答，英國政府並無異議，忍氣吞聲，不了了之。

在此地我簡單回顧當時之情況，英俄兩國政府對日本之照會，表面上幾乎相同，但為何日本政府對其回答稍有寬猛之分，乃由於我認為俄國政府之用意自始即極為危險，且俄國雖實行一弛一張之外交政略，其秘訣為無論採取任何手段，有關自己利害事項，決不放棄；而英國政府則唯恐東洋和平破裂，只熱心努力於調停，似無自己意見不被採納時將以武力干涉之決心。此決非我之想像，當時所顯現事實亦可證明。故我於七月二十二日，對英國稱為最後照會之嚴厲公文，發出日本政府答案之備忘錄。隔日即該月二十三日，巴捷以其本國政府訓令而稱：將來清日兩國即使開戰，清國上海為英國利益中心，希望日本政府答應不在該港及其附近從事戰爭行動。此為英國政府缺乏以任何手段維護東洋和平之決心，而以為清日兩國之交戰無可避免，亦無法阻止之一證明。當然，日本政府接受英國之請求。七月二十二日，駐英國公使青木（周藏）子爵電稟：英國外務大臣稱對英國建議清日兩國軍隊各佔領朝鮮期間，兩國逐漸協議之提議，清國政府表示同意，因此建議日本政府亦根據此原則研究善後之策（我電訓小村，要其詢問在北京之奧康那，所謂共同佔領為何意見。奧康那回答：譬如日軍離開京城暫時佔領南部地方，清軍自牙山移至平壤，以避免目前之衝突，以爭取談判之時日。至今我仍不明瞭共同佔領之英國提案為何意思，而我接到此提案時，已為大鳥公使包圍朝鮮王宮，並迫該國接受我國要求之日，自無由從事協議，在日本政府未予確實回答之前，清日已經開始交戰）。英國政府對我國政府發出最後嚴厲公文前後，又要求上海之中立，更建議曖昧之共同佔領，可見英國缺乏在不得已時採取斷然措施之決心。比諸俄國政府懷有不測之大志，我國政府對此兩者不得不酌量其輕重。簡言之，俄國之意思自始即似一定不動，英國之意思則似臨機應變。爾後，在英國所發行《黑木》（The Black Wood）雜誌中，有清國之死勢力、俄國之潛勢力、日本之活勢力合奏新奇之組合，在亂舞之中將歐洲各強國拖上東方舞台之記載，可謂相當接近真相。對此我要說，清日兩國在此悲劇舞台演出時，俄國始終若隱若現於舞台之一隅，亦為一演員，而英國則是在舞台外對演出作種種批評之熱心觀眾而已。

英俄兩國政府對東洋之局面，一向飛耳長目，極注視其局勢之演變。但若詳察其底細，俄國之目的在伸長其利益，為防制其利益之障礙，俄國不惜訴諸積極手段；英國因深怕其在東洋之商利被擾亂，如時機許可，則努力於欲恢復清日兩國之和平，但似無採取俄國大膽方略之決心。總之此兩國，在清國交戰過程中，必定日夜覬覦何時何地能達到其目的之機會，而兩者對我國之干涉行為雖稍異其趣，但在為維護其特別利益則一。自來我國與俄英兩國間之關係，自不止如上所述，惟發生一關係必然同時與其他事項關聯，至於其關係，擬於各章詳述。

## 美國之忠告

與其他列國一樣，美國亦受朝鮮政府之託，以該國內亂已經鎮定，請其協助促進清日兩國撤退其軍隊，故美國政府乃於七月九日，電訓其駐日本公使愛特溫 坦（Edwin Dun）對我國政府有所忠告。其概要為：朝鮮之變亂雖已鎮定，日本政府與清國均拒絕由該國撤出其軍隊，且欲對該國內政予以激進之改革，美國政府對此深覺遺憾。因美國政府與日本、朝鮮兩國具有深厚友誼，故希望日本政府尊重朝鮮之獨立與主權，日本果興無名之師，使微弱不堪防禦之鄰國成為兵火之戰場，美國總統痛感惋惜。美國係一向對我國友誼最深厚最善意之國家，尤其其固有政略，對東方所發生時局，不欲多嘴。除基於一般人希望和平與難拒朝鮮之懇請外，應無任何其他用意。故我對美國公使詳述現在之情況，說明其內亂表面上似已鎮定，其禍源並未完全根除，尤其清國經常出於譎詐陰險之手段，不視將來形勢如何，日本如輕易撤其軍隊，決非維護東洋和平之道，而美國公使既已目睹瞭解清、日、韓三國現今之形勢，乃肯定我之說法，並謂將電稟其政府。對此次事件，美國稍許表示干涉態度只此一件，至於日後美國懇切立於清日兩國之間，效勞於調停恢復和平事，則容後章記述。

## 與其他列國之關係

其他列國，無一國如前述三國對日本政府公然進行調停者。但義大利公使始終協助英國公使，對我亦建議過。德法兩國公使，起初表面上謂清日兩國之爭議早日妥議，對維護東洋和平為上策，但與我個人私下談時，皆謂要使清國古來之迷夢覺醒，必須有人予以痛擊，暗地傾意於我國，尤其法國公使阿爾曼（Jules Harmand）表示：將來必須以日法同盟以維護東洋大局之和平。迨至日後德法兩國豹變，與俄國同盟提出遼東半島問題之前，仍立於與日本友好之地位。

及至清日兩國干戈相見，我將其通告駐日本各國代表時，歐美各國之中，英、德、義、美、荷蘭、西班牙、葡、丹麥、瑞典、挪威等國，皆聲明局外中立；俄、法、奧國照會：雖不正式宣佈中立，但事實上願意遵守中立。

# 八　李鴻章之立場

李鴻章接六月二十二日我給汪鳳藻之公文，始知我國政府之決心，他似覺察以虛喝手段脅嚇日韓兩國之無效，乃稍稍改變其政略，一面以外交上方策，頻請歐美強國從中調停周旋；一面以軍事上計策，欲向朝鮮增派優勢兵力。李鴻章在軍事上之計謀，果為其改變虛喝手段迫而出於斷然最後決勝之意思，抑或如當初之計畫欲以形勢威脅我國而表面上故作高姿勢，極難判斷，但去年六月底七月初，李鴻章曾向北京政府建議對朝鮮增派大軍則為事實。他不僅與北京政府合謀央請英俄公使從事調停，亦請德、法、美各國公使居中周旋。他們不知如此請託將徒挑撥歐洲各強國間彼此之猜忌心與功利心，其方策絕不可能一致，更將產生互相妨礙之結果，當時德、法、美各國，幾乎未誠實應清國之要求，唯俄英兩國，因其在東洋擁有龐大利益，故稍致力於清日兩國之調停，惟因皆為自己計，故並無一致之行動，最後終於停止干涉。但清國政府尤其李鴻章一直期望外援。李鴻章在天津不以常與加西尼會商為滿足，更與駐東京之汪鳳藻往還電報，欲知日本政府如何回應俄國駐東京公使之建議，而我深信俄國公使亦偷偷將與我談判之經過轉告汪鳳藻。據聞，六月二十六日，李鴻章電訓汪鳳藻：「俄國皇帝已命令其駐東京公使，建議日本政府：清日兩國同時由朝鮮撤兵，然後商議善後辦法，故應密查並報告其所言內容」；袁世凱又從朝鮮電照汪鳳藻：「東京形勢如何，俄國公使之調停情況如何，請速示」；六月二十七日，汪鳳藻電稟李鴻章：「昨日俄國公使面晤日本外務大臣，據謂曾建議撤兵後商議善後方法」；六月三十日，汪又電稟李：「據俄國公使謂，其曾兩度對日本外務大臣有所建議，惟每藉口不允撤兵，但謂日本政府不主動啟釁端，昨夜又接俄京來電，命令再建議日本政府，故今日理應再見日本外務大臣，其情形另報告」（此應為希多羅華將於六月二十五日，我與其會談經過告訴汪之結果）；七月四日謂：「俄國公使派其館員通知稱，經極力建議日本政府之後，昨日得其回答曰：商議善後策之後再撤兵，故已電達俄國政府訓令，由此觀之，除非對日本多少有利，否則日本不會罷手，因此只依賴俄國不可能有特別效果」（此當為俄國公使將我於七月二日我致送其日本政府回答密報汪者）等，可知李鴻章如何依賴俄國及其他調停以收拾時局。關於他軍事上之計策增派大軍，六月二十六日，汪鳳藻電告李鴻章：「據探聞，日尚未增發大軍。日無精兵，雖多不足患」；七月十五日又電告：「據偵探報告，前日大鳥電告朝鮮政府已全面接受日本之要求，現撤兵如何，伊藤、川上（操六）以既已達到目的，應早日撤兵，但陸奧、井上之輩執自由黨意見，以朝鮮僅是面從，今日撤兵決非上策對之，伊藤不再堅持，前議終止」（汪起初曾對其本國電謂：日本政府因與在野黨對立，故不能對外國派大軍。今日反作為某政黨政府雖欲撤兵而不能之推測，前後雖為矛盾，要之，以汪鳳藻身分，要探知駐紮國政府之真意實屬至難之事，其有此謬見臆測亦不足為奇）；隔（十六）日，電報：「據偵探見告，因清國之緩慢，日本益逞其意，頃又脅迫朝鮮宣稱其非清國屬邦，故除非速進兵難了結時局」；（六月）二十二日，更通報：「日本閭清國進兵，內心已沮喪。」茲有一笑話。最近，汪鳳藻遵從其本國政府訓令，過度熱中於如何使清日兩國軍隊從朝鮮撤去之周旋，不僅常要求與我會談，更至伊藤首相私邸一再作同樣之談判。伊藤首相每次聽其所言，大多表示寬容大方，我因職責所在不能令其對我政府意思有所誤解，故對其所言，凡與我廟議不相容者，皆一一反駁，毫不客氣，因此他似臆斷我與伊藤之間寬猛意見不同，乃於六月十七日電告李鴻章：「日本之意思在留兵以迫作善後之處分，極力抗論之後，伊藤似別無異議，但外務大臣則以為迂斥而不納，以此觀之，日本見清國頻提議撤兵以為清國恇怯，而欲乘此以鞏固其地位，故清國應於此時大集兵力示以陣容，以打破日本之計謀，俟朝鮮內亂完全掃蕩，再提商撤兵，事必成。」該電文前半段算是痴人說夢，後半段似意謂日本以清國急於撤兵為其膽怯之表示，乃建議增派大軍以伐其計。而由以上他們之間往還電報觀察，他們似以為增派軍隊以壯外形，則不至實地血戰而能收拾難局。故日後俄、英之調停中途而廢，在平壤、黃海一發生海陸戰，他們之計策多齟齬，在外交、軍事上遭致失敗，實由於自己不腳踏實地，全賴他人之援助，企求一時之僥倖所造成。此畢竟為清國平素慣用之政略，其所以致此，獨咎李鴻章，實為過酷。而正在多事多難之秋時，李鴻章竟陷於不測之災難。

李鴻章在清國政府之地位，因昔日莫大之軍功與其賦稟出其等輩，其威權赫赫，幾無人能與其比肩，但如要簡單評其人品，則與其謂他豪膽逸才，具非常之決斷力，不如說他伶俐而有奇智，能取捨時機之利害得失，擁有可在朝在野之才華。但他平素與外間人士接觸時，不若其他一般清國人對任何事皆拘泥區區虛禮左顧右眄，而有經常放逸不羈，漫不經心，言所欲言，往所欲往之風采，故歐美外國人士中，有過贊其為世界稀有之大人物者。總之，李鴻章因容貌魁偉，言行奇特，故往往使人對他湧起畏敬信服之念，但與其對壘不相上下者，則欲乘隙予以打擊排斥，其所以有強敵理由在此（明治初年，據傳，我國對清國派遣使節時，曾國藩曾致函李謂，日本使臣之人物如何，以卿之容貌與詞令足於懾伏日使。曾國藩似早已看出他有喜以其容貌、詞令壓服他人之習氣）。李鴻章雖有顯著之軍功，但此並非其所特有。近年在清國擁有大名、重望之人物，大多於道光、咸豐、同治年間，在戡定內亂立軍功者。他當然為其屈指之一人。在太平天國之亂時代，李鴻章曾以曾國藩之右手將帥，坐鎮上海，收復江蘇，實為其重大功績。然其立功如與其同僚曾國荃、左宗棠之輩比較，其處境遠比他們好運下所完成。質言之，因上海為外國人居留地，叛賊之足跡未及於此，恰好江蘇之巨族富豪避難集於此地者眾多，李鴻章便於得所需大量軍資，加以此時該居留地之外國人，為自衛計正在招募義勇兵，李鴻章不僅得將其併為自己麾下，更邂逅著名之英將戈登，始終得其莫大助力。即李鴻章對討伐太平天國軍雖有顯著功績，但比諸曾國荃攻陷當時仍為叛賊之根據地南京，左宗棠轉戰與鎮定賊軍最強勢之江西、浙西，更鏖滅再起於福建之賊軍，其難易實不能同日而語。即使平定日後起於山東之捻匪，世人大多歸其全功於李一人，但當時李奉命代曾國藩討賊時，李仍利用曾國藩之遺計，俟窘苦賊軍，爾後予以殄滅，故其軍功實應與曾分享，此比諸左宗棠獨手討回匪，自不能相提並論（曾國藩憂捻匪屢以騎兵突進，設一計橫瀉黃河，以遮斷賊騎之衝鋒，擬俟賊勢漸衰後予以殲滅之時，北京政府以曾國藩奏功遲慢，乃以李鴻章取代之。此時曾之計謀奏效，賊軍正分裂潰走之時，李乘機予以打擊竟收全功）。因此比諸李之重大功績，其勞苦可謂較少。而其同僚間對李之軍功所以有異言亦在此。然李之功績足於使其擁有今日之資望與權勢，自不待煩言。而李之被任命為直隸總督以取代曾國藩時，亦逢不可思議之好運。即曾國藩任直隸總督之末年，發生世稱天津騷動，亂民破壞歐人在天津之耶穌教堂，乘勢屠殺法國領事，亦予英、美、俄三國人民巨大損失。故四國政府各訓令其公使，向清國政府嚴重交涉，曾國藩任其外交折衝，認定本國亂民之非舉，並以今與四大強國起事端決非國家之利益，因此百般盡力，擬以妥協結局，乃捕拿亂民凶首，擬處以嚴刑。此時，有如任何國家皆不乏其例，愚昧不負責任之議論痛咎其處理，謗議百出，不知胡底。北京政府內部之御史輩，更頻以曾國藩阿諛外敵，釀成國辱，而予以劾奏，卒至以李鴻章取代。爾後不久在歐洲大陸，德法爆發大戰，敵對之兩國自不必論，其他各國亦無暇重視對清國之外交問題，因而此一極難問題，始得僥倖過關。當曾國藩成為眾謗之焦點時，李鴻章則變成有如眾譽之化身，李之被稱為在外交上具有最高本領，實始於此時。李鴻章藉一連串好運頻建其功業時，決不忘記擴張其勢力之機會。他以其任地為北京之關鑰，而集其鄉里安徽之兵勇淮軍於天津，大事擴張北洋艦隊，廣招修歐洲新式學術之新進青年為自己幕下，並將其配置於中外要地，其權勢時或能傾北京政府，故只觀表面之外國人，說李為清國無比之大政治家，實不足為奇。但其政敵則遠比其政友更強大。割據於各省之宿將、老臣，一直嫉妒李之旺盛勢力，不高興李遽然起用新進青年，意圖興歐風新式之事業。尤其在北京政府中，頗得皇帝信任之翁同龢、李鴻藻一夥頑固保守黨，經常輕侮、敵視他。故於此次朝鮮事件之初，朝鮮國王向清國請求援兵時，李鴻章即央求北京政府將其手下軍隊派往該國，北京政府接受其建議，同時不考慮此事結果將如何，而一任其所請，暗中預期其成功。爾後，隨時局日趨艱難，對李之非難亦日甚，尤其李再次建議增派大軍至朝鮮之時，正是英國公使與康那爾對總理衙門王大臣強調增派大軍必將加速清日兩國衝突之日，加以此時北京政府內部產生一派非戰論者，其氣燄萬丈，大責李鴻章之失舉，故皇帝遂以李平生之政敵戶部尚書翁同龢、禮部尚書李鴻藻為主任，會同軍機處與總理衙門王大臣等，檢討李鴻章以往措施之得失，並評估朝鮮事件之利害關係。結果認為：在㈠未經審慎討論則斷然拒絕日本之提案（指共同設立委員之提案）；㈡就有舊誼之日本關係事件擅自先與俄國公使商量；㈢當皇太后還曆大典之年，欲惹起不祥之戰爭三點，李犯有錯誤。如此罪名，無異衛侯咎彌子瑕分桃之過，實屬前後矛盾，不值一笑，但在北京政府，此種類例到處可見。因李鴻章遇此厄難，增派大軍之計策由內部而受阻，故非至七月二十二日，不能實行。（在豐島受我國軍艦浪速砲擊之英輪高陞號所載運清兵，即為增派軍隊之一部分，因此清廷如果接受李鴻章建議，早日實行增派軍兵之計畫，高陞號之奇禍或能避免，由此，牙山、成歡之葉、聶二將在開戰時必擁有優勢之兵力。）

李鴻章為清國方面由此次朝鮮事件惹起清日爭議之賊魁、主謀者，其功罪應歸於他一人。然今日時局進行中尤其國運之死活迫在眼前，北京政府卻徒逞黨爭，加以此兒戲般之譴責，使李之計策不能實行，且要他負其責任，不只是李鴻章之不幸，且為清國政府之國家性自殺。在北京政府與李鴻章鬥爭中，朝鮮之時局日迫，牙山、豐島之海陸戰爭起，清日兩國發布宣戰詔書，和平破裂，開始交戰。如此冥頑迂闊之北京政府，察覺此刻決非揭發李鴻章過失自樂之時機，或無人願意取代李鴻章以負重責，李鴻章在此厄運時仍得承擔清日交戰之局面，日夜在外交、軍事上搏鬥，其人實在可憐。

# 九　朝鮮事件與修改英日條約

大鳥公使在京城提倡改革朝鮮之內政，我國軍隊亦陸續派往該國，終於爆發牙山、豐島之戰爭前後，因我國在外交、軍事上行動而與清韓兩國政府引起許多紛爭，乃為日本政府所預料，其餘波甚至及於第三者之居留朝鮮之歐美各國官民，因而衍生各種爭議。駐漢城各國代表以清日交戰將妨害仁川港之安寧，而主張宣佈該港為局外中立地。目睹駐仁川日軍中有住宿於外國人居留地者，故他們極其不滿。他們以日本陸軍在漢城、仁川間所安裝軍用電線通過外國居留地而要求撤除。此外瑣碎事不一而足。日本政府對時一直採取使其不超出清日兩國以外之政策，而清日兩國正在致力於爭取歐美各國同情之際，因我官民之行動，終使他們背我向敵絕非上策，故對於與上述外國人之爭議，我決定以在不損傷日本之威信範圍內，即使稍抑情屈意，亦願以妥協結局。幸而滯陣該地之我國軍人，能遵守紀律節制，雖未聞有違法行為，惟因其為等待軍令隨時參戰之軍人，就看不慣者而言，自為殺氣騰騰，不可接近。加以居留漢城、仁川之我國公民，早見清國人之跋扈，不勝嫉妒憤慨，今日竟得強大後援，故任何事皆以自己為是他人為非，有傲慢、凌人之舉動，亦所難免。他們眼看日本政府對歐美各國官民採取穩和態度，極不以為然，輕蹴粗暴之氣，可能出於某種反動以致誤國家大事，故而我非常擔心此種蟻穴將破壞長堤之勢。

以上為我國與居留朝鮮一般外國人之間之紛爭，此種紛爭於英日兩國之間尤甚。自朝鮮事件開始，英國官民尤其居留東洋各地之英國官民，比諸對日本，對清國更多同情。英國駐京城領事，與其妻、女散步，闖進日本營房站崗線內，竟責日本衛兵對其無禮，致使在駐漢城兩國代表之間發生一場爭議（此事，在當時倫敦似亦引起少許爭論，青木公使曾電稟：「關於英國駐韓總領事事，應採取能令英國政府滿意之處分。否則可能產生極危險之結果。」然我令青木公使就此事進一步向英國政府詳細說明雙方之是非曲直。爾後，英國政府似因發現事件真相，不由地更換駐韓領事，間接對我國表示歉意）。當時傳說，英國東洋艦隊各艦一直跟蹤日本艦隊，並將其偵視所得密報清國，事實上其司令長官傅利曼特爾於拂曉，在海洋中遇到日本艦隊時，更鳴禮砲對清國艦隊告知日本艦隊之位置。而清日兩國政府宣戰時，英國政府宣佈局外中立之後，傅利曼特爾致函日本艦隊司令長官伊東祐亨，以英國商船在英國艦隊保護之下，故日本軍艦若予搜查將產生不測事故，為避免日後之糾葛，特為預告，意圖妨礙作為交戰國之我國權利（關於此事，我立刻電訓駐英國青木公使，令其質問英國外務大臣：英國政府既聲稱局外中立，其艦隊司令長官妨礙交戰國權利之舉動，是否為英國政府之意思，英國外務大臣以其行動完全因傅利曼特爾之誤解而表示歉意，同時英國海軍大臣亦立即以急電訓戒傅利曼特爾）。上述諸事件之虛實如何，究竟出自其故意或無意，實不必深究，然因此種流言傳說，使英日兩國之間頗感覺不愉快則為事實，其大部分可視為瑣事末節，但如果一點星火飛散，出現將蕩燼大原曠野之重大事件幻覺時，當時在倫敦推動中之修改英日條約之事業，一時幾乎歸於泡影。

本來，日本帝國與歐美各國商議修改現行條約之事業，與今日我所說朝鮮事件本無任何關係，惟因國際外交之關係，其互相感觸，極為敏感，微觸指端之一角，即影響甚遠之一隅，其例頗多。例如朝鮮事件對英日條約之修改，幾乎要予以重大影響，而使我之記事略入異途，但它仍與本篇有關。蓋修改條約之大業，乃為明治維新以來日本國之宿願，在未完成修改條約之前，日本朝野一致認為明治維新之鴻業只完成一半。因此於一八七〇年，當時之外務大臣井上（馨）伯爵首草修改條約案，與各締約國開始談判，雖經長年累月百般計畫，不幸其大業半途而失敗。爾後歷任當局皆以對井上案予以相當修改之條約案，與各國代表會商，尤其大隈（重信，譯註一五）伯爵以其權變縱橫之才，抵抗當時輿論之逆潮，俾達成其志望，但仍未成功，修改條約之歷史，幾為失敗之歷史。及至一八九二年四月，明治天皇敕選當時政府內重臣數人為修改條約案調查委員，並對此等委員，下詔曰：朕就位以來內治百般大致就緒，然外政未舉，惟修改條約為中興之鴻業，關係國權之大本，朕切望與我臣民成修改條約之局……。然不知何故，日後此等調查委員只開一次會，未得任何結果，幾乎停頓，適值成立松方（正義，譯註一六）伯爵內閣，多數閣員辭職，導致調查委員之進退，而有各種變遷，此事隨之而消滅。同年八月，伊藤伯爵奉命組閣，我辱承外務重職，親自拜覽前述大詔，感激聖慮之剴切，不顧力薄，決心成就國家大業，以安皇上，屢與伊藤首相審議，制訂一條約案，重與各締約國會商。蓋歷任當局之條約案，前後時期不同，形式各異。大概而言，後者之條約案雖多比前者之條約案進步，但都未能超出承襲井上伯爵所起草條約案系統之範圍。然今日我國已確定立憲制度，國民亦有長足之進步，即使對此種相互對等條約案加以任何改良修飾，畢竟與立憲大本不能併立，故不能滿足一般國民之希望。如果強行，必將增加一次失敗，洞若觀火。因此我深信與其增加外國更一層之困難，不如以預防因國內爭議而再次失敗為上策，乃斷然根本改變井上伯爵以來歷任當局所承襲下來之相互對等條約案之系統，對各締約國提議純粹之全面對等條約案，以試探他們如何反應，遂於一八九三年七月五日，根據上述原則草擬一分通商航海條約案，提出閣議，經聖裁後，為向英國政府提議，乃奏請當時之駐德國公使青木子爵兼任駐英國公使，並令青木子爵前往倫敦，負責樽俎折衝之大任。英國政府接獲日本政府就多年來之懸案修改條約作過根本改變之新條約案以後，起初似極不以為然，因我國政府之堅持與青木公使周旋得宜，終於答允以新條約案為基礎再進行會商。惟此時我國內因種種原因大事流行攘夷保守論，平素以反對政府為事之政黨者流，且突然隨聲附和，百般聲援，尤其非內地雜居或厲行現行條約之迂論，一時幾成為國會之多數勢力，以及與其隨之而來之幾多瑣事末節，在在變成在倫敦修改條約之障礙，兩國全權委員數月間鞠躬盡瘁之辛苦，再三幾乎化為畫餅。幸而我國政府未改為成就維新以來之宿願，不辭任何艱難之初衷，一意與世上所謂多數輿論對抗，結果解散國會，禁止某政治結社，停止幾家報社之發行。如斯此般，在倫敦之修改條約工作在百難之中始開出一條生路，並水到渠成。即於一八九四年七月十三日，青木電稟曰：「本使將於明日簽訂新條約。」而我接獲此電報之日，竟為雞林（朝鮮）八道之危機迫於旦夕，我對大鳥公使發出「今日有採取斷然措施之必要。得使用任何口實。開始實際行動」之有如訣別電訓之後僅兩日。我此間之苦心慘澹，經營極忙，實不可名狀。然今接獲此喜報，我頓時忘懷積日之辛苦。豈知至隔（十五）日，青木公使又來電（乃十四日發出）曰：「完成一切準備擬於今日簽訂條約時，英國外務大臣突然峻拒。理由為其接獲日本駐朝鮮公使要求朝鮮政府解聘該政府海軍教官英國人柯爾特維爾，以及日本軍用電信貫通仁川外國人居留地之報告。英國外務大臣尤其對柯爾特維爾事要求能令其滿意之說明，除非貴大臣迅速撤回上述對朝鮮政府之要求，新條約恐難簽訂，對此照會英國政府希望以星期一（距青木拍電二日，我接獲此電報時僅剩一日）為期限答覆。」此時，我如何失望，可想而知。我曾再三訓令大鳥公使：無論朝鮮之改革採取何種道路，要特別注意不能損傷歐美各國之感觸。但最近，據聞在韓英國官民對我國政略企圖予以各種妨害者甚眾，而柯爾特維爾可能為其中之一人，故大鳥公使要求解聘此人或出於不得已。我當然無坐而推測發生於海外事實之能力，惟論事之輕重，無論在韓地有任何理由，不能因解聘一個英國人，而令在倫敦垂成之大業廢於一旦。加以回答英國之時間極為短促，不可能以電報向大鳥公使詢其虛實。且即使此事為事實，亦無法令大鳥公使採取任何手段，故我以不如對英國政府斷言此事並非事實為上策，而對大鳥公使發出電報：「帝國政府未曾要求朝鮮政府解聘柯爾特維爾」。此時我接獲大鳥公使一電報，其電文足以冰釋英國政府之疑念。因此我又電訓青木公使：「如方才電告，帝國政府從未對朝鮮政府作解聘英國人之愚蠢要求，……我所接英國外務大臣電報中，我懷疑有不少屬於虛構之風聞，據云目前在漢城有不少虛構各種流言浮說並故意予以傳播者。事實上我曾獲駐韓大鳥公使如下電報：英國駐此地總領事似支持袁世凱，並企圖盡全力要使我國地位陷於困境，此是否為英國政府之方針，請探問後賜電。由此以觀，當時由漢城向倫敦拍發之電報，有不少為混淆真偽者。盼貴官對英國政府表示，日本政府對其他事件願順其意處理，條約之簽訂為另一問題，希望早日了結。」我發出此二則電報之後，仍以英日條約修改工作百尺竿頭僅以一步之差使我跌腳，而悵然甚不樂。迨至次（十七）日拂曉，外務省電信課長將一電報送至我床上。果然為青木公使之電報：「此次困難終於排除，新條約已於七月十六日簽訂。本使謹以祝詞奉呈　天皇陛下，並向內閣諸公表賀忱。」我立刻齋戒沐浴，趨赴皇宮，伺候御前，伏奏簽訂英日條約之意，繼而對青木公使發如下電報：「天皇陛下嘉許貴官之成功。茲我代表內閣同僚向貴官表賀忱。貴官應向英國外務大臣就簽訂新條約表示感謝英國政府之好意。」由以上所述，可知朝鮮改革事件與修改英日條約工作具有何等之關係。我所述及此，當略記清日交戰中所發生一事件，如何妨礙修改美日條約之問題。

美國為對我國最懷善意之國家。例如對於修改條約，即使其他各國有諸多異議時，獨美國對我國之請求常努力於儘量寬容。尤其於一八九四年，在華盛頓美日兩國全權委員開始會商修改條約以來，並無重大障礙，著著進行，終於該年十一月二十二日簽訂。然依美國憲法規定，一切外國條約須經其參議院同意，故美國政府將此新條約送往參議院。爾後不久，不幸所謂旅順口屠殺事件消息出現於全世界之報上，（此項屠殺之虛實，縱令為事實，其程度如何，此時不必追究。然美國報紙中有特別激烈非難日本軍隊之暴行，指日本為擁文明之皮膚具野蠻之筋骨之國家，今日日本脫下文明之假面具，顯現野蠻之真面目，暗中諷刺此次所簽訂美國條約完全放棄治外法權極為危險。此應悲嘆之事件，不僅在歐美各國報紙痛論，亦為社會上領導者碩學高儒所注目，當時英國國際公法之泰斗基．伊．荷蘭博士，就此次清日交戰事件，起初對日本之行動事事不惜予以讚賞，但對旅順口事件則極為悲嘆而在其〈清日戰爭中之國際公法〉論文中云：「當時日本官兵之行為實超出常度之外。縱令他們在旅順口壘外發現其同胞被割斷之死屍，清國軍兵先有如此殘忍之行為，仍不能作為其暴行之辯解。他們除戰勝之初日外，以後四日，極其殘忍曾殺平民、婦女及幼童。事實上從軍之歐洲軍人與特別通訊員曾目睹此種殘忍狀況，無由制止只得袖手旁觀不堪嘔吐。此時免於屠殺之清國人，全市僅三十有六。且此三十六人均為埋葬其同胞而獲救者，其所帶帽上，據稱刻有『此人不可殺』木牌始得保護。」此應為誇大之酷論，然由此可知此事件如何影響歐美各國社會。）對任何事皆以輿論之向背為進退依據之美國政治家，閱讀此項可驚愕之消息，自不能以彼岸之失火坐視之，故參議院對美日條約之同意有所猶豫。該年十二月十四日，駐美公使栗野（慎一郎，譯註一七）電稟我：「美國國務卿告本使，日本士兵在旅順口屠殺清國人之風聞如屬事實，在參議院必定引起極大困難。」由之我即電訓栗野公使：「旅順口一事，雖無所傳聞規模，但確有多少莫須有之屠殺。然帝國之士兵在其他處所之舉動，處處受讚譽。我相信此次事件必有引起激憤之原因。據云多數被殺者並非無辜之平民，而為脫去軍裝之清兵。盼貴官在由此產生更多流說之前採取敏捷手段，努力於早日使參議院同意新條約。」參議院拖延對新條約之同意後，予以一部分修正。其修正文字雖為極少，但結果則產生幾破壞整個條約之結果。故我遂電訓栗野公使，令其與美國國務卿諸多協議，亦對參議院有力議員從事各種工作，於本（一八九五）年二月上旬，附議參議院，終於議決雙方皆滿意之再修正。此即為現今之美日新條約。

# 十　牙山及豐島之戰鬥

征清之役，海陸大小戰鬥，其數甚多。其中獨牙山之戰以外交為其前驅，啟開戰端，唯豐島之戰對第三國發生外交上重大之糾葛。

牙山之戰如何開其端？表面上我國政府受韓廷之託，為從朝鮮驅出清軍而引起，實際係以清日兩國有關清韓宗屬問題之爭論為其主因。蓋當我國政府接獲清國政府出兵朝鮮之行文知照時，我以照會中有保護屬邦之字眼，而決定以此提起爭議。然當時之內閣同僚，未同意以宗屬問題為清日兩國間外交上爭議。理由為，清韓宗屬問題歷史已久，今以此為外交上爭議之根據，過於陳腐爛熟，實不足於聳動世人之視聽，今日如欲實際決定此問題，則不外乎促進對清國政府干戈相見之時機。若如此啟爭端，由第三者之歐美各國觀之，日本政府並非為不得已之生死問題而與清國爭，而刻意為探嚌昔之舊痍播紛爭種子之議。此等議論確有其理，故當時我在回答汪鳳藻之公文中，只簡單抗議：「帝國政府未曾認朝鮮國為貴國之屬邦。」然對此抗議李鴻章輩亦不能等閒視之，據聞李對汪鳳藻曾電訓：「我朝保護屬邦之舊例，事證歷歷天下各國皆知。縱使日本不承認朝鮮為清國之屬邦，我行我法不能自破例，日本之承認與否自非所問。」其所言並非徒作虛構之想像以自慰。一八七六年，我國首次與朝鮮簽訂修好（友好）條約之後，歐美各國亦相繼與其締結條約。今觀各國條約文字，雖皆以朝鮮為獨立國，但當時清國政府則迫朝鮮國王，令其對各締約國政府發出辯明公文，暗中保持清韓之宗屬關係。該公文曰：「朝鮮素為清國屬邦。而內治外交，向來均由大朝鮮國王自主。今大朝鮮國與某國，彼此立約，俱屬平行相待。大朝鮮國王，明允將約內各款，必按自主公例，認真照辦。至大朝鮮國為清國屬邦，其分內一切應行各節，均與某國，毫無干涉。除派員議立條約外，相應備文照會，須至照會者。」（對我國自未送致此項公文）而從此公文未記載朝鮮開國某年並附上光緒某年之清曆看來，此公文係由清國政府擬具文稿交予朝鮮者無疑。然各國政府接此參差不齊之公文卻未提出任何抗議。且未將其繳還，默許至今日，使李鴻章以為天下各國皆承認朝鮮為清國之屬邦，殊屬難怪。此再舉一例，爾後於一八八五年，英國政府曾佔領朝鮮領域內之巨文島。當時英、俄、清、韓間之關係錯綜複雜，彼此猜疑爭議久不能解決，因英俄兩國由清國獲得其所要求之保證條件，始順利結其局。在談判此重大外交問題時，英俄兩國眼中似無朝鮮國，恆以清國為對手，使清國立於對方責任者之地位（報紙一報導英國突然佔領巨文島消息，我國對此特別提出嚴重異議，清韓兩國一面向英國提出抗議，一面接獲俄國之嚴重難題。經過雙方長時間談判之後，英國終向清國表示：如能保證將來俄國決不侵犯朝鮮領域，願由巨文島撤其軍隊。經清國與俄國多方商議之後，俄國政府對清國政府保證：英國軍隊如由巨文島撤去，俄國將來無論如何不佔領朝鮮之任何地方，清國將俄國此種態度轉達英國之後，英國竟未將巨文島交還朝鮮國反而交予清國，而僅令朝鮮官員會同交接而已。今年發生遼東半島問題之後，因想及俄國隨時可能提出朝鮮問題，即電訓駐英國加藤（高明，譯註一八）公使，令其質問英國政府今日是否承認其上述對俄國所言仍然有效，對此英國政府回答當然有效。）因此當時，英俄兩國皆暗中默認清韓之宗屬關係，與朝鮮之交涉事件，完全以清國為重實無庸置疑。尤其英國，迄至最近，其東洋政略，不以朝鮮為事實上之獨立國，而必以其長久與清國保持宗屬關係對自己有利，事實上英國此次居中周旋於清日兩國間時，為清國曾努力於不打破此種宗屬關係，其形跡斑斑可稽。

事既如上所述，今如再提出清韓宗屬問題，確為陳腐爛熟。然今日在朝鮮之清日關係，已至非發生一場衝突不可之階段，大鳥公使目下則當此難局，極力主張除藉宗屬關係促其破裂外，決無他策。惟因至今內閣議論尚未確定，故我電訓大鳥公使，要其暫時勿對清國使臣立刻提出。然此時韓地形勢已達無可挽回之時機，因而大鳥公使終於在其最後照會提出宗屬問題。但為避免與我前日之訓令正面衝突，大鳥公使出於狡猾手段，未問中國韓駐漢城使臣清國是否為朝鮮之宗國，而詰問朝鮮政府該國是否為清國之屬邦。即周旋此詰問而謂，果如是，則與日韓條約中「朝鮮為自主之國與日本擁有平等權利」之意互相矛盾，更擴大其義，以「保護屬邦」之名駐紮牙山之清國軍隊顯蹂躪日韓條約之明文，於七月二十三日，乘事變由韓廷硬取得請我驅逐在牙山清國軍隊於國外之委託。溯究其本源，清日兩國之交戰畢竟起因於清韓之宗屬關係，可謂以外交問題為起點，而終於揭開以砲火相見之最後悲劇。

由如上所述觀之，在當時其情況極為複雜，以內閣同僚為始之主要人士，對清日兩國間非有一場破裂不可之意見，雖無特別異議，但對開戰之根據與方法，議論仍多。對於大鳥公使建議以兵力迫韓廷圍皇宮，使其非接受我國要求不可，擁有保護屬邦之名之清國軍，侵犯朝鮮之獨立同時與日韓條約之明文矛盾，故應要求韓廷將其驅逐國外等高壓外交政略，他們認為，第一，實行此種高壓外交政略時，不僅將使第三者之歐美各國責難日本挑撥無名之戰爭，更違背外務大臣曾對俄國政府所表示，無論清國有任何舉動，日本政府決不向清國挑戰之諾言；第二，未接清國對朝鮮增派大軍之確實消息，在牙山之清國軍未有進入漢城之跡象前，以比較多數之我軍先行進擊，其曲名將歸諸我，此有表示我怯懦之嫌；第三，縱然我軍要進擊在牙山之清國軍，亦必須受韓廷之委託，而在韓廷委託之前，我方不得以實力迫韓廷屈從我意。直言之，不可將朝鮮國王置於我手中，如此激進之行為，與謂我國確認朝鮮為獨立自主之素論大相逕庭，實無法獲得任何人之同情等等。其所言皆極有道理，雖我亦無異議，但在如此迫切之際，又提不出其他良策，且我已電訓大鳥公使：「現今有採取斷然措施之必要。可使用任何口實。開始實際行動。」大鳥公使以選擇任何口實皆為其自由，我相信他一定採取其信為最適當之方法（七月十二日），我電訓大鳥公使之隔（十三）日，因需要派遣外務省參事官本野一郎前往韓地，我則令本野對大鳥公使就上述電訓作詳細說明，並轉達大鳥公使：現今之急務既在促使清日之衝突，故可採取任何手段，一切責任由我負，大鳥公使完全不必顧慮國內事。故當時大鳥公使當有十分自信無疑。我以桌上議論姑暫不談，實際上除依韓地之情勢發展採取臨機應變之措施外，無計可施，但內閣同僚多以處理如此重大事體，應特別慎重，而要再電訓大鳥公使，有所警戒。我以如此危急之際，徒空費辯論討論時日之無益，乃遵從內閣同僚之意見，於七月十九日，再對大鳥公使拍發電訓。其概要為：「貴官可採取自己認為相當之手段。然如前所電訓，應特別留意勿與他國發生糾紛。以我軍隊包圍王宮及漢城決非上策，故望勿實行。」但韓地之形勢已到非此訓令方針所能改變之時機。恰於我發出訓令之同日（七月十九日），大鳥公使電稟已對朝鮮政府要求以「保護屬邦」之名清國軍長久駐紮朝鮮國內乃侵犯朝鮮之獨立，應將其驅出國外，並以七月二十二日為期限予以確實回答，在其文末，如朝鮮政府在期限內不予滿意之回答，本使將迫該政府，乘此機會要其實行大改革。繼而七月二十三日上午來電稱：朝鮮政府對我要求予以極不滿意之回答，因此不得已斷然包圍王宮，出於強硬手段。同日下午來電謂：日韓兩兵爭鬥大約十五分鐘結束，現今完全恢復寧靜，本使立往王宮，大院君親迎本使，表示國王將一切國政及改革工作交其辦理，並約定往後萬事將與本使協議等等。此類電報陸續拍來。爾後不數日，因大鳥公使及大島旅團長分別向其上司電報牙山、成歡之戰勝，現今大鳥公使所採取高壓外交手段奏效，牙山戰勝結果，漢城附近已無任何清國兵，朝鮮政府完全在我帝國控制下之好消息立刻傳播我國內，歐美各國政府在清日已交戰之今日，幾無插嘴餘地，暫立於旁觀地位。前此擬以強迫手段改革韓廷之是非，我軍先進攻清國軍之得失等各種議論，皆被埋沒於全國到處掛國旗慶祝帝國戰勝之沸騰歡聲中，而上下暫開其愁眉。

豐島之海戰，其實比牙山之陸戰早幾日，惟因海陸通報便利之不同，豐島捷報到達東京反比牙山捷報慢。然此海戰捷報更使我國民歡欣，因我國民預期陸軍之勝利，對海軍勝敗如何則大多抱懷疑態度，故莫怪接獲此意外捷報後，更加振奮，幾至狂喜。

我國政府經英國駐東京公使對清國發出我最後照會，要求五日內答覆，斷言在此期間清國若對朝鮮增派軍隊，日本政府即認其為脅嚇行動。當時，西鄉（從道）海軍大臣問我：日本艦隊在此最後期限後如遇清國艦隊，或清國如有增派軍隊之事實，立即開戰，在外交上是否有問題。我答：在外交程序上毫無問題。蓋我邀來英國駐東京代理公使巴捷，請其將我國最後覺書（最後通牒）轉致英國駐北京公使為七月十九日，豐島海戰為七月二十五日。尤其豐島海戰後始於清國軍艦先攻擊我國軍艦（這說法有疑問，清方說日方先行攻擊——譯者）。其勝利屬於何方姑暫不論，其曲直既已明白，在戰時國際公法上我國自無遭受任何非難之虞，但在與捷報同時接到報告中，最令我官民一驚者為：我國軍艦浪速砲擊一隻掛英國旗章之輪船使其沉海之傳說。茲為研究我國軍艦果真對中立國之旗章施以非法之暴行，實有必要略述豐島海戰之經過。

豐島海戰係自七月二十五日上午七時至八時之間，我軍艦秋津洲、吉野、浪速與清國軍艦濟遠、廣乙之間之戰鬥。清國軍艦濟遠先開火，結果濟遠敗走，廣乙遁逃時觸礁，操江終為我海軍所捕獲。其後該日上午九時許，浪速追擊敵艦途上至薛白輿島附近時，遭遇運載清國軍隊懸掛英國旗章之輪船高陞號。此時戰端已開，我軍艦為行使交戰者之權利搜查輪船，而時或不得不實行某種強制手段。浪速起初以信號命令停船，高陞號船長立刻答應並服從浪速之其他一切命令，惟該船上之清國將官控制該船長，不許其服從浪速之命令。浪速曾兩度派出其短艇與該船船長懇諭仍不能達其目的，乃終於發出最後信號，令該船內之歐人各求活路之方便後，於中午零時四十分將該船砲擊沉沒。如此斯般幾乎經過四小時，浪速艦長始訴諸最後手段，顯示該艦長之注意精密周到，在國際公法上不能說其行為有何失當（詳述戰鬥狀況非本書目的，惟因豐島海戰與砲轟高陞號有關，為來日國際公法上爭論之基礎事實，故不得不述其大要。此為例外），以上僅為日後陸續所接詳報始得明瞭之事實。初接在豐島海戰中，我軍艦擊沉掛英國旗章輪船報告時，人人非常驚駭，因此不慮事件，英日兩國間爆發大紛爭，而多主張不遷延時日應向英國說明使其滿意，駐英公使青木亦於七月三十一日電稟：「關於英國輪船事件，不必等英國政府任何要求，應由我方主動予以相當之滿足，乘該船之德國軍官果真身死，亦請作同上之處置。」（此時倫敦尚不悉該船名，似亦不清楚韓蕌肯之姓名。）至八月三日，英國外務大臣就高陞號事件致青木公使一公文，青木電稟其概要：「對當時日本海軍軍官處置所造成英國臣民之生命財產損失，日本政府應負其責任。……關於本件，英國政府得詳細報告確定意見時，當立即再照會。」當時在倫敦尚未得悉詳報乃理所當然。即使在東京亦尚未接得確實詳報，故我以即刻應予英國滿足之主張，以及青木公使之不必等英國要求應主動予以補償之建議等，今日尚言之過早，且我接獲此報告時，即邀來英國駐東京臨時代理公使，面告關於此悲歎事件，俟詳查其始末後，不幸如發現帝國軍艦所為失當，帝國政府當予相當補償，並請該公使將其電報其本國政府，故今日只希望早日獲得詳報。爾後由各處陸續接到戰時實地之確實消息，且當時由我軍艦所救出高陞號船長以下之全部外國人皆到達（九州）佐世保鎮守府，政府乃於七月二十九日派遣（內閣）法制局長末松謙澄（譯註一九）前往該鎮守府，親自就上述外國人等調查事實。末松對我報告其所作調查結果大致如下：沉沒船號高陞，屬英國船籍，其所有者為印度支那輪船公司，該船載有清國砲、步兵官兵一千一百人，及許多大砲砲彈，此外有以旅客名義之德國人漢．韓函肯。該船為清國政府之雇船，奉命從大沽載運清國軍官兵與韓函肯前往朝鮮國牙山令其登陸。高陞號於七月二十三日離開大沽，該船長稱：在其前後八隻清國軍隊之輸送船各奉封緘命令出發大沽，下官相信高陞號亦攜帶封緘命令。高陞號於七月二十五日清晨，在豐島附近我軍艦與清國軍艦開戰二小時後遭遇我軍艦浪速，該船長答應服從浪速全部命令，但船內清國軍官不許，因此該船長被妨害一切自由行動，浪速艦長以在此軍機倥傯之間，高陞號以掛英國旗章為口實，往復談判費長時間足證注意周到，雖尚不詳知高陞號之所有者與清國政府間有何種關係，然由種種跡象推測，相信決非尋常運輸業之關係。對下官切實質問，該船長以書面稱，該船係清國政府所雇用，並契約，航海中遇到開戰時，應立刻將該船交予清國政府，外國船員皆當離船。末松在報告書文末加上如下意見：「以上為下官調查事項之大要，有關文件另封均呈閣下。對本件，萬國公法上，我浪速艦行為之當否自非下官所應論述，要之，不以以上所述事實為行為失當，乃公平批評家所深信不疑。」末松之調查報告內容，與海軍當局陸續所接報告符合。至此高陞號砲擊事件終於明白。其細目末節暫不論，其大要如下：第一，浪速於清日兩國開戰之後，對高陞號行使交戰者之權利；第二，高陞號雖原屬英國籍，但在事變中途，該船船長完全失去執行職務之自由，而為該船清國軍官所支配，極端而言，英船高陞號可謂為清國軍官所奪取；第三，該船所有人事先與清國政府契約：開戰時要將該船交給清國，尤其該船離開大沽時攜有封緘命令，可見他們預期清日兩國之交戰無疑。基於上述理由，日本政府自無如英國外務大臣所說，對該船船員之生命、財產負賠償之義務，因為其行使交戰者當然之權利而已。情況既如上所述炳然，我乃告知巴捷和青木駐英公使以詳情，並令其對英國政府逐一說服，爾後隨英國政府明白其情況，對本件不再表示任何不滿，爭議自然告終。但當時英國輿論尤其各報絕不甘休，主張日本海軍侮辱大不列顛旗章；英國應要求日本相當之謝罪；日本海軍之行為乃戰爭開始前即和平時之暴行；日本政府該對高陞號所有人，因此事件損失生命、財產之英國臣民作相當之賠償；此外尚有極其激烈之言詞與發洩憤怒之情者。然當時英國國際公法權威荷蘭特與維斯特勒基兩博士開始就認為浪速艦之行為並無不當，因其主張與流行中之時下輿論有異，英國某雜誌竟對其大作人身攻擊，罵其為「無恥之法學博士」，「為輿論不顧自己榮譽與職業上恥辱與輕蔑違背本分之法學家」，百般詆毀。要之，當時英國一般輿論似都以為在清日兩國尚未宣戰前，日本海軍之如此暴行乃屬非法。然荷蘭特博士之意見如左：

……故尚未發射第一顆水雷以前，高陞號為交戰國之對方從事運漕之中立國船，該船本身亦認識此點（無論關於軍略抑或其他目的，掛英國國旗完全與本件無關）。立於此種地位之高陞號實具有左列之雙重義務：

第一，以隔離船觀察，高陞號應停止航行，接受臨檢，並送往日本捕獲審檢所接受審檢。如此次實際上從事捕獲之日本艦軍官不得進入高陞號船內時，日本海軍之長官為使對方服從其命令使用必要之強制力，不得謂為不當。

第二，以有關為在陸上清國軍致送援兵之運漕船，或以一軍艦觀察，高陞號顯然為表示敵對舉動之一部分，或可視為有敵對行動，故日本實擁有以必要之全力防止該船達到其目的之權利。

捕拿運輸敵國軍隊之中立國船，或為防止進行敵對行動日本所行使強制力，不能謂為不當。且被救助之船長以下人員皆予適當處置並予以釋放，故不得謂侵犯中立國之權利。因此我國政府並無要求日本謝罪之理由，高陞號之所有人及因此事件損失生命之歐人親族亦無要求賠償之權利。

確不愧為國際公法之泰斗。其論點公明確實，炳然有如洞火。故英國外務大臣金巴列伯爵對高陞號船公司建議不可向日本要求賠償（此點見於印度支那公司大會社長之報告），因而英國輿論之激昂亦隨之緩和下來，一時幾成為英日兩國間重大外交問題之事件，終順利結局。要之，豐島海戰，無論對交戰國之清國或中立國之英國而言，向世界證明日本海軍之行為並未超出戰時國際公法規定之外，實屬光榮之事。

# 十一　朝鮮內政改革第二期

一八九四年七月二十三日事變後之朝鮮，猶如敗屋破窗之戶遭疾風大雨後，天氣突然變晴但仍極狼藉混雜。今後應如何確立該國之獨立，進行內政改革，愚昧無識之朝鮮政府，自無任何定見；而我國政府縱欲予以誘掖扶植，亦幾不知該從何處著手。然我國政府曾對世界表示朝鮮之獨立與改革其內政為清日交戰之原因，即我國政府應著手之第一要務為令朝鮮政府對世界實際表現其為獨立國，對我國，明約要逐一實行改革其內政。故我國政府乃電訓大鳥公使，令其與朝鮮政府就上述兩大要件締結相關之條約。因此大鳥公使與韓廷會商數次，並於該年八月二十日，簽訂《暫定合同條款》（臨時聯合條款）之條約，明約要改革朝鮮內政，更於八月二十六日，締結稱為日韓兩國盟約之攻守同盟條約，以確定日韓兩國對清國攻守同盟之責任，同時實際表明朝鮮為一獨立邦國。《暫定合同條款》概要如下：㈠朝鮮政府因日本政府之建議，認識改革內政為其緊急要務，明約保證將逐一厲行；㈡京、釜及京、仁間將建設之鐵路，鑒於政府財政不寬裕，希望日本政府或日本公司尋時機予以開工；㈢日本政府在京、釜及京、仁間所裝設軍用電線戰將酌量時宜訂條款，以圖其永留；㈣為親密兩國之交往與獎勵貿易，朝鮮政府約定在全羅道開設一所通商港口；㈤彼此約定不追究本年七月二十三日，在王宮附近所發生兩國兵員偶然衝突事；㈥因日本政府希望助朝鮮達成獨立自主，為達到此目的，將來兩國政府應各派委員予以合同議定之。由此朝鮮政府因條約上義務而負應實行內政改革之責任，且日韓兩國盟約概要之諸言，由朝鮮政府以清國軍之撤退一節，委託日本駐朝鮮國京城特命全權公使代辦以來，兩國政府對清國政府已立於攻守相助地位，為使其事實明著以及兩國共同達到其目的，開列以下條款：第一，本盟約以使清國軍自朝鮮國撤退，鞏固朝鮮國之獨立自主，增進日韓兩國之利益為目的；第二，日本國任何對清國之攻守戰爭，朝鮮國對日軍之進退及準備糧食盡量予以方便；第三，本盟約對清國成立和平條約後廢止。為宣揚朝鮮之獨立，所以要締結日韓攻守同盟條約，乃因為一獨立國在平時和戰時，不知在世界列國間如何定其地位之朝鮮政府，牙山開戰以來事實上為我國同盟，卻暗中與駐漢城歐美強國代表私下談判，請其周旋清日兩國軍隊由其國內撤退，甚多不合條理之舉動，將來百般障礙恐由此而生，故需以國際條約之效力，一面使其具有以一獨立邦國能正式與任何一國訂立攻守同盟之權利，一面將其繫留在我手中使其無所他顧，此實為一舉兩得之策。（豐島海戰後數日，在朝鮮領海，因我軍艦高千穗偶然臨檢德國商船潮洲號，德國駐韓領事以在中立國海岸檢查中立國船舶為國際公法所不許而問罪朝鮮政府。德國領事國際公法論據之當否姑暫不論，其所以出現此種紛爭，實基於朝鮮政府地位之曖昧。）日韓兩國盟約至清日兩國交戰結束不失其效力，第三者之歐美各國亦未提出任何異議，但日韓聯合條款對朝鮮內政改革究竟有何效果，因內外形勢諸多不盡人意，故本條約許多條款成為空文，其理由容後敘述。

七月二十三日事變後朝鮮政府之動作，藉大院君改革內政之名，始於對王妃之親戚諸閔多年宿願之復仇。由之閔族多被處以流刑（閔泳駿不久由流地逃往清國）。在此期間，王妃本身亦極危險，在外被我公使禁止暴戾行為，在內王妃哀訴於大院君膝下，飾其深悔前非，巧妙欺瞞大院君，勉繫其一縷之生命，不得一如往日牝雞司晨，枉然蟄居深宮，故韓廷實權乃歸於大院君一人。但在任何國家經過此種革命事變後，皆先需收攬國內人心，剷除正面敵黨外，得滿足各種黨類，而今日朝鮮亦不能例外。在朝鮮，早有溫和漸進之老輩且具人望之金宏集、魚允中一派，大院君令其組織內閣。此外當時之朝鮮另有改革派和開化派，此派亦稱為日本黨。此為糾合金嘉鎮、金鶴羽、俞吉濬、安駉壽、金玉均、朴泳孝等餘黨之一派，其人數不多，勢力亦不大，在閔族旺盛時代多為當時之政府所不容而被棄於閒散地位，或被逐出國外。今日在自稱日本黨名目下，在朝鮮國人中尤其自信該黨應獲得日本之支援，尤於我駐漢城公使館，因其在朝鮮國內擁有較多知識，亦解日語或英語，自為親近，他們由此得一種勢力，朝鮮政府隨之亦不能將其置於政府之外，終於新設所謂軍國機務處之一種合議體，以其多數人士充任該衙之議員。

如上所述，朝鮮政府自閔族敗退，王妃戢羽翼之後，第一，頑固保守之大院君一派握大權；第二，溫和漸進之金宏集、魚允中老一輩組織內閣；第三，糾合日本黨即激進黨半知半解之開化者，新設合議體之軍國機務處，由軍國機務處起草一切改革案，必與執迷不悟之大院君之意見格格不入，而位於清國之金、魚內閣既不能贊成，更無法抑制任何一方，左右為難，陷於進退兩難之境。朝夕徒坐而空論，睹生死之爭鬥（在此種黨爭中，日後因大院君之唆使，金鶴羽被暗殺），實務一無所成。加以朝鮮人疑心特深，敢出於陰險手段，故其爭鬥每每以陷害排擠為事，互相怨恨日益增長，露朝友夕敵之狀，自導致不可能協同一致共事之情況。此為朝鮮內政改革歸於失敗，未有任何效果之主要原因。

平壤陷落以前，朝鮮官民對清日勝敗皆抱持懷疑態度，且多以為最後勝利將屬於清國，故大院君及其內閣諸員便立於清日間兩端。事實上，大院君、金宏集之輩曾密派其親信前往平壤，與滯陣該地之清將通款，預為清國軍勝利時替其鋪路。（平定平壤後，此輩致清將之密函，日後為第一軍司令官山縣（有朋，譯註二〇）伯爵所獲，他將其案予我，爾後井上伯爵赴任朝鮮後，需將大院君逐出該政府時，特出示此密函以問其責。）即他們面從我政府之建議，進行內政改革時，亦不能忽視李鴻章對朝鮮政府要求無論如何要其拒絕日本建議之脅迫性命令（此項命令，係在牙山開戰之前李鴻章令袁世凱與韓廷嚴格談判者。當時大鳥公使曾報告我），此為位於兩大國間弱小國所不能免之常態，其情形似殊值憐憫。但他們既抱貳心，當時我國即使再剴切建議其改革內政，他們徒左右託詞，踟躕因循，遷延歲月。此亦為朝鮮內政草草失其時機，久未見其效果之另一主因。

如上所述，朝鮮政府雖互相傾軋，但亦知如完全放棄內政改革必得不到內外輿論之支持，故確曾努力於實行改革至某種程度。反觀當時之實際情況，清國軍隊逐漸由大沽、山海關前進屯集於平壤，其人數據稱超過二萬，今日朝鮮北部皆在清國軍隊管轄之下，而我第五師團長野津（道貫，譯註二一）陸軍中將所統率前往朝鮮之全軍，本以經由宇品、馬關直往仁川港為最方便。惟當時在我海軍內部，多人以清國北洋艦隊勢力未完全滅殺時，若分赴我海軍力量，多數運漕船暴露於馬關以外大海，則甚為危險，乃為海軍戰術所不許，海軍不能負安全護送之責任，乃不得不將全軍悉由釜山登陸，陸續北進。同時我第三師團所派之別動支隊則由元山津上陸，經咸鏡道迫進平壤，將朝鮮國土分成南北大部分，變成清日兩軍各佔一半之態勢。各地方為行軍之準備，徵用軍需而極其紛亂繁忙，朝鮮全國幾無異戰場。朝鮮政府權力僅及於漢城及其附近，因此朝鮮政府欲實行內政改革亦無由著手，實無可奈何。故此時朝鮮政府所實行之改革，僅至於更換中央政府官吏數輩，以及創設行政機關各衙門之官制，因而當時我國人往往譏笑此官制改革為紙上之改革。然如上所述，在朝鮮內地情勢之下，他們焉能作更多之改革，故對其作種種酷評實屬不公平。即上述情形確予推動內政改革以極大障礙，而且誤其時機原因之一無疑。

朝鮮之內部情況既如上述，我國對該國之政略，自七月二十三日以後，步步不得不深入。然第一，我政府將來對朝鮮將推行其政略到何種程度，換言之，除非決定我國將來對朝鮮將如何處理之問題，則無法確定我外交上隨時操縱得宜之方針。大鳥公使曾屢次電請我內訓廟議。故於八月十七日，列舉四個問題提出內閣會議，以求先確定廟議。其概要為：（甲）日本政府既向內外表明朝鮮為獨立國，亦聲稱其必須改革內政，今後清日交戰結束縱令勝利歸我，仍將任該國自主，日本及他國皆不加任何干涉，其將來國家命運一任其自力為一策；（乙）將來名義上以朝鮮為獨立國，日本將間接直接永久或長期扶植其獨立，以代勞防禦外侮為一策；（丙）朝鮮畢竟不可能以自力維持獨立，無論日本直接或間接，單獨負責予以保護並非上策，如英國政府曾建議清日兩國，約定將來朝鮮領土之保全由清日兩國擔任為一策；（丁）若朝鮮不能以自力獨立，我國單獨予以保護亦非上策，清日兩國負責保全該國領土亦難永久合作，將來以朝鮮國有如歐洲之比利時、瑞士，由各列強擔保其中立為另一策。我在閣議中就上述四個問題逐一加以細註，就其一利一害有所詳述。且在閣議末段，我表示：現今如選擇錯誤恐難免遺禍害於將來，但如不確定對朝鮮要如何處理之廟議，今日在外交上之推動與軍事上之行動皆感極其困難，故盼望儘早確定廟議，同時請求閣僚之中如有其他妙案亦能提出來（我所提出方案，附錄於本章末，以供參考），懇之與閣僚審議詳論，詳細說明其利害得失。惟因當時清日兩軍最後勝利誰屬，將來形勢如何係未知之天，故我對韓政策極難出於執一不動之方針，我廟堂文武重官雖非輕視刻下朝鮮之局勢，然任何人皆不能立即確定對韓永久之策略。我在前一章所述，朝鮮問題雖為當局之主題，因其他關係往往扯出種種客題，因而隨時有不得不變更既定方針之可能。故僅議決在相當期間內以我四個問題中以乙策之大意為目的，將來再確定廟議。身為當局之負責人，我雖感覺要實行此種不確定之廟議極其困難，然因上述之情勢而欲予以確定，亦幾不可能之事。因而認為只有依服閣僚協議之結果，將來再作臨機應變之處置，即將此意訓令大鳥公使。該公使雖非不諒察政府之內部情形，但需配合當地實際情況以辦理外交，故對任何事支梧牴觸尤其對朝鮮政府之動作，自然外強中乾，雖厲色嚴語但無其手腕。據實言之，我國對朝鮮之策略，常受外來因素限制，剛柔鬆弛多不能如意，於是內政改革不能實行我國政府之所明言，每每有隔鞋搔癢之憾。此為朝鮮內政改革至今不能成功之原因之一。

自始在我國官民之間，有與牽連朝鮮內政改革之重要問題。即在朝鮮國具有利益之企業，尤其鐵路之建造與電信之架設，非抓在自己手裡，政府或人民能經營之專利，朝鮮政府非轉讓不可。因此大鳥公使便於七月二十三日事變以前，對朝鮮政府就鐵路電信問題已開其端，事變後，締結日韓聯合條款之際，完全確定上述轉讓，完成外交上之程序。但到要如何實行時，發生創設一大企業之資金應求自何處之問題，或謂非常時不得不以非常事處之不為功，一切資金應由國庫支出；但以國庫之公帑建造他國之鐵路實不合邏輯，且清日兩國正在交戰中，將來軍費需要多少很難預定，隨意動用國庫鉅款極為危險，至此起初政府內部頗熱心於主張建造朝鮮鐵路者，亦認為由國庫支出，談何容易。故我邀集前此主張需要建設朝鮮鐵路之豪商巨族有志之士，慫恿他們創立此一企業。然他們卻不若從前那麼熱心而遲疑逡巡，或要日本政府擔保損害補償，或求對其資金予以特別補助，無人以政府不直接間接由國庫負擔，而願自告奮勇立此事業者，至於外交上之既得轉讓終歸畫餅（爾後，有京釜間鐵路之建造應由軍事費支出之議，惟因時機過晚，故未實行）。此時一切對朝鮮問題，無論政事上與企業上，開頭議論紛紛之事，到實行階段則寥寥息聲，由今日以觀，實一無所成。此雖因政府當時有比朝鮮問題更重要之事，故未能專心對朝鮮行動，而民間所謂有志豪族之輩，其手腕亦不如隨戰勝之歡聲懷抱空望而躁動之靈活所致，誠不堪痛惜。

如以上所列舉，朝鮮之內政改革，因其國內情況錯綜複雜，我國由外面誘掖援助之方法甚多困難，而未能有我國人所期待之成績，實屬不得已，或可謂理所當然。然我國民由此而大失所望。但他們不研究自己失望之原因，而歸咎我政府措施之不得宜，尤其非難大鳥公使之聲日譁。然我不僅自始即知朝鮮政府之改革不如世人所預期之容易，且朝鮮政府向來不太重視其改革，故於時局艱難之際，不以更換駐漢城公使為上策，因而常以一身當眾謗之衝以之保護。但政府內部有人懷疑大鳥公使留任之得失如何，產生不能久留大鳥公使於韓地之情況，加以交戰局面意外擴大，歐美各國再度出面干涉之勢，故我國駐漢城公使，應以在內外有資望、有勢力人士充任，以對朝鮮事務能專權決定斷然執行。而正在物色大鳥公使之後任時，當時之內務大臣井上伯爵自請出任，乃召回大鳥公使。要之，朝鮮內政改革之第二期亦因種種因素而被阻礙其進行，於茲不得不寫其失敗之歷史，實極不愉快之至。

## 一八九四年八月十七日內閣會議

朝鮮事件比大鳥公使赴任前所籌畫之廟算，在外交上與軍事上屢次遭遇局面之變遷，步步深入以至今日之形勢。至於目前該施之策略，隨時有廟議之決定，應遵從其成議以執行自不待言，然將來應如何辦理朝鮮問題，即本件最後之大目的如何之問題。第一，帝國政府為朝鮮內政改革及永久保全其獨立，終於不得不與清國交戰，現尚在交戰中，非俟清日最後勝敗決定，實際不可能發生。然今日就此問題確定一方針，帝國政府在執行外交、軍事措施上關係不僅緊要，大鳥公使亦就此問題請示政府方針，故本大臣擬具左列考案，請廟議有所決定。

甲、帝國政府既已向內外公認朝鮮為一獨立國，亦聲明要令其改革內政。今後與清國最後之勝敗決定，縱令如我輩所冀望勝利歸我國後，仍然以一獨立國完全放任其自主自治，我不予干涉，亦不許他國任何干涉，其命運一任聽之。但此方策有下列疑問：

一、朝鮮久為綱紀頹廢，萎靡不振，官民缺乏獨立志向之國家，即使因他人一時刺激而能多少改革內政，但是否能永久維持下去且隨時改進實不無疑問。若如此，帝國政府此次派出大軍使用鉅額軍費，終歸泡影。

二、如明知朝鮮不能自保其獨立，而又完全任其自生自滅，他日清國恐再窺伺直接間接干涉朝鮮國政，或顛覆現在之政府並以稱為事大黨之閔族一派組織政府，進而再度出現有如清日交戰前之清韓關係。一旦產生此種情況時，帝國政府因為其來龍去脈上不能袖手旁觀，任清國為所欲為，故必不得不再與其爭論，其爭論極難樽俎間圓滿結局，最後清日間和平必定破裂。此無異清日兩國為朝鮮重演戰爭之歷史，果若如此，將使此次盛舉歸於徒勞，終於兒戲。

乙、名義上公認朝鮮為獨立國，由帝國間接直接永遠或長期保翼扶持其獨立代勞禦外侮。

但此方策有如下疑問：

一、朝鮮之為獨立國以及無意侵略其疆土，乃為帝國政府一向對各國政府所聲明，故即使間接以其半島之王國屈服於帝國勢力之下，必招致他國之非難與猜疑，或因此而導致無數之糾葛。

二、即使帝國政府得不顧上述之困難，能待朝鮮如保護國，他日因事變，與朝鮮具有利害關係之清國、俄國及他國若侵犯朝鮮之獨立時，帝國是否能以獨力始終防禦該國之外患，並予以保護乎?

丙、朝鮮不能以自力維持其獨立，我帝國無論直接或間接不能以獨力負責保護時，如英國政府曾對清日兩國政府建議，朝鮮領土之安全由清日兩國擔保。

但此方策有左列疑問：

一、帝國政府以其戰勝之勢與清國政府協議時，清國政府自不可能作如開戰前頑冥固陋之主張，但決不會放棄其儀式上之宗屬問題。而在開戰前如我對英國政府所明言，清國若未提出屬邦論，我則不必主張獨立論；惟至戰勝之後，清國對朝鮮之關係，無論在實利上與名義上，要比帝國與朝鮮之關係高一等之看法，自非帝國所能容忍。因此可能因此種無必要之爭論而議破，否則談判遲延以至拖延交戰國之情形。

二、縱令清國政府屈服，我不提出宗屬關係之問題，清日兩國就保全朝鮮疆土，不僅須派遣輔助朝鮮政務之監督官或委員，或需互相駐紮多少軍隊。然清日兩國對朝鮮之利害關係常常相反，清日兩國政治家之主張亦常冰炭不相容，故兩國政府對朝鮮之意見每每衝突必不能一致。最後必將產生第一疑問之結果。

丁、假定朝鮮無法以自力成為獨立國，帝國亦以獨力予以保護為不利，而清日兩國擔保其獨立，最後仍無法彼此協同一致時，由我國邀請歐美各國與清國以朝鮮為世界之中立國，使朝鮮國立於有如歐洲比利時、瑞士之地位。

但此方策有左列之疑問：

一、與朝鮮國利害關係最深者為清日兩國，而此次交戰亦為清日兩國間利益之衝突，故由此次戰爭結果所產生之榮譽與利益，自不必分予歐洲各國；若分予則無異諺語之所謂犬折骨為鷹餌，帝國之所失將超過帝國之所得，當不能滿足帝國人民。何況帝國曾派大軍費鉅額軍資，結果若無所得，自不免為輿論所攻擊。

由以上考察，可知甲、乙、丙、丁四案皆各有利弊，如選擇錯誤勢將遺巨大禍害於後世。然思考朝鮮將來地位應如何，似不出此四方策之外。無論歸於任一方策，非清日交戰最後勝敗決定後不會發生之問題，但廟算必須事先就其中之一方策有所決定，蓋其對今日外交上之推動與軍事上之行動關係緊要。故切望事先確定廟議。除上列四方策之外，閣僚諸公如有高明方案，請能賜告，是所至盼。

## 十二　平壤與黃海戰勝結果

一八九四年七月中旬前後，平壤與黃海戰捷消息幾乎同時聳動世界耳目。論述作戰計畫、戰鬥經過並非本書目的，故我只敘述此海陸兩大戰爭之勝利，爾後我軍在奉天（瀋陽）、山東各地海陸連戰連勝結果，對我國內外關係具有何種影響。

一將功成萬骨枯，此為古代詩人詠戰爭之結果。然在如今列國交際極其錯雜繁劇之時代，戰爭結果波及內外社會百般事項之廣大，實不止於萬骨枯之慘狀。若誤用戰爭，勝者可能比敗者立於更危險之地位。平壤、黃海戰捷之前，在交戰者之清日兩國甚至有苦心焦慮最後勝敗誰屬者。至於旁觀者之世界列國彷徨於疑惑間，誠不無道理。然一旦此海陸大捷傳播世界報上，歐美各國視聽、思想為之一變，曾對我國舉動多少非難之外國人，突然不惜予以大加讚賞；在清日交戰之初曾以冷眼視其為兒戲之邦國，遽然極為驚愕，對戰勝者開始起嫉妒之念頭。當時，駐英內田（康哉，譯註二二）臨時代理公使曾對我電報：「本官受到當國上流社會人士對我國戰勝之祝辭。當國各報社多讚賞日本之戰勝，並表示對此極其滿意。舉其重要者，如《泰晤士報》稱：日本之軍功足受作為勝者之讚譽，爾後吾輩不得不承認日本國為東方一活勢力，凡我英國人，對彼此利害大同遲早將成為密切之新勃興島國人民，毫無嫉妒之心；《巴爾馬爾新聞》謂：英國曾教導日本，但今日本教導英國之時機已到來；《每日電信》建議清日兩國媾和，並稱日本應該佔領台灣全島至清國完全實行媾和條件之時為止。」由此可見英國人在牙山戰爭前對我國感情，至此如何突然改變。與此同時，反映法國人之一報紙如此稱：「有花木家門前，人集成市。今日本對歐洲所獲勝利比對清國所得戰勝更偉大。今後日本應可獨立不羈為其所欲，日本人能隨意奪取他國土地，並予蠶食。簡言之，日本人得與自認有勢力之國民採取同一行為。對日本人之行為自不必論，縱令其為空望歐洲各強國亦毫無干涉之方法。」在此各國極口讚賞之時，俄國政府漸將其艦隊經由蘇彝士運河東移，日夜極其繁忙。真可謂不啻禍福倚伏，塞翁失馬。

砲火相接，勝敗既分，過褒勝者，過貶敗者，誠為人性之弱點。器械精利，將卒勇猛，加以戰略得宜，我軍大捷映射任何人之眼睛。對此世人一褒一貶，不足悲喜。然現今歐美各國目擊我軍隊在戰鬥獲勝，在清日交戰中看出我軍隊所採用歐洲式作戰計畫、運輸方法、兵站設施、醫院及衛生設備，尤其以慈惠目的為主之紅十字會會員之行動等，百般制度組織頗為完整，以及各部機關行動極為敏捷，在外交、軍事上對交戰國及中立各國之行動，無一超出國際公法規定之外，而予他們以非常之感觸。自來歐美各國眼看我國每年採用歐洲式軍政、軍紀，心中懷疑日本縱令能模倣文明之軍隊組織，臨實際戰爭時果能如歐美各國軍隊在紀律節制下運用。他們如此懷疑不僅限於軍事上，前此我國修改法典制訂法院組織法時，他們嘲笑我新法為不堪實用之空文，亦懷疑我法官之能力，而不以歐美國民隸於我國法權之下為然。此對修改條約曾產生莫大障礙之另一原因。日後對我國創立立憲政體，他們似亦以為不希望歐洲以外立憲政體之存在，而下不堪聽聞之批評。簡言之，他們揣度歐洲文明之事物完全為歐洲人種之專有，歐洲以外國民無法體會其真味。然因此次戰勝之結果，終於使其由以為在耶穌教國以外之國土，歐洲文明不能生存之迷夢覺醒，與讚揚我國軍隊顯赫武功之同時，我一般國民採用歐洲文明，並具有予以活用之能力，可謂為我國民揚眉吐氣大快人心之事。然坦誠言之，曾如歐洲人過貶，日本人雖非無採用歐洲文明之能力，然亦如其過褒果得極端進行，約言之，日本人雖能採用歐洲文明至某種程度，果能進步至此程度以上，此則屬於將來之問題。但人類一般常情得一好評則自以為有餘，遭一惡評則自以為不足。今日日本人頻受世界列國感歎讚賞之後，果能算計自己之真價，此亦屬今後之問題。

中立國歐美各國之情形既如上述。在此期間交戰國清國對我戰勝結果如何感觸，該國政府自始即請求歐洲強國干涉，以策清日戰局早日結束。平壤、黃海戰爭之後，他們似覺察其無抵抗日本至最後之力量，故將其戰略盡量改為防守地位，而在外交上則更努力於誘導外國之干涉。在瀋陽半島之陸戰，他們從未採取攻勢，李鴻章對水師提督丁汝昌嚴格訓示無論有任何情況必須避免一切危險（根據該年八月二十一日上海發電報），而令其在黃海海戰戰敗之北洋艦隊退居威海衛要塞，未再令其出戰外海。李鴻章更與總理衙門聯合求救外國代表，屢請外援，並電訓其派駐歐洲各國使臣，令其對駐紮國政府哀求歎訴。英國政府再度聯合各國意圖勸告清日兩國和平，俄國之虎視眈眈，汲汲窺釁隙可乘之機正為此時。要之，清日兩國戰局繼續期間，歐洲強國之干涉，人人預料遲早出現，而清國政府則一味向強國求哀乞憐，不顧自己國家體面、出於故意大開門戶，引進豺狼之愚計，雖謂焦眉之急不得已，但將來在東方局面，如有促成歐洲強國交涉多事之危勢，此次戰爭之結果實為其機因，而始作俑者則為清國。

回顧我國內形勢，在平壤、黃海戰勝以前，心中焦慮最後勝利之國民，現今深信勝利必歸我國，問題只為我旭日軍旗何時能進入北京城門。至此，一般氣象壯心快意狂躍，流於驕肆高慢，國民到處喊聲凱歌有如亂醉，對將來之欲望日增，全國民眾，如克里米亞戰爭前英國人所稱之盲目愛國主義團體，除進戰之聲外皆不入其耳。在此期間如有深謀慮之士倡妥當中庸之說，必被目為儒怯毫無愛國心之徒，幾為社會所不齒，而只有忍氣蟄息閉居。此種社會風潮對外國有何影響？某些國家頻頻過分讚譽我國之戰勝，時放佞諛之言辭，對空想而浮動之國民產生薪上加油之結果；某些國家則增長嫉妒與畏懼之念，陰謀等待將來之時局時機到來時予我國以一擊。爾後，俄、德、法三國開始干涉之初，德國外務大臣對青木公使稱：世界決不依日本之希望與命令而動。此言雖為當時德國政府因其歐洲政略上特意所說之辭柄，然映在當時外國政府及人民眼中之日本國民，毫不謙讓抑遜，幾特立獨行於世界，任何希望皆可達到，任何命令皆能實現之驕慢氣象所造成。蓋我國民空想之熱度如此昇騰，乃因我國古來特有愛國心之發動。對此政府固然應予鼓舞，不必壓抑，但愛國心極其龐大，在事實上如欠缺注意適用，每每反使當局感受困難。斯賓塞（Herbert Spencer, 1820~1903）

曾謂：俄國人民富愛國心，最後亦謂愛國心乃為蠻俗之遺風。此言雖酷，徒具愛國人而不精思使用之道，則與國家之大計時或不相容。即由當時國民熱情所發之言行，亦難保證不刺激歐美強國之感情。

出於故意大開門戶，引進豺狼之愚計，雖謂焦眉之急不得已，但將來在東方局面，如有促成歐洲強國交涉多事之危勢，此次戰爭之結果實為其機因，而始作俑者則為清國。

回顧我國內形勢，在平壤、黃海戰勝以前，心中焦慮最後勝利之國民，現今深信勝利必歸我國，問題只為我旭日軍旗何時能進入北京城門。至此，一般氣象壯心快意狂躍，流於驕肆高慢，國民到處喊聲凱歌有如亂醉，對將來之欲望日增，全國民眾，如克里米亞戰爭前英國人所稱之盲目愛國主義團體，除進戰之聲外皆不入其耳。在此期間如有深謀遠慮之士倡妥當中庸之說，必被目為懦怯毫無愛國心之徒，幾為社會所不齒，而只有忍氣蟄息閉居。此種社會風潮對外國有何影響？某些國家頻頻過分讚譽我國之戰勝，時放佞諛之言辭，對空想而浮動之國民產生薪上加油之結果；某些國家則增長嫉妒與畏懼之念，陰謀等待將來之時局時機到來時予我國以一擊。爾後，俄、德、法三國開始干涉之初，德國外務大臣對青木公使稱：世界決不依日本之希望與命令而動。此言雖為當時德國政府因其歐洲政略上特意所說之辭柄，然映在當時外國政府及人民眼中之日本國民，毫不謙讓抑遜，幾特立獨行於世界，任何希望皆可達到，任何命令皆能實現之驕慢氣象所造成。蓋我國民空想之熱度如此昇騰，乃因我國古來特有愛國心之發動。對此政府固然應予鼓舞，不必壓抑，但愛國心極其龐大，在事實上如欠缺注意適用，每每反使當局感受困難。斯賓塞（Herbert Spencer, 1820～1903）曾謂：俄國人民富愛國心，最後亦謂愛國心乃為蠻俗之遺風。此言雖酷，徒具愛國人而不精思使用之道，則與國家之大計時或不相容。即由當時國民熱情所發之言行，亦難保證不刺激歐美強國之感情。

戰勝之結果，對內外列國大為提高我國之地位與勢力，冰解歐美列國曾視我國僅模倣皮毛文明冷評所下之迷誤，日本國已非東洋山明水秀之一大公園，而被公認為世界之一大勢力，更使英國大儒感歎：遠東大戰結果使一帝國發揚其榮譽，使另一帝國之名聲墜落。今也我國既成為列國尊敬之標幟，亦為嫉妒之目標。隨我國榮譽升高之同時，其責任亦增加。內外形勢既然如此，其間往往不免發生衝突，要予以調停使雙方適宜互讓妥協決非容易。因當時我國民之熱情對萬事往往只出於主觀判斷，毫不容客觀考察。唯顧內不顧外，只知進不知止。反此海外強國對日本之看法，其內心雖各有好惡愛憎之別，但擔心日本得過大勢力，而欲使其歸於中庸則殆一致。而欲調和此內外相異之情勢，實有如要將電氣之陰陽兩極，或數學之正負兩數合而為一，彼此相抵雙方成零，不無兩失無一得之虞。故政府察覺今日除非在內部某種程度上令此種風氣流行，多少滿足國民之希望，無從預防外來之危勢。因此政府只有乘國民敵愾心旺盛之時，早日進行清日戰局，盡量滿足國民之希望，爾後斟酌外面情勢，對將來國家之安危在外交上研究轉變之策。當時我致在廣島伊藤首相私函中（十月十一日私信）謂：「外國既再次開始干預，我軍隊之運動尤須迅速，在外國干涉尚未引起麻煩之前，有佔領任何一地方之必要。鈞座當不至疏忽，但請特別留意此事。」亦多少說明此間情況。

# 十三　領事裁判制度與戰爭之關係

我國採用歐洲文明，百般事業長足進步結果，今日就內政、外交，無論平時與戰時，事事物物招來最多障礙者，實以我國與歐美各國間條約上之領事裁判制度，即比普通泛稱之治外法權制度為甚。然就學理而言，治外法權與領事裁判管轄之兩種制度，根本不同，有一定之區別，不可混為一談。所謂治外法權原來根基於不二主義，甲國主權及法律效力原封不動移往乙國領土替代乙國地方權，總轄居留該領域甲國人民相互間之權利與義務，甚至規定該國人民與各國人民間一部分權利與義務，在國際關係上自始完全不承認彼此對等之觀念與主義，故對此無由適用國際公法上普通之條規。簡言之，在治外法權制度下之一國人民，在政治上百般事項，可得其居住自己國內時同樣之結果。而領事裁判制度，雖緣由於甲國不信用乙國法律，然此項制度決非完全無視乙國之法律；而只限於本國人民在乙國內成為被告時，不出席乙國法庭不服從乙國法律，而出席本國法庭服從本國法律而已。

治外法權與領事裁判管轄兩種制度間之立法與行政權限上，亦有明確之差別。有關庇護罪犯、引渡罪犯、服從、歸化、交戰、局外中立等等問題，皆可視為此兩種制度境界中間有待填充之問題。今日在我國之外國裁判制度，乃為領事裁判管轄而非治外法權。曾任我國法律顧問之英國人比歌特在其所著《領事裁判管轄》一書中云：

「英國女皇在外國所執行之裁判管轄權，並非皇室世襲之權利，亦非被世人喻為全能之國會所賦予之權利，只為外國君主所讓與、所特許之權利而已。其讓與多基於條約，故女皇在外國裁判權如何之解釋，唯有看該條約之條款。且純然無缺之治外法權，除所謂保護國之領土內以外，從未有行之於獨立國領土內之實例。故治外法權制度畢竟為程度之問題，而程度之差仍依情況而異。原來英國君主施行於居留東方諸國本國人民頭上之權力，既出自該國君主之恩惠，或以本國兵力所強取，非基於皇室之大權，女皇在東方諸國之權利，可謂僅執行該國現今君主委託之權利。」在學理上得如上論述。然實際上歐美各國一向在東方諸國所施行之領事裁判制度，因其形質之相似追溯稱為治外法權制度之權與，係因歐美各國政府不信用所謂耶穌國以外之國家制度及法律，故首次與此等國家締結條約時，必在該條約內為本國人民，立要施行領事裁判管轄之條款，而終於產生在某一國領土內設一小殖民地之一種變態。在此種變態之裁判管轄施行長久過程中，每生種種紛爭則錯亂該制度之正解，並衍生超出正當範圍以外之幾多新註釋與新慣例，此等新註釋與新慣例當然方便於強國之適用。故縱令同樣擁有治外法權或領事裁判管轄之國家，其程度與形式頗為不同，理由在此。蓋我國與歐美各國締結條約係於德川末期，當時在外交上每遇困難則出現許多惡例，不僅與學理上正解有違，現行條約上從未讓與、許可之事項亦不少常被侵奪。近來我國雖努力於恢復被侵奪事項，並防守可能被侵奪事項，惟現行條約本身既如上述，對此如何解釋適用何種主義，畢竟不可能與我國今日進步情況並行，由之百弊千害日益彌漫。此所以政府每年以修改條約之大業為隨維新中興而來之重要課題，百折不回期盼其早日成功。

我國備受領事裁判制度之弊害，已非一日。尤其自此次戰爭以來，我國以交戰國對中立諸國之行為上，不少感覺有牴觸領事裁判制度之虞者。縱令在學理上正解不一定牴觸，但以往對該制度牽強附會之種種註釋與慣例，或將引起任何爭議。我國面對砲火相接之敵國，再與強大之第三國生錯雜之糾葛決非今日之上策。然只要領事裁判管轄存在一日，我國欲與第三國不生任何糾葛，實有如舟楫通過大石巨礁縱橫密佈、長流急湍之舵手，即使盡良工苦心之術，亦極難僥倖過關於萬一。果然發生英、法、美三國之交涉事件。即一八九四年十月二十五日，駐美國栗野公使來電稱，清國駐美公使館館員某某雇用原為英國海軍上尉，今為美籍之水雷製造者佐治．加梅隆與電氣發明者美國人約翰．外爾特二人，與其同伴於十月十六日，由舊金山搭英國船格里克輪回國。恰巧乘該輪回日本之駐墨西哥總領島村久，在船上大致探聽上述中美兩國人之關係，報告我其經過，我則將其通報海軍省。然聞此二美國人究竟有何本事而受清國禮聘？其事頗屬魔術性技術，即謂他倆不假船隻、槍砲，能由陸上擊沉數里外海面之敵艦。現今學術界絕無法接受此種奇術，但清國政府迫於目前之困境，竟雇用此種騙子，實堪憫笑。然他們以幫助敵國軍事為目的，要通過我國領海。我國軍衙自不能坐視此事，乃於十一月四日電由廣島大本營電照野村（靖，譯註二三）內務大臣，令其將上述三名重要戰時禁制人，立刻從格里克英輪拘捕。關於該清國人自無任何問題，但在有領事裁判管轄之今日，我國政府要拘捕美國人身體，或繫留其船舶，以普通行政處分，無論平時與戰時，勢必惹起紛爭。故我與野村內務大臣商議結果認為不如一任軍事處分，乃致電在廣島之伊藤首相稱：大本營認為戰時禁制人之二美國人既謂能行魔術性技術，縱令其進入敵國實際上並無任何危險，但如必須予以拘捕，則以軍事處分為上策。因此於十一月五日，我海軍武官則在橫濱臨檢英船格里克輪。惟上述中、美國人於前一日轉乘法國郵輪雪梨號前往神戶，故此英輪之臨檢乃止於形式。然英國駐東京公使竟於同月八日致我一公文大略謂：要求日本政府說明臨檢英國商船之理由，該船現今係往中立港（指香港）航行中，日本政府對其實行臨檢乃最非法之措施。故我與海軍當局協議後，對英國公使如此回答：格里克輪從舊金山載一清國人及同伴之二名外國人進橫濱港，因該三人有以敵對日本為目的前往清國之嫌疑，及該船有運載他們所有武器彈藥等之嫌疑，因此日本海軍乃臨檢該船。貴使以格里克輪離開橫濱後係往中立港航行，故而日本政府對其無臨檢之權利，此點帝國政府不能苟同。何況該輪所載貨物中有不少將卸於上海，故不能以該輪前往地為中立港香港，而削減帝國政府所享交戰國之權利。英國公使不滿意我之回答，爾後彼此屢次往復問難公文，不了了之，然本件一變而為我國與法國間之爭議。因上述有戰時禁制人嫌疑之中、美國人，乘法國郵輪雪梨號進神戶港時，碇泊該港之我軍艦筑波艦長立刻臨檢該船，沒收他們三人所訂契約書，命其登陸並予拘捕。而根據雪梨號船長言，該船長完全不知其事實，方准許上述三人之搭乘，故放行該船。然法國駐東京公使阿爾曼於十一月五日前來外務省求見我，剛好因我旅行廣島，故面會外務次官林董（譯註二四），嚴厲非難日本政府對本件之行為，並要求說明。林次官將面談始末報告我信中記述當日法國公使之舉動稱：他滿面怒氣，與本官行握手禮時，竟說此握手或將成為最後之握手。林次官回答該公使云：本件原出於軍事處分，我尚不確知詳情，惟畢竟為審察戰時禁制人而臨檢中立國船在交戰國之權利上誠屬不得已之事。阿爾曼稱將立即將其始末報告其政府而辭去。故我電訓駐法曾禰（荒助，譯註二五）公使，預先照會法國政府，其概要為：「法國公使阿爾曼就雪梨事件大事抗議，並呈請本國政府訓令。故貴官應乘機向法國政府說明，日本政府所拘捕人員係為軍事敵人，日本政府為自衛起見，對此不得已出於行交戰國之權利。（第一）清國雇用人物之技術為軍事上特別技術。（第二）日本海軍捕獲該三人之船舶係由一交戰國港口（指日本神戶）航行另一交戰國港口（指清國上海）之途中。（第三）三人之捕獲執行於交戰國港內。以上述理由日本政府之處置合乎國際公法之規定無疑。」筑波艦長捕獲之清國人當然戰時俘虜處理，其他二名美國人則令其作在清日兩國恢復和平以前決不旅行清國，爾後又不與清國政府訂任何契約之宣誓後，予以放行。法國政府對我之說明似為滿意，爾後，令其駐東京公使告我政府，其政府徵詢法學家意見結果，認為日本政府此次處置正當，至此本件圓滿了結，以後不再提此事。先是在神戶之梅沙捷莉　馬利得蓐會社（擁雪梨號之公司），曾經由法國領事向我政府要求賠償雪梨號被臨檢所受之損失，惟因其本國政府正式承認日本之處置為正當，故該項訴訟未得任何結果而自然消滅。

美國政府起初以其國民被日本政府拘留而要求說明理由，後來因情況分明，美國國務卿則對我駐美栗野公使表明：日本政府之處置光明寬大，毫無異議。

我國政府開戰之初即設立捕獲審檢所。此為交戰國正當執行其權利之機關，不論何人應無異議。然在審檢之進行上，或將與領事裁判管轄發生某種衝突，故政府令海軍當局對臨檢一切中立國船船之戰時禁制品做最詳細之訓令。以後交戰中我軍艦臨檢中立國船舶不一而足，但將其拘留至捕獲審檢所者，僅為一八九五年四月九日，在清國直隸省大沽海面，我軍艦筑波對印度支那輪船公司之益生號之一件。即筑波艦長臨檢該船時，在標籤清國書籍之偽造貨物中發現若干戰時禁制品。因此該軍艦即將益生號拘留於佐世保捕獲審檢所，並正式予以審判。該偽造貨物，因分明船長及該船公司自始不知其為戰時禁制品，而以普通貨物載運，故沒收，立刻放行該船。雖謂該貨物為上海德國人所有，但就本件，英德政府皆未向我政府提出任何抗議。

除此以外，在威海衛丁汝昌向我海軍投降自殺之後，我海軍所收領傭役於清國軍艦內之眾多歐美人始終均在我軍事處分主控之下。此外在此次戰爭中，我國以交戰者身分對中立國歐美各國人民或財產所作之處分，與平素之習慣不同，他們鮮使用領事裁判制度之利益，彼此之間雖時或發生爭論，但其紛爭皆未至激烈，合理獲得解決。此固為在此次戰爭中，我海陸軍之行動大致遵從國際公法之規定，使對方無插嘴之餘地，但我國採用歐洲文明，百般改革卓著成功，且已與歐美四、五大國締結平等條約，不日將與其他各國簽訂同樣條約，不出數年我國內當不復留領事裁判管轄之痕跡，由之外國政府得悉今日呶呶不休議爭治外法權之愚計所致。荷蘭特博士在其著作中，比較近年清日兩國間各自之文明思想及改革成績等差異後結論云：「清國法院及諸法典仍不能滿足歐洲各國之希望，故在該帝國內存在外國人之治外法權未必不當。然歐洲各國，對日本放棄治外法權之時期已到。因此如乘清日戰爭開始之時告世人曰：**若今日本加入文明列國之行列為考試，則清國只能為其候選人亦決無不當。**」日本能否考試及格自當別論，此次我國行使交戰國權利時，與歐美各國所以未發生重大糾葛，我敢斷言係基於我國文明之進步。倘使此次戰爭發生於十年前我國進步未如今日之時，我軍事行動決不可能獲得如今日之自由幾無疑義。事實上，我敵國清國此次並未設置捕獲審檢所，而縱令設立，歐美各國政府不肯安然將其國民生命、財產委託清國之軍事裁判，自不待論。

為前例之參考，茲略述太平天國賊亂時代，歐美各國如何濫用治外法權之利益，以妨害清國政府之正當行為。太平天國賊徒極猖獗於清國地方之時，旅居清國之歐美各國商民等，恃領事裁判管轄之鐵壁，懸掛各國旗章之船舶上下於長江，擅自通過清國官軍之哨兵線，逃脫清國官軍之捕拿，輸送各種戰時禁制品予賊軍之事實，今日一般世人記憶猶新。克運（英國人）、巴費、卡達、巴特勒、俄特（以上美國人）等皆投入賊軍，抵抗清國政府，而被官軍所俘。然其所屬各國領事，卻迫清國政府交出。而最膾炙人口者則為美國人巴捷賓之例。彼起初太平天國賊亂時隸屬於被清國官軍綽號為常勝軍美國人瓦特將軍之部隊，爾後就將軍職，惟不知何故清國官兵多不信服他，因不堪快快，乃率麾下外國傭兵與賊軍通款，以敵對官軍。一八六四年前後，他與英國人加領被生擒，駐上海之美英兩國領事以要在其領事館盤問而迫清國政府交出該二人。加領後來受如何處分不得而知；巴捷賓在上海美國領事館被勒令離開清國，以後不許再來清國，而予以放行。但他暫居橫濱後，為投效太平天國軍以前往清國為目的，佔有美國船夏曼將軍輪，於一八六五年五月，在台灣打狗（高雄）港招募許多外國傭兵艤裝該船。清國政府聞報，擬立即捕拿巴捷賓及其一夥於該船，但因領事裁判管轄清國政府在美國船內無捕拿任何人權利之說法所阻礙，不得已僅能採取防止巴捷賓等嫌疑登陸該港之手段以自慰。巴捷賓所乘該船開往廈門擬投效太平天國軍之際，他與其同夥之傭兵復被清國官軍所擒拿。爾後巴捷賓除以行方不明未復歸美國領事館外，其他外國傭兵，皆由其領事迫清國政府交出。

由以上所述，可知當時清國政府因為領事裁判管轄如何使軍事行動受到妨害。而夏曼將軍號事件，則稍與此次我國雪梨號事件類似。然清國政府對夏曼將軍號之處置未能獲得各國政府之同意，但我政府對雪梨號所作軍事處分，各國不僅未提出任何異議，法國政府更認為我國政府之行為為正當。我在此次戰爭中對歐美列國行使交戰國之權利時，所以未與領事裁判管轄發生重大牴觸，畢竟屬於事實上之問題而非學理上之問題。然後來由此對國際公法上領事裁判制度之疑問提供解釋之好例子，亦堪稱為一大快人心之事。

# 十四　和談前清國與歐洲各強國之動作

平壤、黃海戰捷之後，日軍以疾風掃枯葉之勢猛進。十月二十四日，我第二軍登陸花園口；十月二十五日，我第一軍戰於虎山；二十六日，奪取九連城、安東縣；二十九日，陷鳳凰城；十一月六日，我第二軍攻取金州城；七日，佔領大連灣砲台；十一日，我第一軍佔據連山關；十八日，攻陷岫巖；二十一日，我第二軍陷旅順口；十二月六日，佔領復州；十二日，第一軍奪取柝木城、營城子；十三日，攻取海城；一八九五年一月十日，我第二軍攻陷蓋平；二十二日，大山（巖，譯註二六）第二軍司令官登陸山東省營城灣；三十日，攻擊威海衛砲台。以上為一八九五年一月三十一日，清國欽差全權大臣張蔭桓、邵友濂等抵達廣島前，我軍連戰連捷之事蹟。果爾此連戰連捷對清國及歐美各國竟有何影響？

清國之敗運逐漸迫近，故希望早日結束戰爭。尤其先見將來安危之人物如李鴻章，心中必決定不惜以任何代價求取和平。然任何國家在此種時局皆有眾多徒張虛勢以飾體面之庸輩，因而亂國家之大謀者實不乏其例。今日，在清國政府內部雖有人主張和議，或不完全反對和議，但其所提媾和條件，則有非戰敗者對戰勝者所敢提出之不相稱之妥案，即張、邵兩使之媾和談判破裂，李鴻章再以媾和使節前來我國之時期，即使在威海衛陷落，北洋艦隊全部投降之後，北京政府就媾和之得失垂詢各省總督及巡撫時，多數總督和巡撫都上奏：若日本要求媾和，清國以接受其要求為上策。賠款多寡不拘，但如日本要求割地，則應繼續戰爭到底，清國皇帝無割讓祖宗流血所得寸土於外國之權（根據本年二月二十六日上海發電報）等等，臚列陳腔濫調。惟在危機仍不甚明顯之當時，北京政府當局尤其總督輩尚不敢發表其真正意向，而必感無量之苦惱。故他們皆欲探知日本願以何種條件同意終止戰爭，他們試探日本政府意向之第一手段為哀求歐美各國，請其調停清日兩國之間。十一月十二日，駐德青木公使電稟我曰：「據本使由德國外務大臣密聞，本日清國駐德公使曾乞求面晤德國外務大臣，就清日戰爭請求德國調停。該大臣問清國擬以何種條件要求媾和，清國公使答以承認朝鮮之獨立與賠償軍費二條件。該大臣稱：現今日本正在連戰連勝，只以該二條件恐難滿足。清國公使反問該大臣以何種條件為適當。該大臣答：本大臣不便奉答，不如由清國直接問日本政府。」該時西（德二郎）公使又來電謂：清國駐俄使臣亦向俄國政府提出同樣請求，而俄國政府亦慫恿其直接與日本政府開談。清國政府頻令其駐外使臣向各該任國請求調停，但皆以德國政府同樣說法被拒絕，尤其自英國政府之聯合調停說失敗以後，他們似終於決心直接向日本政府試探媾和條件。即清國政府接受李鴻章意見，決定遣派天津海關稅務司德國人德璀琳（Gustat Detring）赴日。德璀琳於十二月十六日，攜李鴻章致伊藤總理大臣之照會抵神戶，經兵庫縣知事請求會見伊藤首相。其照會曰：「為照會事照得我大清成例，與各國交際，素尚平安，現與貴國小有齟齬，以干戈而易白帛，未免塗炭生靈。今擬商定彼此暫飭海陸兩路罷戰，本大臣奏奉諭旨，德璀琳在清國當差有年，忠實可靠，著李鴻章將應行籌辦事宜，詳晰告知德璀琳，令其迅速前往東洋妥速辦理，並隨時將商議情形，由李鴻章密速電聞。等因欽此，遵即令頭品頂戴德璀琳，立即赴東京，賚送照會，應若何調停復我平安舊例之處，應請貴總理大臣與德璀琳籌商，言歸於好，為此照會。請煩查照施行，須至照會者。」同時附一私函。私函述其與伊藤首相會晤於天津之舊誼，東洋大局和平之必要，文末以「睽闊別多時，想貴爵大臣當不忘昔年情事，相印以心也。專此布臆」等文字，以訴諸於情感。德璀琳其人果適合交戰國使者之資格即有疑問，而李鴻章在其職守上亦非具代表清國政府之權能。伊藤首相雖為我內閣之首席，但並不直接負外交之責任。李鴻章致伊藤首相之信函，無論其文體如何，其實為一私函，我政府自不能與如此曖昧之清國使者開談軍國之大事與媾和之要件。故伊藤首相立刻訓令兵庫縣知事，電達斷然拒絕與其會面。但在此之前，美國政府已就清日兩國之媾和頗多周旋。美國駐北京公使因此聞悉德璀琳奉使命赴日頗為不悅，而建議總理衙門速將其召回，因此恭親王特以急電召回德璀琳。故他抵神戶以後未辦任何事就空手回清國。

德璀琳之赴日始末雖有如兒戲，但由此可知當時清國政府欲探知日本政府要求之如何迫切。爾後，英國發行之《黑木》雜誌刊出所謂僑居東洋之特別撰述者之投稿，題曰：〈日本與列國之關係〉一論文（該論文雖有若干錯誤，但當時之事實大致如此。有人稱執筆者為德璀琳）。該論文列舉德璀琳使日之目的：「（第一）觀察日本政府果真有意媾和，俾予清國及助清國之各國以籌謀之餘地；（第二）若認為日本政府有意媾和，研究媾和談判之道；（第三）若旅順口陷落，尋求無法避開必落於李鴻章身上之攻擊之道。」他奉使命來日，確為此三目的。往神戶動身之前，他曾郵寄伊藤首相一函中有謂：「此次敵人前來之目的，乃為結束目下痛歎之戰爭，欲聞知清國以何條件可恢復和平，當然閣下已瞭解。」觀察當時之情況，清日兩國估算恢復和平之條件，彼此立場係成反比例，則各不欲先言其意中之定價，有如賣者欲先知買價，買者欲先知賣者之賣價。

此時歐美各國皆放眼東方之時局，窺探其意中所期之機會，時時刻刻注視其演變。清國哀求各強國調停之時，英國正處於羅斯伯利伯爵內閣末運之際，對議會之勢力頗為脆弱，但對東方問題仍不願落於人後，而率先在清日兩國之間欲有所周旋。八月中旬，英國新任公使多連吉（Power Le Poer Trench）抵達東京，訪我於外務省，以半公半私之方法預告近日中英國政府將就結束清日兩國戰局事有所提案。十月八日，英國公使稱奉其本國政府內訓：以㈠由各強國擔保朝鮮之獨立；㈡清國對日本政府賠償軍費；二條件詢問日本政府是否同意結束戰爭，並謂就此事英國政府正與歐洲各強國商議中，不日俄國公使必將作同樣之建議。然此時，我屢次面晤俄、德、法、美等國之公使，他們似未接其本國政府之任何訓令，尤其俄國公使希特羅華冷評英國提案之內容空洞，日本政府不可能答應，故我以為不日不可能提出與英國政府同樣之提議。加以我國正在連戰連勝，當然不會接受英國新提薄弱的條件，但我有回答英國政府之職責，且認為乘此機會，為他日事先決定我大致廟議至為緊要，乃草擬回答英國提議三案，與在廣島之伊藤首相協議。其甲案為：㈠令清國確認朝鮮之獨立，擔保永久不干涉朝鮮內政，並割讓旅順港及大連灣給日本；㈡令清國對日本賠償軍費；㈢以清國與歐洲各國所締結之現行條約為基礎，與日本締結新條約，至實行上述條件止，清國要對日本提供相當之擔保。其乙案為：㈠由各強國擔保朝鮮之獨立；㈡清國要割讓台灣給日本，其他條款與甲案同。丙案為在確言日本政府願意以何條件終止戰爭以前，要先知清國政府之意向（甲乙案成為日後我草擬《馬關條約》之基礎）。致送該三案之同時，我附一信向伊藤首相說明上述回答案之目的。信謂：「本問題似亦非英國政府發表其最後決心，如其所明言其首要目的為欲詢問日本政府之意向。然如履霜堅冰至之譬喻，其既如此開其端，他日或將惹起某種關係，故對此之回答自應盡量深謀遠慮之義，而呈甲、乙、丙三案。甲案完全明言日本政府之希望，其目的在事先告訴清國及各強國我之意向，亦為避免歐洲各國干涉朝鮮獨立之方策；乙案為令諸強國分得若干權益，或為完成今日商議之捷徑，亦為他日永保東洋和平之所需（中略）；丙案為暫時拖延現今之議論，以待他日機會到來之施延策」云云。伊藤首相明確回答我其同意甲案，然伊藤首相以暫時不回答英國為上策。我以不宜太拖延對英國之回答，故又與伊藤首相往還數次信函，終於十月二十三日以口述紀錄交予英國政府，曰：「帝國政府十分感謝英國皇帝陛下之政府就停止清日戰爭提出問題之友誼，至今戰爭之勝利當屬於日軍。然帝國政府以今日時局之進步，仍不足於保證談判上滿意之結果。故帝國政府認為就停止戰爭之條件公然發表其意向，應俟諸他日。」（此為我對三案中丙案所加之修正）此後，就本件，我國與英國未有任何交涉。

英國政府對歐美強國提議聯合調停時，歐美各強國之間對東方問題似多少有所交涉。據九月二十四日青木公使電稟我：「今不悉貴大臣是否詳細探知俄、法之意向，本使推察在歐美強國之間似在商議某事。似在就兵力干涉事交換意見。果若如此，本使相信非德國、英國所發起無疑。」青木公使之電文固由其推測、想像所撰，其所言是否確為各強國之實情雖不得而知，但足證當時歐洲形勢之不穩情況。十月十日，據駐義大利高平（小五郎，譯註二七）公使稱為其與義國外務大臣非正式談話電稟我謂：「日本政府若不希望戰爭之結果擴張至非常廣大之區域，為此而錯亂諸外國之利益，義國政府認為以朝鮮之獨立與賠償軍費之二件為基礎，迅謀和平為上策。為使此事成功，義國政府願與其他友邦共同充分活動。」（此與英國提案毫無二致，應為英國與義國協議之結果。）至十一月十一日，高平公使再電稟與義國外務大臣對談之內容：「義國外務大臣稱，應清國之請求，諸強國正在交換其意見，然並未開始實際行動，清國終將哀求日本直接媾和。該大臣又稱英俄兩國雖不同其利害，但兩國均切望避開刻下之紛亂。故該大臣建議本使：日本之行動與媾和之條件不要超出適當範圍之外，即應避免將導致清國之土崩瓦解與使該政府滅亡之行為，而擾亂一般之和平，亦應儘量使其局面狹小。同時附言，此項建議並不阻礙日本對清國要求割地，然割地或將引起第三國欲得其分配之非望。本使推測，義國政府似欲採取與英國同樣行動，惟因曩日英國之失敗，對此事更加小心耳。」然與高平公使第二電報之同日（即十一月十一日），駐聖彼得堡之西公使來電：「本使曾尋問病臥多日之俄國外務大臣，該日英國大使亦往訪該大臣。俄國外務大臣答本使之質疑曰：為使早日結束清日戰爭，英國政府曾要求俄國之協助，然本大臣之意見為，清國至今未直接向日本乞和，在日本尚未明言媾和案件之今日，干涉之時機尚早。英國深怕因日本之全勝而陷清國於土崩瓦解，俄國對此亦非無利害關係，但唯等兩交戰國如何停止戰爭時機之到來。」（此為朝鮮事件以來俄國對我國之外交手段，常在隱約之間留日後發言之餘地。）隔日，我又接獲駐德青木公使來電。電文中，述德國外務大臣拒絕清國駐德公使請求德國調停之後（此請求調停之電文，前段已詳述），加以數言。德外務大臣希望日本勿將現今之時局激烈至極端，終於產生顛覆愛新覺羅氏朝廷之結果。如上所述歐洲強國似「各懷鬼胎」，但皆拒絕清國政府之哀求，未同意英國政府之聯合調停則為不可否認之事實。即英國之調停，不僅未能獲歐洲強國之同意，亦未能滿足其國內之輿論。十月十日，《倫敦泰晤士報》之社論云：「日本今在連戰連勝之時不易放棄其大望。故他國要其停止之交戰自不必論，縱令要其暫停，其成功之可能性亦極為瞭然。惟派出非常之大軍依強力令其停止戰爭或能奏效，但以今日之時局絕不能如此作為。故除保護居住該地方之歐洲人外，欲以強力牽制交戰國之企圖，未免將自己陷於困難之地位，而為東洋最強國所敵視。要之，對局外國而言，清日兩國之紛爭不如完全一任兩國以干戈決定。」英國內閣總理大臣羅斯伯利伯爵，對內外形勢不能熟視無睹，而於十二月二十四日，假倫敦公眾集會廳，就英國政府對清日媾和請求歐美強國合作之理由作一次演說。其內容為，為恢復清日間之和平，更多歐洲強國參加，其效果更大，一切此類重要國際問題，列國會議之價值越大，蓋各交戰國之自尊心極高，皆不肯自動要求媾和，故此時他國之調停最為必要，而調停國之數目越多，越容易達到其目的；同時英國之單獨行動有引起其他強國猜忌之虞等列舉數條。繼而稱，今歐洲二、三大國之意見謂，清日兩國之間仍非嘗試調停之時機，英國亦願意遵從其意見。以模稜兩可之言詞以掩飾自己之失計。

如此斯般，英國之聯合調停中途失敗。然歐洲強國似皆不希望日本乘全勝陷清國於土崩瓦解，更不希望為迅速結束戰爭使日本作過分之要求。俄國政府令希多羅華對我稱，俄日兩國互相交換意見，以防其他強國之干涉亦在此時。至於俄國提議之始末，擬於下章詳述。但該時我與俄國公使之會談，確未能滿足俄國政府。然懷疑俄國自此產生敵視日本之傾向，則未免為最迂謬之見。蓋俄國不斷以猜忌之眼光摸索自己利害在何方，但當時則似尚未決定要向清日任何一方伸展其羽翼。故在此期間俄國對我國往往以甜言蜜語努力於不傷害其自負心，同時對清國亦決不沮喪其依賴心（清國特使王之春赴俄京聖彼得堡謁俄國皇帝，就結束清日戰爭請求俄國援助時，據云俄帝曾答清國應自動向日本乞和，並答應如日本之要求過大時，在可能範圍內願意周旋其減輕）。此時俄國之一切舉動，其表現者時為清國之友，或為日本之友，其情狀實不可思議。本年一月三十一日，青木公使電稟我謂：「德國皇帝秘密對本使稱，英國為得清國歡心，俄國為得日本歡心，互為孜孜汲汲之情況實為可笑。」此雖為德國皇帝一時餘興之談話，但亦足於證明俄國藏其爪牙，令局外者不得窺知其真意。此可譬喻，當時俄國對清日兩國之深意為：鷸蚌相爭不得利，熊魚必欲嘗一味，以等待任何一方時機之到來。其他德法政府，關於他日歐洲政略上自己之利害，在列非左袒俄國以前，因為是在東方關係上具有主大利害的國家，因此諸事稍微沉靜，大致似比較傾向日本。

# 十五　清日媾和之開端

結束清日兩國八個月戰事之開端，由美國啟開。歐洲強國正在互講合縱連横之策，幾逞弱肉強食之欲時，建國於新世界之中央，擁有除希望社會一般和平外絕不干涉他國利害之政綱之美國，近日就東方問題視歐洲強國之形勢甚為危險，終於對清日兩國出面從事友誼調停。即於一八九四年十一月六日，美國駐東京公使艾得思・丹轉達我其本國政府之訓令。其概要曰：「痛歎之清日兩國間戰爭，毫不危殆美國在亞洲之政略。美國對兩交戰國之意向，不偏不倚，重友好之情守中立之義，不外乎希望兩國之多福。然如戰鬥彌久，無抑制日本軍海陸進攻之道時，對東方局面有利害關係之歐洲強國，或將對日本國將來之安固與康福作不利之要求，以促使戰爭之結束。因美國總統一向對日本國懷最深厚之善意，若為東方和平願意從事對清日兩國均不毀損其榮譽之調停，請問日本政府是否接受。」美國政府意思之公平無私不容置疑。然詳察清國之情勢，他們除非受更大之打擊不會真心悔悟誠實感覺需要媾和，且其國內人心主戰之氣燄未稍減，即今開談媾和之時機尚早。故我對美國如回答英國，以為暫時拖延日本之明確回答為妙。然清日戰爭又不能無限期繼續下去。早晚開談媾和之機成熟時，雖需第三國儼然之調停，如一國能否居間調停，如有能互換彼此意見之一機關更為便利，而我以為能託此機關者以美國為最佳。故我將上述詳情提出內閣會議，經聖裁之後於十一月十七日，手交美國公使左列覺書。曰：「日本政府對為清日兩國和睦願意從事調停之美國政府厚意深表謝意。交戰以來，帝國軍勢處處獲勝，故為結束戰爭原無待請友邦協助之必要。然帝國政府並不徒乘勝超過此次戰爭所導致正當結果之一定限制（原文為定限）以外，以逞其欲望。但在清國未直接向帝國政府求和以前，帝國政府不認為上述一定限制（原文為定限）之時期。」（文末中，超過一定限制以外云云，因當時歐洲各國有日本之全勝將陷清國於土崩瓦解之疑念，為緩和此種疑念政府特加此等文字。）表面上雖如此回答，我對美國公使丹則以私人談話稱：日本政府今如正式煩請美國政府為清日兩國之調停者，或有誘招其他第三者之虞，故不能不暫時迴避。然日後如清國對我求和，若美國願意提供清日兩國間互相交換意見之方便，我政府將深深倚賴美國政府之厚誼。丹充分瞭解我意，並謂將報告其政府。

十一月二十二日，美國駐北京公使田比（Charles Denby）致電美國駐東京公使丹曰：「清國直接委任並請託本使開始媾和談判。媾和條件以承認朝鮮之獨立與賠款二件。請將此意轉達日本國外務大臣。」此為清國政府直接向日本政府提出媾和條件之第一次。他們選擇最便宜之條件，在我國連戰連勝之後，當然不能以此為媾和條件。何況清國今日在危急存亡之秋，在講究避難免苦之際仍一如在市場購物討價還價，足見其無誠實希望和睦之誠意。故我政府乃於十一月二十七日致送下列覺書，曰：「清國政府經由美國駐北京及東京代表之提議，日本國不能同意其作為媾和之基礎。以現況清國政府似無同意滿足媾和之基礎，若清國誠實希望和睦，並任命具正當資格之全權委員，日本政府在兩國全權委員會議之後，願意宣佈停止戰爭之條件。」清國政府接此回答必極失望。然他們似又執拗欲探聞日本政府之媾和條件，而於十一月三十日，清國政府復經美國駐北京及東京公使致送下列電報：「因日本政府未昭言擬以何種條件為媾和基礎，故清國政府苦於推察日本政府之意見，為商議媾和中告日本政府清國極難任命使節。為使清國容易處理此事，希望日本政府開示兩國將要議定問題之概要。請轉達日本國外務大臣此意。」此不過為清國政府重複前電之意思而已。至此我政府以因應他們優游不斷之照會，徒以國家之重要事為未定之問題，以招第三者之插嘴絕非上策，且覺察非速對其頭腦灑冷水不能令其由迷夢覺醒。我乃於十二月二日手交丹以左列覺書，經美國駐北京公使告知清國政府：「據清國駐美公使轉電，清國政府似尚未切實設想媾和之必要性。蓋此次要求結束戰爭者為清國而非日本。故如前電所稱，茲再重述：非具正當資格之全權委員相會之後，日本政府不擬宣佈媾和條件。對此清國政府如不滿意，此次商議可暫且中止。」清國政府接此回答之後似稍改變其初衷。根據十二月十二日經田比予丹之電照：「日本政府拒絕清國政府前電之提議，清國政府深以為憾。然茲清國政府遵從日本政府之意見，任命全權委員為商議媾和方法提議與日本國之全權委員開會。清國政府欲以上海為委員聚會之地點。清國政府希先知委員開會之時日。請將此意轉達日本國外務大臣。」至此他們始領我意。故我於十二月十八日，經美國駐東京、北京公使轉清國政府如下電報：「清國政府如任命媾和全權委員，日本政府亦隨時可任命同資格之委員。但在日本政府任命上述全權委員之前，清國政府應先通知日本政府該國全權委員之姓名及官位。全權委員開會地必須選在日本國內。」清國之提議著著受挫，至此認清除非萬事遵從日本之意向不能達到目的。十二月二十日，美國駐北京公使對美國駐東京公使電照如下：「清國政府為商訂和議，任命尚書銜總理衙門大臣戶部左侍郎張蔭桓及頭品頂戴兵部右侍郎署湖南巡撫邵友濂為全權委員，派遣至日本國與日本國全權委員會商。清國為往還方便，希日本國在上海附近擇定開會場所。清國建議日本國立刻任命全權委員，速定會商日期，並決定日本國任命全權委員之日為兩國間開始停戰之日期。」故我於十二月二十六日，經美國駐東京、北京公使電照清國政府如左：「日本政府將任命帶全權與清國政府所任命二名全權委員締結和議之全權委員。日本政府擇定廣島為全權委員開會之地。清國全權委員抵廣島後四十八小時以內開兩國全權委員會議。至於開會之時日及場所，清國全權委員抵廣島後將迅速通告。清國政府應速電告日本政府其全權委員啟程本國日期及預定抵達廣島之日期。日本政府或將同意停戰，但停戰之條件非在兩國全權委員會議席上不明言。」此外，經美國駐北京、東京公使，往還於清日間之電報尚多，但其不重要者從略。

我國一般主戰之氣燄雖未稍減，但此時在社會上亦逐漸有人主張媾和。然其主張寬嚴精粗，彼此出入頗多，世上滔滔徒大言壯語，取一時之快者姑暫不論。政府當局各部負責人因各自忠於其職守，而往往不免以互相冀望條件之割讓為主，以其他之割讓為副，例如起初海軍部內之為割讓台灣全島比割讓遼東半島重要；而在同樣屬於此派之人中比較重視割讓遼東半島之條件者，認為我國如不能完全佔領遼東半島時，應令清國暫時將該半島讓與朝鮮政府，爾後由我國向朝鮮政府租借，但台灣全島必須歸我國版圖。反此陸軍之見解為，遼東半島既為我軍流血暴骨結果所取得，不得與我軍足跡未至之台灣比較，且該半島撫朝鮮之背後，扼北京之咽喉，為國家將來之長計，主張必須予以佔領。財政當局，對割地則不甚熱心，而切望獲得更多之賠款（他日松方伯爵再任大藏大臣後，主張賠款十億兩即基於此。奉職於海外目睹歐美強國形勢之我外交官之中，其主張自有所不同。十一月二十六日，青木公使對媾和條件建議政府來電中，⑴令清國割讓不與盛京城及俄國不接壤之吉林省大部分及直隸省之一部分，在清韓兩國間設大約五千平方公里之中間地帶，作為將來我國在亞洲稱霸之軍事上根據地；⑵賠款一千億英磅，一半為金幣，另一半為銀幣，分十年支付；⑶至賠款完全付清為止，日軍將佔領東經一百二十度以東山東省一部分及威海衛及其砲壘、武器，駐兵費由清國負擔，並附言歐洲輿論只要不影響歐洲利害或清國之存亡，對任何條件皆無異議。駐俄國西公使就清日戰爭自始即極注意觀察俄國之形勢，預測遼東半島之割讓，尤其接近朝鮮國境部分之割讓，俄國絕不可能坐視，故建議政府，對清國要求巨額賠款，約定以該半島作為抵押而佔領，俄國自不致干涉）。如上所述，連政府內部人人主張互相出入左右彼此寬嚴不一，國民之間有種種希望各不一致自不待煩言。而一般情勢為清國之割讓越多越好，俾以更發揚帝國之光輝，尤其一面沉酣於百戰百勝之浮誇，一面各擁有對於將來經營之打算，而互不失其主要目的。如欲調和全部以得能滿足各自之成案，則一輕一重，彼主，此從，無法斟酌適宜，惟有徒湊合其重要者，成為苛酷之條件（茲略述當時民間各政黨在報紙等所發表有關媾和條件之意見，所謂對外硬派之一派主張：「在清國自動要求投降和議之前，海陸不可停止進擊。作為永久抑制清國之反抗與維持東亞和平之擔保，至少應令清國割讓其東北部（盛京省與台灣）之樞要疆土予帝國。軍資賠償至少三億圓以上」；屬於同一派之改進、革新兩黨重要成員認為：「戰後若清國不能自保其社稷，自暴自棄放棄主權，我國不能無瓜分四百餘州之覺悟。屆時我國應佔有山東、江蘇、福建、廣東四省。」自由黨主張：「應令其割讓吉林、盛京、黑龍江三省及台灣。清日兩國之通商條約，其條件應超過歐洲各國條約之上。」在如此眾說紛紛之中，亦有二、三有識之士呼籲媾和條件不可過於苛酷。例如谷子爵當時致書伊藤首相，縷縷數千言，信中特別引用一八六六年普奧戰爭之歷史，切言割地之要求將成為將來清日兩國親交之障礙。其說之當否姑暫不論，能發表其獨特意見可謂萬綠叢中一點紅。然谷子爵仍不敢抗拒社會逆潮，公然發表其主張，而唯在私信中述其微意而已。谷子爵尚且如此，遑論其他碌碌之輩？三三五五聚首低語，何有挽社會狂瀾之效力？故縱令谷子爵之說有可取之處，在當時之大勢當然亦無可奈何。在此之前雖眾說紛紛，我於十月八日英國提起調停之後，秘密與伊藤首相仔細討論籌畫，起草一媾和條約（媾和條約隨戰局之進展，自不同其廣狹寬嚴之程度，後來對該案時或斟酌加以修正）。

此時歐洲各國皆欲知我政府對清國要求何種條件，飛耳長目，萬般搜查，間接揣摩臆想之說出，而往往對我國抱不當之疑懼，成危機隨時猝發之形勢，故我屢與伊藤首相就此事協議，結果得出如下二方法：（第一）我政府應採取公開明示或暗示對清國之要求條件，令歐美各國事先非正式同意或默認，以防止他日誤解之方針；（第二）或採取清國誠實來求和平以前，我方絕對隱藏要求條件，嚴格將時局限於清日之間，使第三國事先毫無作任何交涉餘地之方針。起初我贊成第一方法，惟伊藤首相以清日媾和條件一旦對外表明，自當覺悟不免有外國多少之干涉，然今我如先向各強國開示對清國之要求條件，以得其非正式同意或默認，反將令他們有事先干涉之機會，若其條件中有他們特別有異議者時，我政府只有二途可循：對清國要求某某條件之中明知某強國反對而仍向清國提出，或為避免第三國之異議自我抑制對清國正當之要求。而此二途皆極困難之事，故今日我對清國要求之條件，可完全不必他顧要求，換言之，我對清國全收一切戰爭之結果，如事後遭遇其他強國之異議，再盡廟議採取相當方針為安全，傾向第二方法，而伊藤首相之意見亦大致獲得內閣同僚及列席大本營之重臣同意。蓋在重要之程度上，兩方法並無軒輊，原來皆屬於預測將來之結果，任何人對如此微妙之問題自不能明見未來之得失，何況我所重視者為欲對此事事先決定廟議，決非膠守執一之意見，故欣然同意伊藤首相之所見。爾來，經美國駐北京、東京兩公使與清國政府往還電報時，皆防止事先流露我政府之要求，令清國及其他各國無法推測我國最後之希望。故我亦將我所起草之媾和條約案深藏篋底，至他日時機到來之前未示任何人。清國媾和使來日之日期日近，因此我攜該條約案前往廣島之前，特於首相官邸將該案示於在京之閣員徵求其意見（當時伊藤首相亦在東京）。因閣僚皆無異議，我乃於今年一月十一日，偕伊藤首相前往廣島。

一月二十七日，在廣島之閣僚及大本營之高級幕僚（出席者為彰仁親王殿下、伊藤首相、山縣陸軍大將、西鄉海軍大臣、樺山（資紀）海軍軍令部長（譯註二八）、川上參謀本部次長）蒙召見於廣島大本營，就清日媾和事舉行御前會議。我謹呈遞媾和條約案，上奏該案起草要領曰：「本條約案大略分三段。第一段規定要清國確認此次戰爭原因之朝鮮獨立；第二段規定我國戰勝結果清國應割地及賠款二件；第三段為確定清日兩國交際上我國之利益及特權，使將來我國與清國之關係與歐美各國與清國之關係均等，進而設置數處新開港口及擴大江河通航之權利，以永久規定我國在清國有關通商航海之諸權利。除此三大要件之外，又規定交換清日兩軍之俘虜，令清國對我國投降之官兵、人民不可苛酷之處置，規定對在清日戰爭中，清國領土內之人民，無論何事與我軍有關係者，日後清國政府不予任何之責罰，斷將來清日兩國人民間怨恨之痕，乃基於我國一視同仁之主義廣為發揚於世界之旨趣。」我上奏結束之後，伊藤內閣總理大臣起立於御前，就此次清日媾和之件奏聞我政府應採取政略之大要，謹仰聖明之採擇。

## 伊藤內閣總理大臣之奏文

博文今謹達聖明之聽並欲向參與彙下帷幄之文武各官陳述者，此次清國政府為媾和近將派使節前來我國，故會見該使節之前，與外務大臣協議從事種種審查，草擬另冊媾和條約案，將其附閣臣之議經其協同一致。惟如此次清日事件乃我朝開闢以降未曾有之大事件，幸賴陛下之皇威，開戰至今，海陸到處奏捷，以光輝我國之威武。第三國雖開干涉之端，惟及時擺脫未至嚴重，以至今日。本件之結果如何，實有關我國將來之隆替，今欲收此異變之局，宜慎重熟籌，鑒時察機，以請究適應之計自不待言。

蓋宣戰媾和之大權固為陛下所掌握，而廟謨之確定，須先由負時局之責之閣臣悉心妥籌，同時期參與帷幄之議之諸臣協同一致。然而宸斷一下，當局者宜任奉行之責，帷幄之臣僚他日對此不得有絲毫異議。蓋閣臣、帷幄皆為陛下之左右，互辱文武兩班之上位，恰如車之兩輪，鳥之兩翼，各相駢行、均動，如人身之肢體隨其頭腦之指揮以顯其常能。如此凡策畫廟謨之閣、帷兩臣之意思歸一時，縱令世上有任何物議亦不足慮。

此媾和條約案中之款項，以此次清日兩國交戰主因之朝鮮獨立、軍費賠償及有關將來帝國臣民在清國通商航海便益等件為要點，其他重要程度次於上述數件，共計十條。

惟與此次來日之清國媾和使聚會，雖信十之八九不能妥當了結，但對方既遵從萬國普通之慣例來日，我亦應依國際法常規因應固不待言。然今假定為清國計，再連戰連敗終陷不得不作城下盟之地位，不如現今，以縱令作多少預期外之讓步，收拾此變局為上策。然博文以知清國所察，不信彼等為避將來之危難，今日能有斷然之決心。

果若如此，此次雙方全權委員縱令聚會，可能一無所成而終。然而萬一與預期相反，清國有一番大決心，此次聚會難斷不告本件之收局。

不論與清國媾和使談判之成否，若一旦明言媾和條件，則難保不招第三國之插嘴、干涉，此事幾不可避免。至於其干涉之性質，干涉至何種程度，縱令再高明之政治家亦無法預測，尤其要他國保證絕不干涉更不可能。此種干涉既早晚不可避免，自應察時機依外交上之手段弛張操縱務得其宜。原來在此種場合各強國所採取之政略方針，樽俎之間不能他轉之例往往諸多，故萬一來此種干涉時，應斟酌第三國之意向對清國多少變更我方條件，或面對其他強國我仍堅持既定廟算乃屬未來之問題，應隨其時再盡評議。要之，今日欲收拾此局，文武兩臣要同其心，鞏守成算，絕對保密，使外間無從窺悉，始終一轍，堅持到底。至當談判之衝者乃負奉行廟謨之責，其遴選下大命誠應依陛下之聖裁。

以上奉陳之梗概，謹仰陛下之聖鑒，同時請列席之文武兩臣深加省察。

皇上親自聽納內閣總理大臣之上奏，閱覽我所呈遞之條約案，聽列席文武重臣皆無異議之後，核可以該案為媾和條約之基礎。繼而於一月三十一日，伊藤內閣總理大臣與我奉命為全權辦理大臣，與清國使臣開會。

# 十六　廣島談判

一八九五年一月三十一日，清國媾和使臣張蔭桓、邵友濂抵達廣島。我政府完成接待敵國使臣之一切準備，他們一到廣島，我即發出公文知照我全權辦理大臣之官爵姓名，並以全權辦理大臣之名通牒於二月一日假廣島縣廳內舉行會議。去年以來清國政府一直盼望之媾和談判於茲開其端。兩國全權大臣聚會之期迫於二十四小時之後，媾和之成否全繫於雙方全權大臣之才能與談判時機之當否。清日兩國長時日之戰爭是否能結束，東方局面再出現和平天地，或談判破裂繼續戰爭，喜劇或悲劇，其舞台將於明日向世界展現。

此時我國一般民心並未厭倦戰爭，頻叫媾和尚早，並汲汲於觀察歐洲各強國企圖何種陰謀與野心。反此推察清國內部情形，他們必確覺悟媾和之為急務。然觀張、邵兩使臣之地位資望，我不以為其擁有能周旋於樽俎之間迅速了結時局之膽識與權力。直言之，清國託張、邵以媾和之重任，令人懷疑其未認識其立於敗者之地位，缺乏結束戰爭之誠意。清國使臣到達廣島前數日，伊藤首相密邀我謂，今仔細觀察內外形勢，媾和時機並未成熟，且清國政府之誠偽亦甚不可測，吾儕如欠缺注意時，既未能達媾和之目的，我國對清國要求之條件先流傳於世上，恐徒惹起內外之物議。故吾儕與清國使臣聚會之日，非明察彼等之才能、權限如何之後，不要輕易啟媾和之門；至於清國予其使臣之所謂全權，往往有不符國際公法上之例規，此亦為吾儕所應深加考慮者。我因與伊藤首相抱持同樣憂慮，故立即同意其主張。吾儕密議結果為，首先審察彼等所攜全權委任狀形式如何，如缺國際公法普遍之例規，未進入正式媾和談判之前，立刻拒絕與其繼續談判，以此次聚會失敗，如此我不必開示媾和條件，可使談判破裂，俟他日清國真心悔悟再派來有名爵、資望之全權大臣時，再與其會商亦決不晚，徐待會商之期日。

二月一日上午十一時，清日兩國全權大臣聚會於廣島縣廳（縣政府—譯者）此種場合之常規為先閱彼此所攜帶全權委任狀，進行交換委任狀之程序。果如吾儕所意料發現清國使臣未帶國際公法上普通之全權委任狀。彼等首先提出其所謂國書，此只為一種信任狀，決非全權委任狀。今兩國交戰中平時之外交既斷絕，自無授受一國之君主介紹其使臣於對手國君主之信任狀，故我全權大臣立即述其理由並將其送還彼等。繼而清國使臣提出所謂敕諭，此僅為清國皇帝就張、邵兩全權使事敕諭之命令，決非正式之全權委任狀。且該命令謂派張、邵二人為全權大臣與日本國派出之全權大臣會商事件，而根據「爾等當一面電達總理衙門請朕旨遵行」等文字，彼等不僅未攜帶具有普通形式之全權委任狀，文中所謂會商事件究為何事件，一面電達總理衙門請朕旨遵行，即彼等僅聽聞我政府意見並通報總理衙門，受該衙門之命令從事談判，暴露其根本無任何權力。彼等果然入吾儕預料彀中，媾和談判第一關門即對彼等關閉。然吾儕要拒絕彼等，最好令其自己證明其全權不備之事項，即令其道出其所攜帶全權委任狀之權限遠遜於日本全權大臣之權限，故事先秘密準備一覺書帶往。而當彼此全權大臣互換其全權委任狀時，即取出該覺書向彼等讀示並求其回答。其概要曰：「日本全權辦理大臣現今知照清國欽差全權大臣之全權委任狀，包含就媾和締約之件，日本皇帝陛下賦予該全權辦理大臣之一切權限。為避免他日之誤解，及基於互相對等之主義，日本全權辦理大臣雖尚未充分查閱清國欽差全權大臣所知照之全權委任狀，果包含清國皇帝陛下就媾和締約之件賦予該欽差全權大臣一切之權限，請以書面確實答覆。」當然彼等無從立刻確實回答，而謂將改日答覆。該日兩國全權之聚會至此結束，隔（二一）日，清國使臣對我昨日所面交覺書回一公文曰：「本大臣由本國皇帝賦予為媾和締約會商、記名、簽字條款之全權。所議各條款為期迅速辦理，以電報奏聞本國請敕旨，定期簽字，爾後帶所議定條約書回清國，恭請皇帝親加披閱，果安善待批准後施行。」至此彼等供認其未具有獨斷擅專之權力。吾儕之預料果正命鵠中。因此毫無顧慮，即於該日下午四時，再約定聚會於廣島縣廳，在其席上，伊藤首相作如下之演說：

「本大臣今與同僚將採取之處置，在論理上乃出於不得已之結果，其責任自不應歸於本大臣等。

以往清國幾完全與列國睽離，時或享為伍伴列國之社團所生之利益，但對其交際所伴生之責任則往往不顧。清國常以孤立與猜疑為其政策，故在外交關係上當然欠缺善鄰之道所需之公明信實。

清廷之欽差大臣就外交上之盟約公然表明同意之後，翻然拒絕簽字，或對儼然已締結之條約並無明白之理由而漫然予以拒絕之實績，不一而定。

臣互換其全權委任狀時，即取出該覺書向彼等讀示並求其回答。其概要曰：「日本全權辦理大臣現今知照清國欽差全權大臣之全權委任狀，包含就媾和締約之件，日本皇帝陛下賦予該全權辦理大臣之一切權限。為避免他日之誤解，及基於互相對等之主義，日本全權辦理大臣雖尚未充分查閱清國欽差全權大臣所知照之全權委任狀，果包含清國皇帝陛下就媾和締約之件賦予該欽差全權大臣一切之權限，請以書面確實答覆。」當然彼等無從立刻確實回答，而謂將改日答覆。該日兩國全權之聚會至此結束，隔（二）日，清國使臣對我昨日所面交覺書回一公文曰：「本大臣由本國皇帝賦予為媾和締約會商、記名、簽字條款之全權。所議各條款為期迅速辦理，以電報奏聞本國請敕旨，定期簽字，爾後帶所議定條約書回清國，恭請皇帝親加披閱，果安善待批准後施行。」至此彼等供認其未具有獨斷擅專之權力。吾儕之預料果正命鵠中。因此毫無顧慮，即於該日下午四時，再約定聚會於廣島縣廳，在其席上，伊藤首相作如下之演說：

「本大臣今與同僚將採取之處置，在論理上乃出於不得已之結果，其責任自不應歸於本大臣等。

以往清國幾完全與列國睽離，時或享為伍伴列國之社團所生之利益，但對其交際所伴生之責任則往往不顧。清國常以孤立與猜疑為其政策，故在外交關係上當然欠缺善鄰之道所需之公明信實。

清廷之欽差大臣就外交上之盟約公然表明同意之後，翻然拒絕簽字，或對儼然已締結之條約並無明白之理由而漫然予以拒絕之實績，不一而定。

徵諸上述之實績，當時清廷之意中無操持之誠意，至於負責談判之欽差大臣，復未被委任必要之權力，比比皆然。

故今日之事，我政府鑒於既往之事實，決心避免與不合全權定義之清廷欽差使臣談判一切，如欲開始媾和談判，清廷之委任者對媾和締約應具全權，此為一前提條件。確認清廷恪遵此條件保證派遣其全權使臣至我國，我天皇陛下委任本大臣與同僚，賦予與清廷全權者締結媾和條約並簽字之全權。

清廷雖已如此作，但兩閣下委任權之不甚完全，足證清廷求和之意思仍不切實。

昨日在此席上所交換雙方之委任狀，一見則知其甚軒輊，雖幾不待批判，但在此指出亦非徒勞。即一為適開明國慣用全權之定義，他則幾欠缺全權委任所需各項。而兩閣下所攜帶之委任狀，閣下等要談判之事項並不明瞭，亦未賦予作何訂約之權利，且對兩閣下之行為，就清國皇帝陛下事後之批准亦未一言。要之，委任閣下等之職權，僅止於聽取本大臣及同僚所述，並報告貴政府而已。既屬如此，本大臣等則不能繼續與之談判。

或謂，此次之事並不違背清國以往之慣例，但本大臣斷不能以此種說明為滿足。

清國內地之慣例本大臣固無干涉之權，然對關聯我國外交上之案件，主張清國特殊慣例應受國際上法則之限制，不獨為本大臣之權利，亦為本大臣之義務。

蓋克服和平乃至重大之事。今若欲再啟輯睦之道，為達到此目的固需締結條約，訂約之後非有實踐之誠意不為功。

關於媾和，我帝國雖無進而要求清國之理由，然以我帝國重其所代表之文明主義，相信如清廷以正當之步驟啟其端則有接受之義務。然參與無效之談判或僅為紙上空文之媾和，將來絕對謝絕。我帝國對一旦締結之條約必明言其實踐，同時亦期待清國如此確實履行。

因此清國如確切信誠求和，對其所委任使臣賦予確實之全權，令足於擔保實踐所訂條約之名望、官爵者當大任，我帝國應不拒絕與其談判。」

伊藤全權之演說議論剴切，事理明白，不必另作註解。伊藤首相之演說結束之後我則取出事先準備好之覺書，在清國使臣面前朗讀，明示此次談判至此斷絕。其概要曰：「日本政府曾屢次經由美國駐東京及北京特命全權公使，聲明清國如欲和睦，必須任命擁有締結條約全權之委員。然本月一日，清國欽差全權大臣知照之命令狀，對其所以發出之目的極為不妥，因為該命令狀幾欠缺普通全權委任狀所應有之諸因素。而今日本政府之意見，仍與經由美國公使所聲明者相同。故帶有日本國皇帝陛下所授與適當而完備全權委任狀之日本帝國全權辦理大臣，與僅攜帶會商事件咨報總理衙門、時時請示其意旨以遵行之命令狀之清國欽差全權大臣，不能同意與其會商。故而至此日本帝國全權辦理大臣唯有宣布不得不停止此次談判。」清國使臣似因大為驚愕，或悟我論理之不可爭，而只謂如僅係彼等所攜帶全權委任狀不完備，彼等將電稟本國政府請其賦予彼等完備之全權後，請再開始談判。然在我，既無必要使拒絕繼續談判之清國使臣徒等待本國政府之再度命令，故以此意予以拒絕。彼等再作二、三不重要問答之後，終於退去長崎，在該地等候歸國之船期。然清國媾和使隨員中有伍廷芳其人，彼原為李鴻章屬下，伊藤全權特喚留伍，請其轉言李鴻章，同時稍漏我政府將來要採取之意向。即伊藤全權對伍謂：足下歸國後請轉致我對李中堂最誠實之口信，並使李中堂充分瞭解此次吾儕拒絕與清國使臣繼續談判，決非因日本國好亂惡治，吾儕以為兩國尤其為清國，必須早日恢復和平，故清國若真正希望和平，任命有正當資格之全權使臣，吾儕不躊躇與之再開始談判。原來清國有許多慣例、舊典，使北京政府不能遵守萬國普通之常規，但吾儕希清國此次能依國際公法上之常規行事，此因我與足下自天津以來之舊交，僅聊試私談，請勿向清國使臣明言。伍表示謝意之後謂，為充分瞭解閣下之真意，擬請閣下明言，閣下是否以此次來日清國使臣之官位、名望不夠分量。伊藤全權答：否，原來我政府對任何帶有正當全權委任狀者，皆不拒絕與之開始談判，然該人之爵位、名望當然越高，越對談判有幫助，如清國政府有不能派遣高爵、大官為全權大臣到日本之理由，我等亦可前往清國，例如能任命恭親王或李中堂更佳，因為一切彼此談判結果不止為紙上空文，必須有予以實力之有力者。此僅為一場之談話，然他日李鴻章親自以清國全權使臣前來下關，不無多少關係，故述其大要。

如此這般，張、邵兩使臣之使事僅僅兩日即告失敗。彼等則不得不立刻離開廣島退往長崎。然在北京政府似以媾和談判失敗為遺憾，乃於二月七日，請美國駐北京公使，經由美國駐東京公使致下列電報於我政府，其概要曰：「總理衙門昨日接獲張、邵兩全權大臣之電報。該電報謂，日本政府以委任狀中，未明記有關締結媾和條約、簽字之權限提出異議，而不肯與該全權大臣等談判，以此將張、邵二氏送往長崎。然賦予該全權大臣信任狀中有『全權』一語，足於締結條約簽字。蓋此語包含一切之事，無需另行一一詳記。若日本國就該信任狀之效力抱持疑惑，清國不拒絕更改。惟要將兩國全權大臣簽字於所議定之條約，該條約之交換批准之前待皇帝之認可，爾後始生效力等項明記於信任狀。並將改訂之信任狀致送張、邵，由其向日本國有關官吏提出。因致送信任狀至日本需多少日子，故請閣下詳細電照日本政府前述旨趣，張、邵目下既在長崎，請代請求日本政府同意再由張、邵二氏開始談判。」然我政府不僅知一旦拒絕談判之清國使臣，由其本國另得委任狀後再與之會商之不適當，當時一般國民之批評，以政府此次拒絕與清國使臣會商為一大快事，其中雖其語氣稍稍失當，有稱逐出清國媾和使為近來政府之英斷者，在此處置頗得人心之時，徒繫留彼等再次會商實為形勢所不容。且如張、邵在清國無勢力、資望之輩，縱令獲任何全權委任，亦不可能成就能令人滿意之談判。故鑒於內外之形勢，我以為不如斷然拒絕張、邵，等待他日之良機，再啟媾和之大門。乃於二月八日，經由美國駐東京公使令美國駐北京公使向清國政府致下列之意，曰：「日本政府以如清國政府誠意希望和平，派來攜帶正當全權委任狀有名爵、資望之全權委員，隨時可再次開始媾和談判，但不能同意談判失敗之此次使節，為等待本國政府之訓令，滯留日本國。」至此彼等知不能有任何作為，張、邵一行遂於二月十二日離開長崎回國，廣島談判於焉告終。

# 十七　下關談判（上）

廣島談判破裂張、邵兩使回國之後，歐美諸國對清日事件之視聽，更加敏銳。因張、邵攜帶之全權委任狀不完備，日本政府拒絕與彼等談判，任何人皆不能有異議。原來清國之行為，往往不能以國際公法之定規以律，早為歐美各國所默認，此次之事大部分歐美國家視為常事不甚為怪。與其僩笑清國政府之淺陋無識，毋寧懷疑日本以此口實拒絕清使其間存有異志、陰謀，對我國將來之舉動深存猜疑之念。當時歐洲三、四強國政府恰似商妥，令其駐東京代表對我政府忠告：對清國之要求勿過大，止於清國能應從之程度，並希望早日恢復和平。《倫敦泰晤士報》刊登那著名之駐巴黎普羅姆維茲通訊謂，俄國政府應訓令其駐外大使，聯合英法等強國干涉清日事件，但其時機選擇清國自認戰敗誠心乞和之時，歐洲各國不能許諾日本割取清國大陸之寸土亦為此時，可謂歐洲強國對我國洩漏若干消息。

歐洲之形勢漸顯不穩之光景。如曩日廟議所決定，嚴加限制事局於清日兩國間，使第三者無任何干涉餘地之方針，已恐難維持永久。但今若要得歐洲強國之秘密承諾、默認，時機不僅已遲，情況亦不許我卒然變更既定方針。故我以不如設法誘導清國政府，早日再派媾和使臣，迅速息戰恢復和平，以一新列國之視聽。然要如此作，則不能如從前對清國政府隱秘我一切媾和條件，至少在再派來清國使臣之前應將最重要條件知照清國，使其事先有心理準備。故於二月十七日，經由美國公使轉告清國政府。其概要為：「日本國政府以除非清國再派具備賠償軍費及確認朝鮮國獨立外，戰爭之結果割地，及為律將來之交際，以締結確然之條約為基礎從事談判之全權使臣，派遣任何媾和使其使事皆應無效。」然與該電報差開，於十八日，清國政府經由美國公使請求：「任命內閣大學士李鴻章為頭等全權大臣並賦予一切全權。故日本政府選定何地為兩國全權委員之地，希儘速電覆。」據此電文，以李鴻章為頭等全權大臣來日確定。然為就我前次之電照促請清國政府之決心，乃於二月十九日電報：「對本月十八日清國政府之電報日本政府未回答之前，清國政府對本月十七日日本政府之電照，是否承允派其全權大臣，希證實。」對此於二月二十六日，美國公使稱受清國政府之託，將總理衙門致送該公使之公文抄件轉送我。該公文謂：李鴻章被任命為頭等全權大臣，希商議本月十七日日本政府來電中之各種問題，李帶有執行此等任務之全權。清國政府之決心至此似逐漸一定，故日本政府遂電報清國政府選定下關為此次兩國全權大臣會合之地，清國政府則電達李鴻章將於三月十四日出發天津直航下關。以上雙方電報，依例皆經由美國駐東京、北京公使。接獲清國要派來使臣之確實消息後，我復由東京前往廣島，於三月十五日與伊藤內閣總理大臣再度奉派為全權辦理大臣，同月十七日夜出發廣島，翌（十八）日抵達下關。十九日清晨，伊藤首相從宇品，李鴻章由天津，幾乎同時到達下關。我即刻通告清國使臣以我全權辦理大臣之官爵、姓名，同日復以全權辦理大臣之名義，通牒於同月二十日兩國全權大臣會合並交換所攜帶之全權委任狀。

換所攜帶之全權委任狀。

三月二十日，兩國全權舉行首次會議，互相查閱其全權委任狀，確認其完備後互相交換。此時清國使臣取出一覺書，要求開始媾和談判之前先議定停戰事項。其覺書概要謂：開議媾和條約之先，請兩國海陸一律立刻停戰，以為商議和約條款之地步，此議已經由美國公使商議日本政府，日本政府電答言明俟兩國全權大臣會合時，尋求如何停戰媾和，故特重新提出前議，蓋停戰為妥成媾和條約之第一要義。我全權大臣對此約定明日回答，於此本日會議結束。惟因素李鴻章與伊藤首相為舊相識，故又談數小時。李不似古稀以上老翁，狀貌魁偉，言語爽快，曾國藩曾評其容貌、詞令足以壓人，誠非虛言。然此次使事，李皆處於不利之地位。彼此會話中，伊藤全權謂：前此清國張、邵兩使來日時，因所攜帶全權委任狀不完備，當時清國尚無真正求和睦之誠意，終歸使事無效屬遺憾。對此李則稱：今清國如無切望和睦之誠意，不可能特別命我以此重任，我如不感覺媾和之必要，亦不肯接受此重任。暗中抬高自己身價以博我之信任，繼而李又稱：清日兩國為亞洲內常不能逃歐洲強國猜眼之兩大帝國，且兩國人種相同，文物、制度皆不異其源，今也雖一時交戰，但必須恢復彼此永久之友誼，幸如能息止此次干戈，不僅能溫復以往之交際，盼望成為更親睦之友邦。蓋在今日能洞知東洋諸國對西洋諸國之地位如何，天下誰人能出伊藤伯爵之右者。西洋大潮日夕向我東方流注，此實非吾人同心協力講究防制之策，不可怠忽結合黃色人種對抗白皙人種戒備之秋，但相信此次交戰幸而不妨害恢復此兩帝國之天然同盟。李又讚揚日本年年之改革事業，以此完全為伊藤首相為政得宜之所由，以清國改至今未奏效而自歎其才略之短。李更稱：此次戰爭收兩種好結果，一為日本利用歐洲式海陸軍組織有顯著成功，證明黃色人種絕不亞於白皙人種，其二為因此戰爭清國僥倖從長睡迷夢覺醒，此實為日本促清國自奮助清國將來之進步，其利可謂宏大，故清國人中雖有怨恨日本者眾多，我反而多感謝日本，且如上所述清日兩國為東亞兩大帝國，日本擁有不遜於歐洲各國之學術智識，清國有天然不竭之富源，將來兩國如能合作，敵抗歐洲強國非甚難事。約言之，李頻羨慕我國改革進步，讚美伊藤首相之功績，論東西兩洋之形勢，告戒兄弟鬩牆招外侮，說清日同盟，似鼓吹速成媾和之必要。其所論作為今日東方經世之談僅為家常便飯之語。然李縱談橫論欲以引起我之同情，時或好罵冷評，以掩飾戰敗者屈辱之地位，其老猾反而可愛，實不愧為清國當代之一人物。

三月二十一日，我全權辦理大臣以一覺書回答清國使臣昨日之提議。其概要為：日本帝國全權辦理大臣不認為在距戰地遙遠之地，以約定停戰為妥協媾和談判必須之要義，但若兩國附以足資擔保均等利便之條件則可同意，故聲明察目下軍事上之形勢，顧彼此停止交戰之結果如何，附左列條件，其條件為：日本國軍隊佔領大沽、天津、山海關及其城堡，駐各該處清國軍隊之一切軍器、軍需交付日本國軍隊，天津、山海關及鐵路歸日本軍務官管轄，停戰中，清國要負擔一切日本軍事費用，對此清國如無異議，可提出實行停戰之細節。李鴻章默讀此覺書，顏色頗動似大吃一驚，嘴裡拚命連呼太苛酷。蓋以當時之戰況我固無停戰之必要。原來吾儕欲立即開始媾和談判。然此時彼請求停戰實亦屬無可奈何之事，如一味拒絕恐違背列國普通之慣例。故我以嚴厲其條件使其無法接受，由之自動撤回停戰問題最理想，而彼以此連叫苛酷亦非無道理。因此李鴻章頻喊條件苛酷，如此條件非清國所能接受，而哀求日本政府再考慮提出較此寬大之別案。蓋其苦求乃為我所預料，當然不必再提出別案，故伊藤全權稱：清國使臣如對本案提出修正案，吾人不拒絕就此修正案商議，但我方不考慮另提別案。該日談判，彼一心一意請求我方再考慮，我唯唯拒絕其請求，以不同語言反覆在外交談判上往往不能免之同一件事。彼終於要求暫時中止停戰問題，俾聽取我媾和條件。伊藤全權答曰：停戰未必為息戰之初步，故不妨立即開議媾和問題，然非清國使臣撤回停戰問題，我不能提出媾和問題。至此彼稍變辭柄，似抱怨云：原來，清日兩國為天然之同盟國，日本若誠心要永久之和平，亦應稍稍留心清國之名譽。今日對清國，日本確有作某種要求之權利，然其要求以止於普通程度為上策，如超過其程度，日本將唯得和平之空名而不能得和平之實利。蓋此次戰爭原起因於朝鮮事件，今日本軍不啻佔有該王國之全部領土，清國版圖內亦多為其佔有，天津、大沽、山海關為北京之關鑰，若各該處皆為日本軍佔領，帝都安固之基，即日成為烏有，此豈清國所能堪。伊藤全權稱：我等之一切行為非頗不正當，然今日無暇討論交戰之原因，唯欲迅速結束其爭事，為清日兩國尤其為清國亟須早日息戰，天津等地之佔領畢竟為一時之擔保，無意破壞其城市。彼此反覆爭論之後，李鴻章謂：該停戰條件太苛酷，然首要之目的在和平不在停戰，相信日本亦抱持同樣態度。伊藤全權斷言：然，我等亦希望早日恢復和平，然如前所言非先決定是否撤回停戰問題，不能論及媾和問題。故李終於要求予數日考量此事，我以不妨予考量時間，惟今兩國人民引頸環視吾人談判結果之際，儘量早日完成吾人之大任乃為吾人當然之義務，故希大約三日予確實回答，至是本日開會結束。

於三月二十四日之會議，清國使臣終於提出一覺書，希望撤回休戰問題，立即開始媾和談判。故我全權大臣約定明日提出媾和條約案。本日之會議並無特別值得記述之事項，然李鴻章稱有一提議而謂：相信日本政府媾和條約案中無錯亂其他外國利益之任何條款，簡言之，相信媾和條約中無衝擊諸外國感情之條款，蓋希望媾和問題止於清日兩國間，以避免他國之干涉（此動聽之言語畢竟顯示彼掩耳盜鈴之愚。蓋去年以來彼如何要求歐美強國之干涉，其事跡不一而足。且他日彼一接受我媾和條約之提案，四月一日立刻將該案要領電達總理衙門，同時聞在該電文文末謂「希將前述情形秘密通告各國公使，但日本所提議有關通商各事項，盡量不告各國。」四月二日，總理衙門致電李：「前月七日，德國公使來訪曰：頃據日本國政府來電，已電訓德國駐日本公使與英俄兩國公使共同居中調停。」顯示只要對自己有利，彼等不啻不避各國之干涉，而且歡迎。然產生歸還遼東半島問題之後，內外報紙往往懷疑李鴻章因事先與德璀琳或馮．布蘭特等套好，派往日本之前則與俄國等其他強國有密約，故李才不容易同意割讓半島，而其最甚者謂李離開馬關時，哄然一笑，吐舌而去，實為無稽之妄談。因在割地奉天省之談判，彼如何執拗反覆抗論，四月五日照會文中，縷述總體割地對將來清日兩國永久和平之所以非計後，謂：「何況奉天省為我朝肇基之地，其南部各地若為日本國所有，並成為其海陸軍之根據地，隨時得攻我京師。故清國臣民觀此條約文時，必以日本取我祖宗之地置海陸軍乘隙之計畫，而認為欲與我為永遠之仇敵。」然此照會不過為對敵國表面外交上異議，其中尚有假飾之言語；而四月一日即彼發出上述照會之前四日，電稟北京政府自己意見之中云：「何況奉天為滿洲之心腹，清國萬萬不能讓日本。如日本不肯撤銷割讓奉天半島之要求，絕不結和局，兩國唯有戰鬥到底。」既為彼親自電稟其本國政府，其實情實話應無置疑之餘地。爾後隨媾和談判之逐漸困難，李於四月十一日電照總理衙門文中據聞謂：「英國政府似已袖手旁觀。不知俄國政府之意向何如。」由此以觀，彼抵達下關大約一個月尚不知俄國意向如何，謂其出發天津前已有某種密約應屬空中樓閣。）伊藤全權立刻對此回答：本問題完全關係清日兩國，與他國無涉，故吾人相信毫無招外國干涉之虞。而此日李鴻章離開會議場所要回旅館途中，竟發生一件離奇事。

## 李鴻章之遇刺與停戰條約

該日，兩國全權結束會議各退出之後，為事先溝通好明日之談判事宜，我特請李經方留下與其對座欲開始要談之際，有人匆匆推門而入報告：剛剛清國使臣歸途，被一暴漢（小山六之助——譯者）以手槍狙擊負重傷，暴漢立刻被逮捕。我與李經方因此意外事而驚愕，並對李經方稱：對此痛傷事吾儕將盡全力善後，請足下速歸旅館照顧令尊。別後，我至伊藤全權寓所聯袂前往清國使臣旅館慰問。李鴻章遇刺飛報達廣島行轅後，皇上甚驚，即派醫往下關，特命治療清國使臣之傷痍，皇后亦賜御製之繃帶，同時派遣護士，予鄭重之待遇。並於翌二十五日，特頒發左列詔敕：

「朕惟清國與我現交戰中。然已簡派使臣具體依式議和，朕亦命全權辦理大臣與之會同，商議於下關。朕踐國際成例，應以國家名譽予清國使臣以適當之待遇與警衛，乃特命有司不可怠弛。不幸出現加害於使臣之兇徒，朕深以為憾。對其犯人有司應按法處罰不可寬恕。百僚庶臣其更善體朕意，嚴戒不逮以期不損國光。」

聖旨公平正大事理明確，感泣敵國使臣，亦令我國民生頗痛惜之觀念。此事變一流傳全國，世人悲傷之餘稍顯狼狽之色，無論代表我國各種公私團體者或個人，皆來集下關訪清國使臣旅館慰問，在遠隔之地者則以電報、信件表其意思，或贈送種種物品日夜陸續不絕，清國使臣旅寓門前，大有群眾成市之概。此固一般國民出於欲向內外對一兇手之所為表示同情，其意固美，然往往急於徒粉飾表面，其言行或不無虛偽失中庸者。事實上清日開戰以後，我國各報，人人集於公、私會誇張大言罵詈誹謗清國官民之缺點，甚而對李鴻章個人作不堪聽聞之人身攻擊者，今日忽然對李之遇難痛惜往往出於類諛辭之溢美言語，甚至列舉李已往之功業，謂東方將來之安危繫於李之生死。與其謂全國處處歎惜李之遭難，毋寧謂畏懼因此生外來之非難，昨日因戰捷極狂喜之社會，有如陷於喪居之悲境，人情之反覆，雖似波瀾無可奈何，然亦不得不驚愕於其不長進。李鴻章早已看出此種情形，據聞爾後彼電報北京政府謂：「日本官民對其遭難表痛惜之意只為飾其表面而已。」我察內外人心之趨向，以為此時非施善後之策，或將產生不測之危害。內外之形勢迫近，不許永遠繼續交戰下去之時機。如李鴻章託其負傷使事半途歸國，大事責難日本國民之行為，巧誘歐美各國再次要求其居間調停，則不難獲得至少歐洲二、三國之同情。而若招歐洲強國一次干涉，我對清國之要求或將不得不大為讓步。從最單純之論理上而言，此次事變完全出於一兇手之罪行，我政府與國民與其毫無關係，故亦可謂只要對該犯人課以相當刑罰，其責任自不及其他任何人。然在交戰之兩國中尤其在勝者之我國內待遇敵國使臣時，應予相當之保護與敬禮乃為國際公法上之成例，故此事變若鼓動社會之感情，自不易以一片理論敷衍了事。況以李鴻章之地位、名望及古稀之高齡首次出使異域，竟遭此凶難。其將惹世界之同情洞若觀火。故而如有一強國欲乘此機會出面干涉，其必以李之負傷為無上之口實。因此我於該夜訪伊藤全權就此事仔細協議，縷說對清國使臣，皇室予以優渥之待遇，國民一般之親切善意，當無可非議，但目前除表彰儀式性待遇或社交性情誼外，非另行實質上有意義之事，不能令其衷心滿足。故我以此時無條件同意其一再懇請之停戰為得計，如此我誠意對清國自不必論，事實上亦將對其他各國發表，且因我國警察之疏忽令彼受重傷，結果自然妨礙媾和早日完成之時，我軍若隨意攻擊清國在道義上有所闕如。伊藤全權對我論述毫無不同意見，惟停戰事必須徵詢軍衛意見，故即電報在廣島之閣員及大本營重臣與之協議。或因電文意思不十分清楚，或有其他原因，在廣島之多數閣僚及大本營重臣（松方大藏大臣、西鄉海軍大臣、樺本武揚（譯註二九）農商務大臣、樺山海軍軍令部長、川上參謀本部次長聯名之回電）回電以目前實行停戰對我國不利，而要求吾儕重新考慮（但山縣陸軍大臣回電完全同意吾儕之意見）。然當時之情勢不止於此。依吾儕之見解，近日小松宮率大軍出征旅順口之時機雖已迫近，但其實戰之期為二、三週之後，應不會誤軍機，惟此種問題不可能以電報之往還悉其意，且有其他緊要事件亟須仰聖裁，因而伊藤全權自告奮勇稱要去廣島處理，並於翌二十五日夜離開下關。伊藤全權到達廣島之後，與逗留該地之文武重臣會晤，評定停戰之得失，必費許多議論與辛勞。結果列席之文武重臣終於贊成伊藤全權之意見，並經聖裁，於同月二十七日半夜電報停戰蒙敕許事及其條件之大要。我立刻將該電文之旨趣編製條約文，翌二十八日親往李鴻章病床，並對其謂：我皇上聞悉本月二十四日事變深惱宸襟，而對前我政府未答應之停戰命令在一定時間與區域之停戰，我之同僚伊藤伯爵目下雖不在，停戰條約之會商，只要清國使臣方便，隨時可開始。李鴻章之半臉綁繃帶，以其繃帶外之一眼呈十分歡喜之意，感謝我皇上仁慈之聖旨，並對我謂：其負傷尚未痊癒雖不能赴會議所商議，但在其病床談判則無妨。停戰條約前言謂：「大日本皇帝陛下以因此次意外事變妨礙媾和談判之進行，茲命令其全權辦理大臣同意暫時停戰」，聲明停戰完全由我皇上任意許可，其他重要條款規定：「日本政府除在台灣、澎湖列島及其附近從事交戰之遠征軍外，同意在其他戰地停戰，清日兩國政府在本約定存續期間，無論攻守，約定不在其對陣方面增添援兵，增加其他一切戰鬥力。然非以增加現在戰地從事戰鬥之軍隊為目的，兩國政府重新配置輸送其兵員者不在此限。海上之兵員、軍需及其他戰時禁制品之輸送依戰時之常規。此停戰協定限於簽字後二十一日之內有效」等等。我與李鴻章會商時，其所提出三、四項修正案中，除要求將停戰效力及於南征軍即台灣諸島中，其他不重要之條款，我皆接受其提案，僅僅半日即予完成。翌二十九日，伊藤全權歸抵下關，我示彼與清國使臣會商所得之成案，並於一八九五年三月三十日，兩國全權大臣依式記名、簽字。

# 十八　下關談判（下）

## 簽訂媾和條約

簽訂停戰條約之後，李鴻章再三催迫進行媾和談判。前此我與其談判停戰條約時曾謂：他病中雖不能前往會議所，但如在旅館會商，隨時可進行；如在旅館會商不方便，可先閱媾和條約案以書面議定，兩法均可，希早日進行談判。就議定媾和條約案之順序方法，我欲與李經方洽商當日，因李鴻章遇刺而中止，所謂順序方法，為是否應將條約案全部同時提出決定可否，或將條約案逐條提出議定之二方法，此種會商原則上應事先確定其方法，我尤其感覺對清國外交家有其必要。因為彼等有往往不進入事實問題，含混提出泛論以遷延時日之傾向。故於四月一日，我邀李經方商量上述兩方法中應採取哪一方法，我以採用後者即逐條議定為簡便，但他則懇請採取第一方法亦即全部條約同時提出來議定。我以條約案提出之順序方法任一皆無妨，但如果依第一方法，縱令清國使臣完全接受全部約案，或就其中條款要求斟酌，希對此勿籠統泛論，逐條確實回答，且既提出媾和條約案，應自該日算起三、四日之內答覆。李經方約定回旅館商量後回信，隨即李鴻章通知對我提議，將於四日內回答。由之我媾和條約案當日送達清國使臣。該案大要為：

約案當日送達清國使臣。該案大要為：

一、清國應確認朝鮮為完整之獨立國。

二、清國應割讓左列土地予日本國：

（甲）奉天省南部之地。即自鴨綠江口至三叉子，自三叉子北方榆樹底下，自該處向正西達遼河，沿該河流而下達北緯四十一度之線，沿同緯度達東經一百二十二度之線，自北緯四十一度，東經一百二十三度之點，隨同經度至遼東灣北岸。位於遼東灣東岸及黃海北岸屬於奉天省之諸島嶼。

（乙）台灣全島及其附屬諸島嶼與澎湖列島。

三、清國要以庫平銀三億兩賠償日本軍費，分五年支付。

四、以現今存在於清國、歐洲各國間之諸條約為基礎，締結清日新條約，迄締結上述條約之日，清國要予日本國政府及臣民以最惠國待遇。

除上述者外，清國應作左列讓步：

㈠除以往各開市港口外，應將北京、沙市、湘潭、重慶、梧州、蘇州、杭州各市港為日本臣民之住居、營業等開放。

㈡為運輸旅客及貨物，應准日本國輪船航線作如下之擴張：⑴自長江上游湖北省宜昌至四川省重慶；⑵自長江溯湘江至湘潭；⑶自西江下游廣州至梧州；⑷自上海入吳淞江及運河至蘇州、杭州。

㈢日本國民輸入時，繳納原價百分之二之抵代稅後，在清國內地應免一切稅金、賦課金及雜徵。日本國民在清國國內購買之製作及天然貨物言明要輸出時，應免一切抵代稅、稅金、賦課金及雜徵。

㈣日本國民在清國內地購買或輸入之貨物，要裝倉庫時，擁有不必繳納任何稅金及雜徵而能租借倉庫之權利。

㈤日本國臣民以庫平銀繳納清國之諸稅及佣金。但得以日本國本位銀幣代繳。

㈥日本國臣民得在清國從事各種製造業或輸入各種器械類。

㈦清國約定著手清除黃浦河口之吳淞淺灘。

五、清國作為誠實履行媾和條約之擔保，同意日本軍隊暫時佔領奉天府及威海衛，並支付上開駐紮軍隊之費用（此外其重要程度次於上述各項者從略）。

四月五日，對上述之日本提案，李鴻章提出長篇之覺書。首先他在其前言謂：「詳細查閱日本政府之媾和條約案，就其關係至重要之條項特竭力考究，惟因負傷後精神尚未恢復，本覺書之答辭如不周密，請諒察實傷疾未癒力不從心所致，過數日後再一一詳答」，並將該條約案之要領分四大綱逐一駁斥。其四大綱為：（第一）朝鮮之獨立；（第二）割地；（第三）賠償軍費；（第四）通商上之權利。對（第一）朝鮮之獨立，他稱：清國早於數月前已言明承認朝鮮為完整無缺之獨立國，故對在此次媾和條約中要予記載雖無異議，但日本亦應同樣予以承認，因此日本所提出條文中有需修改者，清日兩國對朝鮮之權利應為平等；對（第二）割地謂，日本所提出媾和條約案緒言云：締結媾和條約以除兩國及其臣民將來紛議之端，然若強割讓此次要求割讓之土地，不啻不能除爭論，將來必續生紛議，兩國人民子子孫孫永遠互相仇視，吾輩既為兩國全權大臣，為兩國臣民深謀遠慮，該締結維持永久和好、互相援助之條約，以保持東洋之大局。清日兩國為比鄰之邦，歷史、文化、工藝、商業無一不相同，何必如此讎敵。蓋數千百年來，國家歷代相傳基業之土地一朝割棄時，為其臣者，將飲恨含冤日夜圖復讎乃為勢之所必然；何況奉天省為我朝發祥之地，以其南部為日本國所有且為海陸軍根據地後，隨時得攻北京，凡清國臣民觀此條約必謂：日本國取我祖宗之地為海陸軍根據地，則欲為我久遠之仇敵者。日本國此次交戰之初，非對中外宣言與清國干戈相見乃為謀朝鮮之獨立非貪清國之土地耶？若日本國末失其初衷，應酌改該條約案第二案（指割地條款）及與其有關聯之各條，維持永遠和好，使其成為彼此互助之條約，屹然為東方亞細亞築一長城，自不受歐洲各國之狎侮。若不出於此計，徒恃一時之兵力任意誅求，清國臣民臥薪嘗膽，圖謀復仇，東方兩國，同室操戈永久怨仇，互不相援，適適以外人攘奪，對要求割地論駁到底；對（第三）軍費云，此次戰爭非清國先下手，清國亦不侵略日本土地，故從論理上言，清國不該賠償軍費。然去年十月中，清國對美國之調停承諾賠償軍費，此完全欲復和安民，故如金額不過當可承諾。然原來日本國所宣言，此次戰爭其意全為使朝鮮成為獨立國，而清國已於去年十二月二十五日，宣言承認朝鮮為獨立自主，故縱令要清國賠償軍費，亦應止於清國宣言承認朝鮮之獨立之日，無理要求以後之部分。且定賠償軍費之金額，應斟酌清國之負擔能力，若清國財力真缺乏之時，一時強加締約簽字，將來仍不能償還，而日本必責其違約再啟兵端。此次日本國所要求軍費賠償金額，到底非清國現今財力所得賠償。他列舉不能增加內稅之理由，海關稅為各國條約束縛不能突然變更之理由，今日清國信用大減不能募集外債之理由等之後，引述日本報紙謂，迄今日本政府用於戰爭之實費似未過一億五千萬日圓。他甚至抱怨謂，應將日本軍以戰利品所收容之清國軍艦折算軍需從賠償金額扣除，賠償金額不應加利息，總之懇求減少賠償金；對（第四）通商上之權利云，本條極其複雜而重要，到底非一時所得全面考究，因此以下所述僅止於目下觀察所及，日後需酌改，故此覺書所述係以希覺知清國有意承諾，與非加以修改不能承諾之二者為前提。至於新條約，清國亦希望以清國與歐洲各國現行條約為基礎，但本條首項中要插入兩締國之一方互相在其對方應受最惠國待遇一語。關於抵代稅減額，日本國此次既要求巨額之軍費賠償，再要減額到底，非清國目下之財力所能負擔，清國財源不啻不能壅塞，要計畫開發之方法。且目下日本與歐美各國修改條約增加稅率之際，反而要令清國本來已極低廉之稅更減輕，實甚不合理。多年來駐北京各國公使要求對外國輸入品免除一切稅金，且未達其目的，凡各國中最具有通商上之權利者莫如英國，最善牟利者亦莫如英國商民，其英國商民等屢次請其公使要免除釐金稅，其至今未得奏效乃因為其不合理。他引述英國藍書，列舉愛爾珍、托瑪斯．威特等之學說論駁，第一維持彼此對等之權利，其次一味傾訴抵代稅減額之苦衷。而在其覺書文末云：「爰本大臣有一忠告，乞貴大臣諒聽。本大臣在官幾五十年，今自惟去死期不遠，為君國盡力恐以此次媾和談判為最後。故深期以條約之妥當良善，毫不被指摘，鞏固兩國政府將來永久之交誼，使彼此人民往後互相親睦，以副本大臣無窮之願望。今也和議將成，兩國臣民今後轉世之幸福、命運皆在兩國全權大臣掌中。故宜遵循天理，以近來各國政治家深謀遠慮之心意與師法，確保兩國人民利益、福澤方得謂各盡其職分。日本國方今勢力已強大，人才眾多，勢必日越隆盛。今如賠償金額之多寡，割地之廣狹一切雖未有至大之關係，至兩國政府及臣民將來應永久輯睦，或永久仇視之點，關係日本國計、民生甚大。此應最加以深思熟慮者。……東洋二大國民向後永遠親睦，彼此相安，福澤綿長實基於此舉。尚望貴大臣熟慮籌畫。」該覺書全文，縷縷數千言，實筆精到，反覆叮嚀，能言其所欲言，不失為一篇好文辭。但其立論往往未免謬誤，他力避入事實問題，專概言東方大局之危機，論及清日兩國之形勢，稱讚日本之國運，同時說清國內政之困難，以激人悅人乞人憐。由其現今地位說出如此言詞誠為不得已之舉。我接該覺書後立刻攜往伊藤全權旅館，對坐仔細加以查閱，協議處理之方略。伊藤全權始謂，非先對其精確論駁，使他豁然悔悟由其迷夢覺醒，他不能了解方今彼此之地位如何，始終繼續哀訴之痴言，繼遷延談判；我若不指出其論據之謬誤，將使局外之第三者疑日本雖力勝而理屈。我雖知伊藤全權之想法非無理由，但謂當初我與李經方協商議定媾和條約之順序方法時，曾約定論局限於事實問題，同意或拒絕我全部提案或修正各條。其意不外欲禁止如本覺書一般之概論，且今我一旦對此泛然之概論啟論駁之端，將為他開再三反駁之餘地，徒往復爭駁之間，我竟成狂者跑不狂者亦跑之類。況且使對方不得進入本題彷徨岐路乃為清國外交之故技，故我應依照前約主張就我全部提案或各條論決事實問題，在我佔論爭地位不如以取指命地位為上策。伊藤全權終於同意我意見，乃於翌六日，我致送一公文於清國使臣，促其立即進入事實問題。其概要曰：「於一八九五年四月一日之會議，清日兩國之全權大臣就議定媾和條約之順序，曾約定將回答承諾全部約案或酌量各條。然按此次全權大臣轉送之覺書，除始終縷陳清國之內部情形，要求日本全權大臣再加酌察外，對日本政府提案未見任何回答，清國對上述提案亦未確然言明欲加任何酌量。蓋清國之內部情形，今日討論媾和時不應論究。而因戰爭結果之要求亦不能與通常事件之談判同日而語。是以希望清國全權大臣就日本全權大臣所提出媾和條約確實回答全部或逐條承諾與否。條款中若欲有所修正，望一一以約文之形式提議。」

今日李鴻章面臨對日本之提案必須全部承諾與否，或逐條承諾或修正二者擇一之局面。蓋李對我提案自始即盡量迴避明言自己意見，以逃避其責任。在此之前，恐因李負傷影響談判之進行，彼此密議結果，由清廷再任命李經方為欽差全權大臣，於四月六日照會我政府。故於同月八日，伊藤全權邀李經方去旅館，就媾和條件結論謂，週前已提議我約案，何故至今清國使臣未有任何確實回答，本月五日，清國全權大臣之書信，吾儕不能視為對我提案之答覆。今日停戰期限僅剩十有一日，徒空費時日再致交戰自非彼此所願見，故期於明九日，對我提案確實回答承諾與否。對此李經方答，乞高察今日我父子立於極困難之地位，且日本全權大臣提案中之泰半皆無法確實回答，事實上我雖已草擬攜帶在身，然償金及割地二問題事頗重大，在公然以書面回答之前先會見面議，擬有所辯論與說明，尚望彼此酌量。對此伊藤全權斷言，原來對媾和談判之順序方法前日非已由陸奧同僚約定，清國使臣對我提案要依全部承諾與否，或逐條表示意見二者擇一之方法乎？如今日云對我提案中一部分確實回答一部分要面議之答案，我不能接受。唯清國使臣對我提案欲提出任何修改固然自由，然償金之金額，如清國使臣曾引述根據報紙上臆想而望減少費額，或對割地欲存留奉天、台灣其中一方之修正，吾儕絕不能承允。償金極少額可減，但絕不能削減巨額，割地要割讓奉天與台灣。為避免他日之錯誤，我於此要言明，並望清國使臣深深熟慮現今兩國形勢如何，即日本為戰勝者清國為戰敗者。清國請求和議日本承諾以至今日，若不幸此次談判破裂，一命之下，我六、七十艘運漕船將載運增派之大軍舳艫相銜立刻蜂湧戰場，果如是，北京之安危實不忍言。酷言之，談判破裂清國全權大臣退去此地之後，能否再安然出入北京城門我不能保證，此豈吾人悠悠會變遷延日子之秋，故在清國使臣先就我提案大體確實回答承諾與之前，縱令面議幾次亦無任何幫助。李經方因此嚴詞當知欲以償金、割地二件面議以遷延確實回答行不通。然他當然無專擅之權，故云：擬回去與乃父協議之後提出所製作回答，但其回答萬一不能滿足日本全權大臣之意，勿為此招日本全權大臣激憤，談判破裂，產生功虧一簣之不幸，乞諸事海容之考察而離去。

李經方臨去伊藤全權旅館前所懇請之一言，充分表示其頃日來如何籠絡日本全權大臣，多少減輕日本提案，避免先發表自己意見之苦計無法見效，為預防刻下談判之破裂，乃決心提出一回答，而其回答之絕不能令我滿足，李經方自始則已明白。然李鴻章為何如此避忌提出自己回答，則不外乎只為逃避其責任。數日前他已與北京政府往還電報，事先乞其政府之訓令以迴避其專對之責任。然北京政府之訓令諸事曖昧甚不得要領。即今日李對內外宛然夾在中間，正與北京政府互相推其責任時被我催迫回答，推察再拖延時日談判必將破裂，為一時彌縫之辦法，於四月九日對我提出一修正案。該修正案之重要者如下：

一、朝鮮之獨立，由清日兩國確認。

二、割地，在奉天省內為安東縣、寬甸縣、鳳凰廳、岫巖州，在南方限於澎湖列島。

三、償金為一億兩，但無利息。

四、清日通商條約，以清國與歐洲諸國之條約為基礎締結，自批准交換媾和條約之日起，至締結新通商航海條約之日止，在清國日本政府及臣民全部受最惠國待遇，同樣，清國政府及其臣民亦在日本受最惠國待遇。

五、作為清國誠實施行媾和條約之擔保，日本軍隊僅暫時佔領威海衛。

六、加上為避免將來清日兩國間紛議或戰爭，有關媾和條約其他通商航海條約等之解釋上及實施問題上，兩國間有異議時，請第三國選定調停者，一任其裁斷之一條。

以上修正要點，李亦未預期能獲我之承諾。唯其恐非焸出回答不能繼續談判，故未待北京之訓令則獨斷提出該項回答。因此與向我提出該修改案之同時對總理衙門發出該案大意之電報中謂：「鴻章再三思惟，時機迫切，姑據自己意見」，又在文末云：「若日本仍不滿足，堅主張前議時，可否更加讓步，乞預示。若以為不可，則唯有息談判歸國之一途。」他一面對我催迫塞責，一面向北京政府具陳目下形勢迫切之情況，不得已一時採取獨斷權宜措施之經過，尚乞將來之訓令，催促北京政府之決心。

清國使臣之修正案固非我所能承諾。然我當初之提案原來係作為會議之基礎而提出者，故對此自非完全不能修正。且縱令我有戰勝者之勢力，如對我原案一概不許變改則不啻苛酷，亦屬此類會議之異例。故於該十日會議時（我因病未能出席），反駁李之回答，同時將我之再修正案交付清國使臣。其概要如下：

第一，關於朝鮮之獨立，不許改變原案第一條之字句。

第二，關於土地之割讓，台灣及澎湖列島照原案，奉天省南部之地減為自鴨綠江口溯該江至安平河口，自該河口至鳳凰城、海域及營口折線以南之地。但包括前述之各城市、遼東灣東岸及黃海北岸而屬於奉天省之島嶼。

第三，償金減為二億兩。

第四，關於割地住民一件，不容變更我原案。

第五，關於通商條約一件，不容變更我原案。開市港數目減少限於沙市、重慶、蘇州、杭州四所；㈠日本國輪船之航路，修正為⑴自長江上游湖北省宜昌至四川重慶，⑵自上海入吳淞及運河至蘇州、杭州。

第六，不必加上將來清日間發生條約上問題時，一任調停者之新條款。

以上為我再修正案之要點。伊藤全權提出該再修正案，同時對清國使臣謂，此次提案為我真正最後之讓步，望清國使臣對此僅回答承諾與否。李鴻章云在回答承諾與否之前為何不許彼此辯論。伊藤全權謂此為我最後之提案，對此一味辯論無論如何也不可能推翻吾儕之定見，辯論亦無益。彼此以此般口吻再四問答之後，李以其論端分為三段謂：（第一）償金額仍甚過大，畢竟非清國財力所能負擔，望能再減；（第二）乞能從奉天省內割地地區刪除營口一所，理由為營口係清國財府之一，今日本強求巨額償金同時奪其財源，無異欲養該兒又奪其乳哺；（第三）台灣為未經日本軍侵略之地，日本竟要予以割取頗為非理，故不能割讓台灣。伊藤全權對此逐一加以辯駁云，對償金額，我已減至能減之低度，故錙銖亦不能再減，何況若談判破裂再致交戰，其結果必要求更多之償金；對擬存留營口一事，奉天省之割地，深查清國之內部情形，比我最初原案已大為縮削，故不能再退讓，並以該地為清國財府之一比喻為該兒乳哺，令評清國固不能比為該兒；至於台灣，割地之索求未必限於攻取之地，唯顧戰勝者之意向，例如山東省曾一次為我所攻取之土地，然此次並未包含於割地部分，且清國從前對俄國割讓吉林、黑龍江地區，此亦非俄國攻取之地，果爾獨怪我要求割讓台灣全島。爾後切言停戰之屆滿僅剩十日，實不容許拖延談判之時日，故對我提案須三日內確實回答承諾與否。李鴻章以事非彼此一致則尚須會商望妥當之成局，況如此重事固非電稟北京請示上旨之後不能決行，而請姑且勿限時日。對此伊藤全權謂，北京回答來後應立即確實回答，但縱令等北京回電亦不能以四日為期限。該日會議至此結束，但李似尚未領會我之決心。故於翌十一日，伊藤全權以一半公函重論昨日所提出再修正媾和條件之要須，並謂該提案曾十分酌量清國使臣所縷述，就割地、償金及其他條件，凡我能讓步者皆已減輕，不外乎因調和談判之意切，在其文末並云：「戰爭者，在其戰鬥上措施及因此所生之結果，祇有進而無退，今幸日本國所承諾之媾和條件日後未必承諾」，使他覺悟今日不解決日後將後悔。然李鴻章對此仍論駁我要求之苛酷與不當。其概要謂，關於媾和條件至今不許充分口頭辯論，因立即接最後提議，清國政府未有機會開示其所見，償金之減額望能更減輕，割地之地區雖已削減若干，但其境界幾為日本軍現今佔領之全部，且要求割讓日本軍足跡未至之土地（台灣），故實無法了解所謂調和談判困難之意切，並論及其他通商上之條件等縷縷鳴不平，但亦無再會見交換意見之勇氣，在其信末云：「以上所述，本大臣非敢請再商議，為商議媾和條件僅予本大臣一次之會見即提出最後提議，故欲覆陳本大臣之意，對所開陳不同意之點，請閣下熟考。在閣下約本大臣下次會見時，對此請開示閣下意見，屆時，本大臣相信已奉我皇帝旨意並能對最後提議確實回答。」在他並無新說、別案，唯重複十日會見時之所言，祇希望再減輕我要求而已。對此徒事會見、辯論，亦不能獲改任何結局，因此伊藤全權再發半公函斷然反駁其謬見。其概要云，由來函中一面謂無重行商議之意，一面批評我最後要求條件及以往談判之程序，進而希望日本政府再加考慮看來，清國全權大臣恐完全誤解日本政府之意向，故對貴函唯一之回答，即本月十日會見時所提出日本政府之要求條件為最後之要求，不必再討論下去。原來李鴻章於十日會見時預料我最後回答當為如此。故他於四月十一日電報總理衙門謂：「昨日與伊藤面談，其語意似已決心，今日又送來此函，似表示其最後決心，故應更如何讓步，請速訓示。」據聞總理衙門又來電：「伊藤連日詞氣極迫，儻事至無可再商，應由該大臣一面電聞，一面即與定約，該大臣接奉此旨更可放心論爭無虞決裂矣。」比較兩電，李已領悟日本決心之不可移，乃乞北京政府最後之訓令，北京政府以不得已而予李鴻章權宜簽字之權。隨爾後談判之進行，李認清不能拒絕我之要求乃於該月十四日，再電報總理衙門：「明日午後四時將面會議定，若過此時談判將破裂，事體極嚴重，如承諾日本要求，京師尚可保，否則事當出意想之外，故不得已不待訓電締結條約」，此當為李確定最後決心之時。總理衙門對此電稟電覆：「奉旨，李鴻章十九日（舊曆）三電均悉。十八日所論各節（乃指十二日總理衙門電訓李，要其爭取減輕我之要求而言），原冀爭得一分有一分之益，如竟無可商改，即遵前旨與之定約。」

今日李拜領最後之訓令，擁有簽訂任何條約之全權。然他固非對吾儕會透露其底牌之愚者。即於十五日會見時（此日我亦因病缺席），他仍對我要求之減輕有所爭。然除再四反覆彼此連日繼續之議論外，畢竟不可能產生新異之論端。故會見之時間頗至其散會到點燈之時，其結果僅為他唯全盤肯諾我之要求。蓋自李鴻章來到下關以後，該日之會見最使李刻苦辯論。或因李已覺悟我決心大體上不可動，故在本日之談判他不斷就重要項目作區區之爭取。例如起初就償金二億兩他要求減少五千萬兩，視不能達此目的，他則乞減少二千萬兩，最後他竟對伊藤全權哀求以此些少減額為其歸途之餞別。此等舉動以李之地位而言實有失其體面，但必出於「爭得一分則有一分利益」之旨趣。總之他以不踰以上之高齡奉使命於異域千里，連日會見毫無疲困之色，可謂有據鞍顧眄之概。

於十五日之會見彼此商議結果，已預定對我媾和條約簽字，故十七日之會見（此日我抱病出席）只為形式上之見面。蓋李鴻章於三月十九日抵達下關之後談判數次，彼此皆費無量之苦心，排除外交上之種種困難，於此簽訂媾和條約，發揚我國光，增進我民福，東洋之天地所以再開泰平之盛運，皆賴我皇上之威德。以當初我政府所提出媾和條約原案為基礎，爾後對此雙方會商加以酌改修正之重要事項，列舉如下，奉天省割地中，將「自鴨綠江口溯該江至三叉子，自三叉子至北方榆樹底下畫直線，自榆樹底下向正西畫直線達遼河，自上述直線與遼河交合點沿該河流而下達北緯四十一度之線，自遼河上北緯四十一度之點沿同緯度而下達東經一百二十二度之線，自北緯四十一度，東經一百二十二度之點沿同經度至遼東灣北岸」之經界，在其東北部縮減變更為「自鴨綠江口溯該江至安平河口，自該河口至鳳凰城、海城、營口至遼河口折線以南之地，包含前述之各城市，而以遼河為界之處，以該河之中央為境界」。其軍費賠償金，將庫平銀三億兩分五年償付，第一次為一億兩，其餘四次各支付五千萬兩，修改為減總額三分之一而為庫平銀二億兩，五年支付延長為七年，支付期限為八次，首次即本條約批准交換後六個月以內，第二次即批准交換後十二個月以內各支付五千萬兩，其餘金額以後分六年支付。關於通商上之讓與，將開市港北京、沙市、湘潭、重慶、梧州、蘇州、杭州七處減為沙市、重慶、蘇州、杭州四處，因此輪船航行之權利亦隨之縮短。關於帝國臣民對清國之輸入品繳納原價百分之二抵代稅時，或帝國臣民在清國購買並貨物輸出時，及供清國內地消費之清國貨物以我船舶在其開港間輸送繳納沿海貿易稅時，撤回免除一切稅金、雜收之要求，一切僅享最惠國待遇；撤回繳納清國政府諸稅及佣金得以日本銀幣繳納之條款以及清除黃浦河口、吳淞淺灘之件；將作為清國誠實實行條約之擔保，日本軍隊要暫時佔領奉天府與威海衛改為僅佔威海衛一處，將駐兵費清國每年要支付二百萬兩減少為五十萬兩等。要之，我媾和條件在大體上照我要求通過。

媾和條約既經簽字。同日下午清國使臣離開下關歸國。故吾儕於翌十八日搭軍艦八重山回抵廣島，即進臨時行轅詳細復命連日媾和談判之經過及簽訂條約之結果。皇上深為滿足並賜詔諭：

「清國曩簡派全權大臣向我請和，朕認其切實，乃授卿等以全權，命之與清國使臣會商。卿等樽俎折衝，費數日終得喜為妥協。今卿等所奏梗概副朕旨，洵足顯揚帝國之光榮，朕偉卿等之功特為嘉尚。」

吾儕感泣天恩之優渥，微軀荷無限之光榮，而退出御前。該媾和條約及附約於同月二十日，經我皇上批准。繼而特派內閣書記官長伊東已代治（譯註三〇）為全權辦理大臣，攜已批准之條約前往芝罘，為與清國皇帝批准之條約交換，於五月二日出京都出發。正於此時，俄、德、法三國政府對《下關條約》提出異議，因而該條約之批准交換遭遇意外之障礙。所幸我皇上銳意以東洋之治平為念，不喜再發擾亂禍機，雖有內外幾多困難不動搖始終寬宏之聖謨。故於既定之日期即本年五月八日順利辦完批准交換，完成清日兩國媾和條約之大局，恢復與清國之交誼，並與列國完全和協，以濟危機於一髮，誠為皇上盛德之所賜。

# 十九　俄、德、法三國之干涉（上）

簽訂《馬關條約》之後，皇上傳旨不日將行幸京都，故在廣島之閣臣中有先赴京都者。我為養病暫請假休沐於播州舞子（今日之神戶——譯者）。如此閣臣散處四方時，於四月二十三日，俄、德、法駐東京公使前來外務省面會林董外務次官，稱各受其政府之訓令，對清日媾和條約中有關割地遼東半島一條提出異議。俄國公使口述覺書謂：「俄國皇帝陛下之政府，查閱日本國向清國要求之媾和條件，認為日本領有遼東半島不啻有常危害清國首府之虞，同時將使朝鮮國之獨立有名無實，對將來遠東永久之和平有障礙，故俄國政府為向日本皇帝陛下之政府重表其誠實友誼，特勸告日本政府確然放棄領有遼東半島。」（德法兩國政府之勸告，其意思與上述俄國政府之勸告大同小異，故從略。）

俄、德、法三國聯合干涉之突然成立容後詳述，原來此三國既提攜約定共同干涉，其駐東京各公使之運動應出於同時，但彼等當初之進退頗為齟齬，甚值可疑。四月二十日，德國公使獨自前往外務省面晤林次官謂，因受本國政府極重要之訓令，今不便明言其國名，明日將與各該國公使來外務省，希望能與外務大臣或內閣總理大臣面談。對此林次官稱，伊藤、陸奧兩大臣均不在東京，尤其外務大臣抱病中，雖不知為何事，自己可代為領教。故該公使約定明日與其他公使前來，翌二十一日，以不方使而要求延後一日。翌日亦未同其他公使來會。如此一再遷延，直至二十三日三公使始聯袂來外務省，乃因俄法兩國公使未接其本國訓令遷延所致。足察三國政府因事出於匆促，致訓令其代表之手續未能一致。林次官立刻電稟我與在廣島之伊藤首相其經過並乞指示。關於研究此事件之由來與三國聯合之本源，及對此其他歐美各國形勢如何之觀察，容後章論述，此地先記述當時對此事變我政府採取過何種措施。在此之前，因駐俄國西公使與駐德國青木公使之電報，我已知歐洲強國之中必有對〈馬關條約〉有所干涉之國家，故從舞子電照伊藤首相謂：「根據青木、西兩公使電報，歐洲各大國之強力干涉終竟難免。因我未事先對歐洲各大國言明我對清國之要求，他們至今日始正式得知，故未有提出異議之機會。即此不外乎當初我政府如知照歐洲大國我之要求條件時，該時該產生之問題發生於今日而已。然我政府已成騎虎之勢，即使冒任何危險亦唯有維持現今立場表示一步不讓之決心，捨此無他策。貴大臣之意見如何，請坦率賜告。」同日爾後接獲林次官之電報，得悉形勢之緊迫。尤以俄國自去年即將其軍艦陸續集中於東洋，在日本、清國沿岸不僅擁有強大海軍，觀最近之形勢而有不少散布流言蜚語者，尤其俄國政府已命令碇泊東方諸港之該國艦隊，準備二十四小時內隨時能出動之傳聞，頗似事實。此時我政府措施如何關係國家安危榮辱至大，故不能有暴虎馮河之輕舉。然去年以來我海陸軍流血暴骨，積百戰百勝之軍功，政府亦盡慘澹經營之苦心，在外交上樽俎折衝，結果得副內外人民之希望，頗使其讚賞，如今竟作蒙皇上批准條約中主要一部分歸於烏有之讓步，縱令當局之吾儕為國家之長計忍胸中無限之痛苦，覺悟不避將來之難局，然此變化一旦發表於世，我陸海軍人將如何激動，我一般國民將何等失望，外來之禍機雖因此可得減輕，但國內所生變動當如何抑制，內外兩難，使我憂慮孰輕孰重。此時我決定拒絕他們之勸告，一面試探其真意之深淺，一面觀察我軍民之趨向為今日之急務。此時恰由伊藤首相來電稱：「關於三國干涉之件，本日（二十四日）將舉行御前會議，請表示意見。」故我立即回電：「本大臣之意見大體如昨日所奉告，此時暫維持我立場一步不讓，觀其將來舉動如何再盡廟議為宜。惟事頗為重大，故應對俄、德、法三國政府分別作回答仰祈聖裁。在此之前請勿確定廟議。」然廣島之御前會議（當時在廣島者除伊藤首相之外，祇有山縣、西鄉陸海二大臣）固不能等我再度之電報，即進行商議。當日伊藤首相提議之意思為：（第一）縱令遭遇新增加敵國之不幸，亦要斷然拒絕俄、德、法之勸告；（第二）召開列國會議，在該會議處理遼東半島問題；（第三）完全接受三國之勸告將遼東半島歸還清國以示恩惠，由此三策中選擇一策。出席文武各臣皆反覆小心討論結果，對伊藤首相之第一策，以當時我征清軍悉全國之精銳駐屯遼東半島，我強力艦隊亦悉派往澎湖島，國內海陸軍備殆成空虛。且去年來長期繼續戰鬥之我艦隊自不待言，其人員、軍需均已疲勞與缺乏，今日不必說與三國聯合之海軍，僅與俄國艦隊抗戰亦甚成問題，因此決定絕不可與第三國撕破臉，以不新增敵國為上策。其次關於第三策，雖顯示意氣寬大，然有太軟弱之嫌，故廟議大致協定採取第二策即邀開列國會議以處理本問題。伊藤首相當夜出發廣島，翌二十五日清晨訪我於舞子，示御前會議之結論，欲聽我之意見。此時因松方、野村兩大臣恰由京都來舞子相會，故皆繞我病床鼎座，再開協議。我再述前日來兩次電報伊藤首相之意思，一旦拒絕俄、德、法三國之勸告，觀察他們將來如何動作，探求他們真意之後再研究外交上轉圜之策。然伊藤首相即謂，此時不事先推究其結果即突然拒絕三大強國之勸告實太冒險，且俄國去年以來之舉動，不須探求其真意之深淺甚為明白，故若由我故意挑撥予其最佳之口實則甚危險，何況危機即將爆發之際，已無講究所謂轉圜外交上方策之餘地，以反駁我之意見。松方、野村兩大臣亦贊成伊藤首相之論旨。眾論既為如此，我雖不吝撤回己見，然對伊藤首相所帶來御前會議之結論要召開列國會議之意見，我亦難表同意。理由為：今如欲召開列國會議，除對當局者俄、德、法三國之外，至少須加二、三大國，此五、六大國是否同意參加所謂列國會議？縱令其同意參加，要真正開成會議亦需許多時間，然清日媾和條約批准交換之日期已迫在眼前，長久彷徨於和戰未定之間，將徒增長事局之困難，而此種問題一旦付予列國會議，列國將依自己利害各作主張乃勢之所必至，會議之問題果得限於遼東問題一事，且其議論或將再生枝節，由之各國互相提出各種要求，最後恐將破滅整個《馬關條約》，此無異為我自動誘導歐洲大國之新干涉，決非上計。伊藤首相、松方、野村兩大臣皆肯定我之主張。果爾應如何處理該緊急問題，廣島御前會議既決定方今之形勢，新增加敵國絕非得計，而俄、德、法三國既如此極度干涉，我不得不承認其勸告之全部或一部分乃自然之結果。我國今日之地位，除面對俄、德、法三國干涉之難題外，與清國尚有和戰未定之問題，如今後與俄、德、法三國之交涉拖久時，清國或將乘此機會放棄媾和條約之批准，使《馬關條約》成為故紙空文。因此我應截然分開該兩個問題，努力於使其不互相牽連。簡言之，吾儕獲得如下之結論：對三國縱令非完全讓步不可，對清國則決心一步不讓，專心一意往此方針進行為目下之急務。野村內務大臣當夜出發舞子前往廣島，上達聖聽上述決議之旨趣，並經聖裁。然該結論畢竟為今後盡百般計畫後萬不得已始要實行之最後決心，迄彼時止尚有各種談判之討價還價，且五月八日即距離媾和條約批准交換之日期尚有十餘日，應一面對三國之再三勸告悉其理述其情，設法使其撤回勸告或緩和，以觀察他們將來將出於何種舉動；一面此時我如能誘引二、三大國之強援，或能牽制三國干涉之勢多少得冷卻其熱度，而縱令陷於干戈相見之不幸，遠比我以獨力冒危難勝一籌。惟要行此事時間太短促，當難期必成之功，要之，協定非我試驗一切計策之後，不輕易發表我最後之決心。故確知此次干涉之始作俑者俄國之意向最為重要，乃對西公使發出訓令。其概要為：清日媾和條約已經皇上批准以至今日，要放棄遼東半島至為困難，請貴官對俄國政府要求如以傷害以往日俄兩國永年親密善鄰關係為非得策，請其對此次之勸告再次考慮。同時附言，日本縱令永久佔領遼東半島，亦絕不危殆俄國之利益；關於朝鮮之獨立，日本政府決盡最大努力使俄國政府充分滿意。蓋俄國政府已下大決心且作好必要準備，並誘引德法啟干涉之端，故我即使要求其再次考慮，大抵可預測不易推翻其初衷，但以為第一，非如此無由確知俄國政府真意之深淺，故難專定我將來之決心；第二，在此過程中，若能得推測第三者英國等其他諸大國意向如何之機會，或能導致意外之強援，因此訓令西公使之後，我又電訓加藤（高明）公使，令其向英國政府全盤暴露此次俄、德、法三國干涉之事實。俄國對滿洲東北部及朝鮮北部所包藏之覬覦，由此次俄國之干涉足以推察。日本政府對此事認為英國之利害絕與其他歐洲各國有異，目下形勢頗為迫切之際，我政府能得英國之助力至何種程度，命加藤秘密探問英國政府之意見。同時電訓栗野公使，命其告美國政府：日本政府並非要忽視友邦正當之異議，然遼東半島之割地係清國對我之讓與，其條約已經我皇上批准，今日要予以放棄不僅至為困難，日本政府亦認為無放棄之必要，今美國若能將一向為恢復和平所盡之友誼再進一步，肯代勞向對該半島之割地持異議之俄國勸告其再次考慮，或能使此未定之問題得滿足結局。同時日本政府恐俄、德、法三國之運動，或將引誘清國拒絕批准條約，從而再陷於砲火相見，為防止產生此種局面，不得不秘密請求美國之友誼協力。然同月二十七日，發出俄京之西公使回電云：根據四月二十五日訓電，本官於昨日與俄國外務大臣曾費長時間辯論，盡力使俄國政府對我請求有善意之回答，該大臣似稍感動，答應將再仰祈俄國皇帝之睿慮。然至今日稱，俄國皇帝以日本之請求並無足以推翻俄國勸告之十分理由，故不能接受。據聞目下俄國政府派遣運送船至奧得薩（Odessa）正在準備航運軍隊，故預期俄國之干涉重大，應當注意。我預料俄國之回答大概當如是。果爾，英國對我請求如何回答？洽與西公使回電之同日，加藤公使發自倫敦之電報亦到達。加藤公使接我前日訓電之後，立即求見英國外務大臣，詳細說明我政府之希望，金巴利伯爵似對日本具好意，然該大臣謂：關於該事件英國政府已決定一概不干涉，今英國若協助日本則無非為一種干涉，事體將為之開一新面目，故除非經與內閣總理大臣羅斯柏利伯爵商量不能回答。同時云：俄、德、法三國果主張其異議何種程度雖不得而知，因形勢頗為嚴重，因此日本對此應有十二分之警覺。英國希望和平，自不願見日本與歐洲各國交戰，清日戰爭之繼續亦甚不好，如有解除目下葛藤之機會，必為盡力。英國對日本雖抱友情，但俄、德、法三國亦為友邦，此時英國將彼此酌量在其威嚴上以自己之決斷與責任行動。加藤公使此時因駐義國高平公使之電照，已推知義國政府之意見，故暗詢英國外務大臣此刻有無了結目前事局之良案，該大臣只回答無。加藤公使亦云：對我請求英國政府一有確實回答即再電稟，繼而根據二十九日該公使倫敦發出之電報謂：英國外務大臣對該公使稱，因英國政府早先已決定遵守局外中立，故此次亦欲維持同一意向，英國對日本雖抱持最懇篤之友情，但同時亦不能不考慮自國之利益，故今不便贊成日本之提議協助日本，但俄國似真正有所決心，應特別留意。要之，英國在半吞半吐之中拒絕我之請求。又根據同日栗野公使來電稱：美國國務卿承諾在與局外中立之立場不矛盾範圍內協助日本，關於媾和條約之批准已電訓駐北京公使勸告清國早日辦理。就美國之政綱而言，此回答實相當之語詞，對我國之友情不薄。但在局外中立範圍內之協助，即不能希望太多之援助。而使吾人稍感意外者則為義國政府對此事件之舉動。關乎此，駐義國高平公使之來電容後章敘述。蓋義國近來對我國頗持良好感情，此可由在歐洲大陸諸國中率先同意我修改條約之提議，曾商僅數次即完成此一大事業窺知。然俄、德、法三國干涉突起之際，義國奮然決心不惜與英美兩國合縱以反對此三大強國之連橫，此除其對我國情誼之外，或出於歐洲政略關係上之運動，但無論義國之衷情如何，今義國支持我國其立場不得不謂我意外之僥倖。總之，關於此次事件，義國政府對我之態度，無疑自始遠比英美兩國積極。然英國既以事屬局外中立範圍之外，不便相助，縱令義國、美國再對我表示好意，在危機一髮之際，我不能以其為背後之強援自不待言。

以上歐美強國之現象，多為我駐外各外交官僅僅數日內盡畢生之力百般周旋之結果。然今就其形跡而言，並未因此使俄、德、法三國之干涉轉變其方向，或減弱其程度。雖比其他第三國多少有好意，博得其同情，但未能獲其實力之強援。畢竟各次電報之吉凶，當時不過為使我政府一顰一笑之材料而已。惟三國干涉來自突然，故對此之計畫與因應必須迅速。當然對此類重大事件，要向彼此事先無默諾之邦國忽然要求援助，自難期必成，因此僅有上述之結果亦誠為不得已之事。事之成敗固暫不論，此時我駐外各外交官之苦心盡力決非徒勞。由此吾人得知俄、德、法三國如何成立聯合，其干涉之程度如何強勢，其他第三國對此事件之態度如何，縱令不能獲其實力上之強援，尚能使其德義上之聲援，隱然得牽制俄、德、法三國，決非偶然（此時據聞俄國公使希多羅華曾對林次官私語：對此問題希望日本政府勿與太多局外各國交涉，增長事局之困難。此不必問是否為其一己之私談。當時對我事局之困難已達其極點，既無加以增長之餘地，增長事局之困難者恐為彼而非我）。何況非至政府盡百般計畫不得已之時機不發表最後之決定，已於舞子所議定。歐美各國之情況既如上述，我已確知俄、德、法三國干涉之實際勢力。故第三國實力上之強援已不可得自屬明顯。因此今日惟有全部或局部接受三國之勸告以結局，捨此別無他策。此時西公使恰來一電，而得以更能詳俄國之內部情形（西公使之電報於四月二十八日發自俄京，大要稱：俄、德、法同盟艦隊在東洋之實力，相信為貴大臣所悉，本使苦於理解不顧啟戰端排斥彼等之提議果為我國之上策，此自應依戰捷如何以決定其得失。果爾在彼此兵力比較上，貴大臣如決心我實在無法抵抗，即如本使所曾電稟，以放棄連接朝鮮之上地以了結目下之難題為得計。本使之意見為：為和平了結此事件，永遠放棄佔有遼東半島，作為償金之擔保暫時佔領該半島，同時大為增加清國賠款，使清國永遠付不完為上策。惟目下俄國似深怕日本不接受其勸告，法國亦耽心不能貫徹其企圖，故尚未到最後關頭之前儘量拒絕其勸告亦不失為一策。然此電文末段有關俄法之關係，根據駐英德國大使秘密告知加藤公使，法國不能離開俄國之形勢似已成）。因此政府於四月三十日，電訓西公使對俄國政府提出以下覺書：「日本帝國政府熟考俄國皇帝陛下政府友誼之勸告，同時為再度彰顯重視存在於兩國間親密關係之證據，因《馬關條約》批准交換保全日本國之榮譽與尊嚴之後，同意另以追加定約對該條約作如下之修正：（第一）日本政府在奉天半島之永久佔領權，除金州廳外全部放棄。但日本國經與清國商議，對其所放棄領土將定相當金額以為報酬。（第二）日本政府在清國完全履行媾和條約義務之前，作為擔保，擁有佔領前述領土之權。」（同時訓電青木、曾禰兩公使，向德法兩國政府提出覺書，因該文與本文全同，故從略。）然西公使於五月三日，自俄京回電如下：「本使於本月一日，向俄國政府提出我政府覺書，極力論辯，以貫徹我提議。至本日俄國外務大臣言明，俄國政府對我覺書不能滿意，同時稱昨日召開內閣會議，俄國認為日本國領有旅順口絕對有害，故決議不變更當初勸告之主張，其決議且已經俄國皇帝核可。對於本件，本使曾以滿腔之精神苦言痛論，終未能轉變俄國政府之初志最感遺憾。」四月二十九日該公使發自俄京之另電亦謂，俄國似深怕日本一旦在遼東半島擁有良好軍港，其勢力自不侷限於該半島內，將來勢將併吞朝鮮全國及滿洲北部肥沃地區，俄國海陸領土面臨危殆，俄國政府以猜眼看我國，其猜測雖為過分，其內心不許日本在清國大陸侵略寸土尺壤則洞若觀火。我既無以砲火解決曲直之決心，繼續折衝於樽俎間頗屬無益，此時清國已以三國干涉為口實，而提議暫緩批准交換之期限。清國所以有此提議，完全出自俄國之教唆乃為頗有證據之事實。如一直繼續下去此種形勢，勢必錯綜複雜外交上兩個未定之問題，終有陷於兩頭落空之虞。因此我便斷定根據當初之廟議，實行即使對俄、德、法三國讓步對清國一步不讓政策之時機已到，乃於五月四日，於我在京都之旅舍，與當時在京都之閣僚及大本營重臣聚會（該日出席者除伊藤首相外，有松方大藏大臣、西鄉海軍大臣、野村內務大臣和樺山海軍軍令部長），我縷陳今日完全接受三國之勸告，一方面割斷外交上之糾葛，另方面迅速斷然實行批准交換之為上策。而出席文武大員對作為刻下危機之措施，對我提議大體上雖無異議，然討論此類重要問題之常態，對其細節則仍有各自之意見，故會議幾費終日。

茲舉一例，三國干涉之結果，將遼東半島歸還清國實不得已之事，歸還時，作為歸還之條件是否應要求若干償金，或無條件歸還施以恩惠，如要求償金，非事先告知俄國等三國以取得其秘密承諾或默認，否則他日將惹起其他麻煩等等。考慮將來事局之議論當然不錯，然我云，對此問題迄今我曾對俄國用盡辦法再三談判周旋，但其斷然拒絕我之希望，今日我若稱完全接受其勸告，同時又提出條件要求其秘密承諾或默認，必使其懷疑我之真情，決非得計。加以我事先要求其秘密承諾或默認，其主張歸還遼東半島不得有任何條件時，我亦不能有所抗議，因此不如回答完全接受三國之忠告，不涉及歸還遼東半島之有無條件，以留我他日外交上自由之餘地。因伊藤首相與我同意見，故其他閣僚即亦贊同。眾議一致後，我草擬對三國回答之覺書：「日本帝國政府基於俄、德、法三國政府友誼之忠告，約定永久放棄領有奉天半島。」經內閣會議決定之後，伊藤首相即攜該案進宮伺候，仰祈聖裁，再來我旅舍時已入夜。由之我立刻電訓駐俄、德、法三國之日本公使，各自向其駐紮國政府提出該項覺書。對此，五月九日，俄國駐東京公使奉其政府之訓令前來外務省稱：「俄國皇帝政府，得日本國永久放棄遼東半島佔領權通告，以為再次顯彰日本皇帝政府此項措施之高見，為世界之和平茲述其祝辭。」至此，三國干涉之難題遂結其局（該日，德法兩國公使亦各奉其政府訓令有所宣布。因其意思與俄國公使所言大致相同，故從略）。

本章記述始於本年四月二十三日，俄、德、法三國政府對《馬關條約》提出異議，終於五月九日，上述三國宣布對我政府之回答表示滿意。然恰於此事，皇上已預定由廣島大本營行幸京都。四月二十七日，由廣島遷往京都，伊藤首相於四月二十二日夜由廣島出發，二十五日拂曉抵達舞子滯留兩日，由兵庫扈從鳳輦前往京都，我復命簽訂《馬關條約》事之後，從四月二十二日得賜假養病逗留播州舞子。皇上駕抵京都後，於四月二十九日前往京都，松方、野村兩大臣於皇上動身廣島前先到京都。四月二十五日，伊藤首相前來舞子時，上述兩大臣亦由京都來會，松方大臣當日歸京，野村大臣為上奏仰祈核可，在舞子之決議當夜由舞子前往廣島，繼而先出發回京都。在此期間，西鄉大臣一直留在廣島，扈從聖駕前往京都，山縣大臣於舞子決議蒙核可之後立刻往旅順口出發，傳達小松宮總督及帷幕重臣有關舞子決議之聖旨，即歸還京都。如上所述僅僅十七日，皇上由廣島御駕京都，其前後閣臣散居各處，本章紀述中重要內閣會議，或召開於廣島、舞子與京都，惟未能逐一詳記其場所及人名。故請由此處所記述此間閣臣去就往復之時日，以觀看本章之重要事件於何處由何人所評議。

# 二十 俄、德、法三國之干涉（中）

俄國於一八九四年六月三十日，令該國公使希多羅華建議駐紮朝鮮國之清日兩國軍隊皆應由朝鮮國撤退以來，至提出此次之勸告，對東洋局面之利害時時刻刻注目。但如我前面所述，俄國並非自始即敵視我國，同情清國。其對我國之論鋒比對清國嚴厲，乃由於我國常乘戰勝之餘威對他們比對清國頑固所致。蓋俄國原來之欲望極其遠大，惟因至今尚未完成其準備，故目前之最重要課題為在東方此地區暫時維持現勢，期他日欲達成其大望之局面不產生任何障礙。而且清日兩國發生爭議當初，俄國與其他歐洲各國一樣認為此項爭議不致變成大事，最後勝利終歸清國，東方現勢不可能有重大變更。因此他們便主張安固朝鮮領土，唯盼望清日兩國早日恢復和平，決非暫時偽裝，而衷心確實如此希望。加西尼伯爵受李鴻章之託，俄國政府接受其請求，令希多羅華在東京有所周旋時，俄國仍依純然普通外交上之途徑，終止清日兩國之爭議，惟察知平壤、黃海之役後，清日戰爭產生比他們所預期更重大之結果，領悟已非以樽俎間一時之調停所能奏效，故自此時起所以頻增其艦隊勢力於東洋，輸送多少陸軍至海參崴，感覺有事時除口舌外有準備武力之必要。簡言之，俄國對清日戰爭之舉動，其前半段乃欲以純普通外交手段達到其目的，至其後半段則似抱無法避免使用強力之決心。其目的當然欲佔成就將來大望之地位，然目下之問題不外乎為暫時維持東方局面現狀。

以上推斷如屬正確，在清日戰爭之前半段，一時出現令世人感覺奇怪之英俄聯合幾要成立之現象亦就不足為奇。蓋英俄兩國在東方之利害，任何人皆相信必然達到其頂點而相逕庭；然就目前情況而言，英國基於所謂近鄰無事主義，欲永遠維持東方之和平，故今後數年亦不欲變更此方面之局勢。此所以在今日英俄之間仍出於同一轍欲暫時維持東洋和平之原因。去年十月八日，英國公使多連吉建議由各強國擔保朝鮮之獨立及由清國支付償金二事為條件停止戰爭如何時，對此件俄國公使亦明言應作同樣之勸告。當時俄國政府似並不怎麼熱心於贊成英國之提議，但英國之盼望與俄國攜手以干涉清日事件則極明顯。因此當時我曾屢次電令西公使試探俄國之情況，結果西公使在十二月一日發自俄京電報云：「十一月二十八日，俄國外務次官秘密告本使，週前清國駐俄公使曾委託俄國政府調停戰爭，該次官表示除非各強國一致採取同樣方針，俄國政府不能同意，而各強國之合作幾無望，故勸告清國公使媾和事最好與日本國直接交涉。然本使於十一月三十日往訪外務大臣時，該大臣稱：俄國政府對此次戰爭與英國等其他諸國相約要採取合作運動。本使問：今日戰爭仍在繼續中，俄國政府準備就何種問題從事合作運動？該政府答：俄國政府並非要立刻著手運動，然必要時戰爭結束後將與各國互相考量其利益是否受到侵害，為自衛必須合作，因為日本政府似不會僅以朝鮮之獨立及支付償金為滿足。故本使進一步表示：本使雖尚不悉我國政府將作何種要求，然若其要求雖影響他國利益，但與俄國之利益無關時，俄國政府是否仍要與英國攜手來反對。俄國外務大臣躊躇片刻之後答：依當時之情況而定。又根據本使由最可靠人士探聞，該國先帝崩駕以來逗留此地之英國皇太子，曾極熱心勸解俄國政府與英國合作，俄國政府終於同意。另風聞，此地二、三家報紙最近受有關方面密命，刊載上述意思，突然變其筆法主張防止戰爭。據極同情日本國且為本使朋友某俄國人之意見，為日本國計，以早日結束戰爭獲得鉅額償金為上策，蓋要求割地時，勢將引起他國之干涉而陷於困難。本使以為要由此次戰爭順利獲得過當之結果甚有疑問，然為我國利益計，以與清國媾和，如屬可能在軍事報酬中製造割讓台灣為上策，俄國政府對割讓台灣可能不會有異議。」我眼看英俄關係日趨親密，曾在可能範圍內想盡辦法予以隔絕和防止。其結果有多少效果，以及歐洲各強國之何種原因促使其聯合未見成立不得而知，但爾後俄國似離開英國，而採取自己之方針。我之所謂俄國對清日事件之前半段與後半段之差異，可能產生於此時。俄國或許判斷贊成英國普通外交提議無法達到其目的，外交須有多少武力為其後盾，故決心不得已時要出於果斷之行動（本年五月三日，《莫斯科新聞》稱：「有關東亞問題之聯合干涉提議，係出自德國。此事件在西歐列國間已引起種種紛爭與懷疑。……俄國決無向西歐各國嘗試提議共同運動之必要。俄國自去年秋季起預測日本之媾和條件必非尋常，定與俄國之利害大有關係，故為保護其利益已於去年採取必要措施。因此俄國無與其他列國共同謀事之必要」，自抬其地位輕視他人固為該報紙一向之立場所當然，而所謂為保護自己之利益去冬已採取必要措施，即指此時俄國政府將其艦隊勢力增派於東洋，作萬一時單獨行動之準備而言）。去年十二月二十三日我偶然訪問俄國公使時，希多羅華對我密語，俄國皇帝聞清日兩國將開始媾和談判極其歡喜，俄國盼望清日戰爭早日排除妖雲迅速恢復和平，日本要求清國之媾和條件，如日本政府所曾明約確定不危殆朝鮮之獨立，俄國則不要求其他。我感謝其誠懇談話，同時問上述是否確為俄國政府之意見，他答：因他剛接其外務大臣之訓電而僅述訓電之意思而已，該訓電又謂，因俄國不希望局外國干涉兩交戰國之行動，故日俄兩國政府間事先互相交換意見，相信有利於預防諸外國之干涉，為日本之利益，俄國隨時願意周旋、盡力，訓電要他轉告日本政府，對於媾和條件，俄國對日本之願望毫無猜疑。他更以其個人之意見稱，對日本佔有台灣，俄國可能不會有異議。最後他問我：貴大臣是否曾聽聞英國以清國之某島嶼（可能指舟山島）為擔保認購其公債傳說，我答尚未聽聞其確實消息，今後關於此事如有所聽聞請告知，而結束該日之談話。於他稱俄國盼望迅速恢復東方之和平，日俄兩國互相交換意見有利於防止第三國之干涉，對英國佔領舟山島表示疑問，我懷疑俄國有意欲單獨與日本成立密議或默許，惟其所言畢竟僅為一種議論並無任何事實問題，故認為以不主動提出將來可能發生關係之問題為得計，而大體止於前述之問題。降至本年二月十四日，希多羅華訪我於外務省，因再次說及日俄兩國交換意見對兩國有益，故我乘此機會稍涉及事實問題以觀其如何反應而云，時至今日，我國因戰爭結果將不得不要求清國割讓土地，然日本政府欲事先瞭解因此有無關係其他第三國之利害，尤其擬請其坦白表示俄國之利害為何。俄國公使稱：今日本要求清國割地為理所當然，惟俄國欲在太平洋沿岸得自由通路已非一日，故如貴政府所曾明言，除確實保證朝鮮之獨立外無所求（本文俄國公使稱希望安固朝鮮之獨立，同時又盼望在太平洋海岸得不凍港實屬矛盾之言。故他日發生三國干涉之際，西公使問俄國外務大臣俄國在朝鮮之利害時，羅巴諾夫公爵謂，海參崴近來因利用割冰器械，冬季並非完全斷絕交通，暗藏欲在朝鮮獲得不凍港之意思。今希多羅華一時於話頭洩漏，實為其意外之失言）。他又以私語方式稱，俄國對割地台灣固無異議，然日本要放棄島國之地位擴張版圖於大陸，對日本而言決非上策。因此我表示：今日欲請教者為俄國之利害如何，至於日本本身之利害得失我輩自會考量。故而他則改變其話頭云，對大陸之割地歐洲各國中有將提出異議者。對此我稱，果爾屆時或將與有利害關係之邦國直接洽商，此地不必議論，並問無論事之大小除關於朝鮮之獨立問題外，是否尚有關係我國利害之問題。他答目前並無可說者，但往後若日本軍進攻直隸省地方時，因此可能大為妨害俄國與清國之茶業貿易，茶業貿易對俄國一部分人民而言幾屬生命之事業，故希望對此充分留意。爾後於二月十六日，我除經由美國公使向清國政府確認償金及朝鮮之獨立外，並預告非再派具有全權議定割地及通商條約基礎之使臣，其使事復歸無效時（本文通信已刊於上章馬關談判），特令林外務次官會面俄國公使告訴該電報之意思，同時將其內容電訓西公使，令其秘密轉告俄國政府。二月二十四日，希多羅華訪我於外務省，取出一紙，稱為俄國外務大臣之訓令並朗讀。該電文曰：「據閣下電報（當指二月二十六日，由林次官所聽報告其本國政府之電報）及西公使之談話，曰本政府似希望清國派來具有締結有關朝鮮之獨立、償金、割讓土地及將來兩國關係條約全權之使節。西公使於通知此事之同時，曾請勿對其他強國洩漏。日本政府若公開宣布名義上及事實上承認朝鮮之獨立，我政府願意勸告清國政府派出具有上述各條件之全權使節，並勸誘其他強國採取與我政府同一方針。我政府相信日本戰勝之後仍無限期繼續戰爭非日本之利益。故對本件希要求日本政府回答並迅速電覆。」此電文意思曖昧，俄國之真意仍不可測，然似為只要日本名副其實保證朝鮮之獨立，對他事俄國無異議。總之對我如此解釋頗為便利，為確定其意思，我於二月二十七日，特致送俄國公使下列覺書：「據本月二十四日，俄國公使閣下之口頭陳述，帝國政府致西公使電報中所述之媾和基礎，若日本國如俄國政府所屬望能承認朝鮮之獨立，俄國願意勸告清國肯諾上述基礎，並勸誘其他強國對清國作同樣之勸告，帝國政府知悉能得俄國政府之贊助甚感欣悅。對俄國公使閣下之此項宣布，帝國政府坦然宣布：日本國無意變更對朝鮮國之政略方針，帝國政府名實皆承認朝鮮之獨立。」

蓋俄國政府提議兩次要與我交換意見，決非外交上一片之儀式無疑。我若進一步開誠布公百事坦白說出啟開密議之端，在將來東方局勢上獲得頗良好之結果，或因此彼此利害提早衝突，當時已產生外交上之糾葛貽噬臍之悔，兩者皆不得而知，於今對此推測臆斷無異類似葬後來評論醫生。當時我持遵從既定之廟議儘量不使事局逸出清日兩國以外之立場，故對俄國公使，亦力避將成為他日言質之言詞。然於二月十四日之會談時，他如欲密議自有提出之機會，但觀其仍然云云朝鮮國之獨立未提出任何其他新說，顯示此時俄國政府尚未完成採取自己率先之地位與行動之準備。然勿論希多羅華，對俄國政府此兩次會見之結果必有隔鞋抓癢之憾（發生三國干涉之後，據聞希多羅華曾頻對內外人士稱，原來因日本政府疏遠其他強國秘密專斷獨行諸事，故彼此情實不通，致生許多誤會，尤其非難我之行為。而其所云應指此兩次會見。然如本文所述，在二月十四日之會見，我比他開誠布公談話，但他從未提出任何事實問題。然至後日因俄國得與德法同盟，突然改變其以往言行，欲予以辯解，而不得不藉口誤解云云，實不足深予責備），以後俄國之政略似唯將其外交之後援強力急急集合於清國與日本海。迨至三月二十四日，據栗野公使稱後與美國國務卿密談之內容，予我之急電云：「美國國務卿秘密轉告本使其駐聖彼德堡公使電報之大要。近來俄國之欲望極其騰昂，俄國乘現今之糾葛欲擴張其勢力至清國，希望佔領清國北部及滿洲，反對日本佔領該地方及成為朝鮮之保護者。三萬俄兵已駐紮清國北部並逐漸增加其人數。俄國軍人拚命致力於改變其政府對日本之友誼態度，因此日俄兩國之利害終會衝突。」我接獲此電報之前因俄國情況令我甚不安之事多，所以屢次電訓西公使要其密探俄國意向並電稟。當時俄國政府對西公使所言，與希多羅華對我所云者大致一致，因此未見有任何特別情況。三月二十日，發自俄京之西公使電報謂：「據俄國外務省亞細亞局長之談話，過去清國向俄國政府所作之請求，以及該政府對清國之回答，其意思皆頗迂遠而不確實。而本使就清國大陸之割地間，新任俄國外務大臣意見如何時，該大臣稱，就本件俄國政府尚不能吐露其意見，但對該割地其他強國可能提出抗議。除上述外，由該大臣談話之情形與亞細亞局長之言詞推察，看不出俄國政府之態度有所變化。故我若提出不超越台灣及金州半島以外之割地要求，相信俄國對此不會提出異議。要之俄國所熱望者為目下談判迅速恢復和平結束戰爭。」四月十一日，西公使又來電云：「俄國外務大臣稱希望此次清日談判一旦訂結永續和平，勿因不能履行其條件使和平再度破裂，故本使問我國所要求條件是否過重。該大臣答，清國公使謂大陸之割地部分為清國所最難承諾，賠償金額亦為過多。惟因俄政府尚不悉其詳情，故不能表示任何意見。本月九日，本使與英國駐俄大使面談時，該大使稱，對目下東洋之事件，俄國外務大臣似感困惑，日本國之要求固為至當，英國政府對此可能不會有任何抗議。據最近本使所聞，俄國陸海軍聯席委員會提出如此疑問：必要時俄國陸海軍是否能防止日本軍進入北京。據聞該委員會曾決議即使不能防止於陸上，亦可以俄法兩國之聯合艦隊防止於海上。本使以為俄國似不致以兵力干涉，並十分盡力預防出現此種局面。惟為預防萬一，我海軍亦應作應有之準備，此事至為重要。」以上栗野、西公使之來電，皆在派遣李鴻章事已公開於世界之時，歐洲各國尤其俄國熱心注目於事局之進展，特別是俄國，因其眼看日本不死心於要求清國割地大陸，心中至為不安。然至此時對此似尚未確定要採取何種方策。事實上四月九日，西公使與英國駐俄大使會面時，該大使面告西公使稱，對目下之東洋事件，俄國外務大臣似感困惑，多少說明其事實。

俄國政府如此觀察東方局面危勢之逼迫，同時亦不能不顧慮歐洲強國之關係如何。因彼此之情況互為相制而尚隱藏其真意。故對我國欲割地遼東半島表示異議時，希多羅華對我則稱：該半島之割地對日本不利，歐洲強國中對此有異議；羅巴諾夫公爵對西公使則云：歐洲強國中有不同意見，清國駐俄公使表示有困難，將有異議之理由全部推諉他人，從不表露其真心，然《馬關條約》一旦公開世上，與德法兩國攜手成功時，則猛然撕下其假面具，暴露其爪牙。其情形，五月八日駐俄京西特命全權公使對我報告之機密極為詳細。雖相當長，但仍將其錄之如下：

關於前此該國與法德共同干涉我與清國戰爭結局之事件，拙官於此地雖曾盡最大努力以維我權利，但未能達到目的如陸續電稟，甚感遺憾。然當國運興隆百事進步之際，其發生如此困難亦屬稀奇事。且我已進至可進，停於可止之地步，應無餘念，今如再述失敗之往事或為多餘，然該國之所以突然決定干涉完全由於與德國同盟。迄該時止，英已無意干涉，法亦以事已過遲而逡巡，該國政府內部亦準備威海衛陷落前干涉，然至今日，許多人認為縱令與法共同以海軍迫日本，既無陸兵予以支持亦不能如何，此等為拙官所識者，對我分割大陸土地幾認為既定事實，即使外務大臣羅巴諾夫氏當時亦同樣意見，例如關於我要求條件大略之閣下電報於四月四日到達此地，我示該氏以尊訓令說明其大意時該氏幾同意，而取出地圖問金州半島為多大區域。拙官指畫有金州廳記號北方入海處至東方，應該大致如此而指其南部之一部分，該氏似極放心，因說要報告皇帝，故請拙官手記其區域，拙官心中以為事實上比它還要大，因此稱不日必有確實消息，屆時再議而將其打發過去（日後爭金州一部分時，曾予引用，但羅巴諾夫氏答其並未贊成，責問其曾默認，但終成言辭之爭論，不了了之）。此等表示並非出自該氏之故意，而當時該氏亦完全無可奈何。然當時之電報所以附記可能有干涉，乃因聞海陸軍內部仍然在主張干涉，為期慎重特為報告，蓋迄《馬關條約》訂成電報到達之前，在此地未有變化之跡象。然上述電報到達未久，傳聞德國應與俄法共同抗議此條約，各報得勢以同一口徑倡言干涉之必要，刺激愛國情操攻擊反對人士，拙官之整合方案對此未見任何效果。迄四月十九日，三國似尚在洽商中，外務大臣亦未有所決定，如當日所電稟，而上述洽商似突然獲得共識，終於該日或次日各訓令其駐東京公使轉達。

關於上述干涉，拙官與該國外務大臣談判中，對拙官追問該國如決定不許日本在大陸取得土地，過去曾就此事談話幾次，為何未事先明言。大臣羅巴諾夫氏答，他未料及日本真正要佔領清國領土。亞細亞局長稱，其曾令希多羅華公使就此事正式詢問，但東京政府則謂到時自應回答而不肯說出。然上述皆僅為日後之口實而已，其實他們亦未料到竟得與德國共同成為干涉之勢力，而不得不顧慮事之結果如何回答，故不能明言，此為拙官至今所相信。對德國之意外舉動該國人亦驚愕，今聞其如此決定之一原因，係德國一直嫌俄法同盟之親密，因本年夏，對於德國基爾新運河之開航典禮，法國亦無意派遣軍艦而更加耽憂，經俄國周旋，德國終達其所望。恰於此時產生清日戰爭結局之難題，見英國退，俄國窮，德國乘此好機會突然插手，不外乎隨東西洋利益關係之大小，對俄國表示謝意而參與之行動。其真偽不得而知。

目下在此地，因日本政府之英斷，東方之一大問題順利獲得解決，上下放心，但政治家中有擔憂日本放棄遼東半島之後要作何種要求，放棄只為名義，其實為欲永久佔該地之策者，且對我三國共同之關係並未完全結束，前述基爾運河各國軍艦共同典禮之傳聞時成話題之際，上述德國之為伙伴或屬事實，善達其意一旦開始之東方論，三國始終提攜，或將成為朝鮮獨立之實行論，我若真有意佔領遼東半島，並一定要將朝鮮置於我威勢之下，我應有更多之軍備自不待言，更須與英國共謀，俾於他日借其助力。

此次談判中，拙官以最後之手段論及俄國在東方將來之利害，藉此欲其表示其他希望。大臣羅巴諾夫氏答稱，海參崴近來因發明割冰器械，冬中海陸交通並未完全斷絕，目下並不希望在朝鮮得不凍港，而不明言。其所言不能當真，縱令目下並不希望，日本在表面上主張朝鮮之獨立，內心在其國內鞏固自己之威勢，亦為俄國所不希望，且目下雖未特別計畫，俄國希望逐漸將滿洲東北部至南部海岸置於其威勢之下，從此次事件已昭然若揭，故就朝鮮之獨立若有任何不利於俄國之條款，隨其詳細漸露，必起而提出抗議，此點謹供參考。謹啟此函係於一八九五年五月五日，我政府予俄、德、法三國政府最後回答之後，僅僅二、三日內由西公使郵寄，信中所論明晰詳密，雖係推測，今尚歷歷證其見解之無誤，可見該公使外交之超群。

德國何以出於為他人拾栗於火中之行動，使俄國突然肆無忌憚爆發其宿志，其原因不外乎前述西公使信中所言。而今有稍回顧及詳述時局演變之必要。蓋德國政府從清日戰爭伊始其舉動則極曖昧模稜兩可。他們雖屢謂對我國同情、友誼，其臣民則陸續對清國輸出戰時禁品，其退伍軍官公然協助清國之軍事，對此德國政府熟視無睹，唯謀自己之利益。去年十一月頃，英國政府向歐洲各國提議聯合干涉之際，德國以其首先拒絕而頻向我送秋波。然英國之聯合干涉受到英國輿論之反對，實際上無法成立。本年三月八日，駐東京德國公使面晤林外務次官（當時我旅行中，故面晤林），以其政府之訓令而朗讀如下口述：「德國政府勸告日本政府締結和約其條件當適宜。清國曾請歐洲諸強國出面干涉，二、三強國大體上似已同意並互相約定。而諸國干涉之報酬對清國之要求越大則日本所能得者則越小，故日本以未受上述干涉之前能締結相當條約為上策。據德國政府所得報告，日本似在要求清國大陸之割地。此必為惹起干涉之媒介。」因此我訓電林，感謝德國公使之好意，此時我廟議已確定清日媾約之條件，不易予以變更，且以往德國政府對清日事件之言行往往令人感覺難以倚信，故對其勸告未十分重視，至他日他們遂謂因日本不顧其勸告剛愎自為終致招來三國之干涉。然當時對我政府從事類似勸告者豈止德國。且縱令我對德國之勸告表示謝意或嫌不足，但亦無理由使其突然成為三國干涉之首倡者，俄國且暫不論，竟豹變與其舊怨極深之法國聯合以反對日本，因此我自始即懷疑德國之豹變必與歐政略上有關係，即俗語所謂不得已之情況。且其豹變似成於突然，四月六日，青木公使對我稱，媾和條件已洩漏，德國政府並無重大異議。四月十二日，該公使又電稟謂，對媾和條約之條件歐洲報紙之評論尚屬不錯，尤其償金即使再多亦決無異議，割地之要求貴大臣宜堅持。然至十三日，該公使急電我曰：「日本政府若對清國要求特別之經濟利益，德國當予反抗。對德國懇切之意思，日本有將諸事詳細通知德國政府之責任與義務。為緩和一般之激憤，希報告本使。」僅隔一日，前後電報如此矛盾，何故？此非德國需要改變其政略而何？上述電報中所謂特別之經濟利益，此時馮．布蘭特之輩，正在為清國向德國政府、社會之某部分努力遊說宣傳其謬論之際，德國政府遂利用其說暫時以掩飾真面目。自來在東方亞洲夙謀商業之壟斷者以英國為最，連英國對此次媾和條件亦抱持頗好感情，故對德國之通商自不應有任何障礙。所以我於四月十九日回電青木公使謂，日本由清國所得通商上之利益，依最惠國條款為各國均霑，故其他邦國對此頗抱好感，今接貴電稱因此惹起德國一般之恐懼，我不堪疑訝。果然德國通商上云云之不滿僅為一片之口實而已。四月二十日，發自柏林之青木公使電報云：「接貴大臣電報後，與德國外務大臣會見，該大臣之意向似突然豹變。該大臣稱，日本因佔領旅順口必遭巨大異議。故本使表示，日本佔領奉天省南部不僅為鞏固朝鮮國之獨立所需，日本若不能保有其軍人以鮮血攻取之領土必大失其所望，故而希望德國此時亦能採取與在清日戰爭中常對日本所表現之同樣懇篤政略。該大臣續稱，德國自去年秋以來已對日本充分表示厚意，以打破歐洲諸國干涉之企圖等種種方法助日本，然日本對此未予任何報酬，不增進德國之利益，並且不顧德國及歐洲其他各國對清國通商上之關係，而擅自專定和平之條件，故德國已不能立於歐洲諸國共同運動之外，……且日本似依和平條約中通商上之條件獲得不當之利益。本使答，因各國皆享有最惠國待遇，故在清國與日本擁有同樣之利益。該大臣稱，日本不僅有其勞動工資低廉之利，因國境接近，因此根據此次條件，日本對歐洲諸國在清國之通商貿易，將成為實力無比之競爭者，且日本違背原來外交上之慣例，出於任意之處置，大事抨擊，稱世界絕不為日本之希望與命令所左右。本使以為，我政府因一直怠慢報答德國之厚意，今日才令德國反對日本而言明要與其他強國共同運動。而且德國曾令駐日德國公使勸告貴大臣減輕和平之條件，以保護清國。今日德國之態度極不容易。故希望對此採取相當之處置。」上述電文中，以日本之工資低廉，清日兩國疆土接近，歐洲各國終不能與之競爭之抱怨，幾類兒戲，不值一顧。至於謂對德國自去秋以來對日本之好意日本未予充分之報酬，我國不顧德國及歐洲各國在清國通商上之關係擅定和平條件為口實，故而已不能立於歐洲各國共同運動之外，其論據矛盾且極薄弱。又謂他們反對歐洲諸國之聯合干涉，曾令駐東京德國公使勸告日本政府，對此如前文所反駁，實不值得如此深為感謝。而即使我國對其感謝不足，亦不致令其因此而與俄法攜手以武力迫我，甚至青木公使有責我政府怠慢之口氣實令人甚費解。我接青木此電報係於簽訂《馬關條約》後回到廣島之時，尚不詳歐洲各國之近況。而德之如此突然豹變，除表面所云者外，我懷疑必有其他不得已之理由，故此時實無改變德國決心之妙方，而唯有暫觀其如何運動之一途。果然我的疑念由素與德國關係最密切之其他歐洲國家暴露出來，即四月二十七日，駐義大利高平公使電稟我謂：「本使就反對媾和條件之德國意向，曾與義國外務大臣會晤長時間。當時該大臣秘密面告，德國起初希望與義國合作但義國予以拒絕，此次德國所以產生如此變化，其真意為在歐洲大陸政略上，完全欲遮斷法俄之同盟，使法俄陷於孤立之地位。惟因德國與俄國關係過深逞其威力亦不能漠視，需要在某種程度上限制其勢力，因此如能使英、義、美三國合作協助日本，干涉問題亦不致成大事結局。然要如此作，必須由日本請求英、義、美三國合作，屆時義國欣然勸誘英美兩國，本來此次事件為頗富戲劇性之事件，故德國與義國得立於毫不牴觸三國同盟（德、奧、義）而彼此相反之地位。」上述義國外務大臣之所言甚為明瞭，德國之豹變實因深怕俄法關係日熱，而欲投身其間予以冷卻。即因為自己死活問題所驅而無假他顧所造成。義國外務大臣稱得立於毫不牴觸德、奧、義三國同盟而彼此相反地位之說法，乍看之餘似甚奇異而大膽，但在歐洲外交上虛虛實實之形勢中，應非虛言。

德國與俄國同盟之戲劇性外交，不僅為義國外務大臣識破，更由德國皇帝之代表德國駐英國大使親口道出。四月三十日，加藤公使來電云：「德國駐英國大使派來秘書要求與本使會晤，故本使於昨二十九日往訪德國大使。當時該大使因稱，俄國之感覺日益激憤，今日法國欲離開同盟而不能，德國以往當勿論現今仍對日本抱友情，因此欲圓滿了結本件之情甚切。故本使對其盤問，德國果若對日本有如此深厚之友情，為何加盟此次之干涉？該大使雖未明言，暗示歐洲關係之政略為德國不得不參加該同盟之真因，同時表示德國之加盟對日本有好處，因為德國能說服俄法兩國要其大為減輕要求。該大臣又稱日本應以暫時佔領遼東半島為滿足，暫時之佔領將來隨時可改變為永久之佔領，且示以許多先例，並附言，希望本使報告本國政府：日本若死心永遠佔領該半島，對日本所能承諾其他任何條件之處理，該大使願與本使共同努力於其實現。」電文中所言，決非德國大使一己之私言甚為明顯。然德國政府為何不經由適當管道，而令其駐英外交官與日本駐英外交官協議遼東半島問題，頗有疑問。而且他雖未明言，則暗中洩漏歐洲關係之政略為德國不得不加盟之真因，勸告日本應以暫時佔領遼東半島為滿足，且以先例建議暫時佔領隨時可改變為永久之佔領等等，從德國當時為俄國一同盟者之地位而言，幾類獅子身中蟲。

法國亦為歐洲關係之政略上，否為其國家之生存上，不能離開俄國一日自不始於今日。清日交戰之初，法國對我國之好意決不亞於德國。我甚至感覺法國之言行或比德國更真摯。法國公使阿爾曼，不僅屢次主張將來日法同盟之必要，更曾對我暗示俄國軍艦陸續經過蘇彝士海峽集合於此方向之不可忽視，而在此次之三國干涉，法國政府亦非如德國迎俄國之意而率先。起初俄國稍稍躊躇之情況由西公使之信函亦可看出。然今見德國突然有與俄國勾結之勢，不能冷眼旁觀亦屬理所當然。爾後阿爾曼對我稱，日本政府對此次法國政府之舉動應能推察其直意，當為他之真情實話。

如此俄國意外獲得德國之同盟，更得誘引一向關係不淺之法國（此聯合干涉之洽商實始於四月中旬，僅僅五、七日之間事，由青木、西公使之電報及信函得悉）。至此俄國不僅在東方增加其勢力，在歐洲關係上亦毫無內顧之憂，乃於四月二十三日對我政府提出異議，與前日之姿勢完全一變，其時短其勢險，旁若無人猛然開始示威行動。當時滯泊於日本各港之俄國軍艦，完成受命之後二十四小時內隨時能出動之準備，各艦均晝夜升火，禁止其官兵登陸，有如戰鬥即將爆發之形勢；同時在海參崴緊急召集預備兵，不論商賈、農民，驅之服役軍伍，在東部西伯利亞總督管下集現役、預備五萬軍兵，且完成隨時能出師之準備。尤其該港軍務知事通牒二橋貿易事務官：奉本國政府命令視海參崴為臨戰地境，故僑居該地方之日本人要歸住三國爾斯特以內，再度通知時要準備隨時撤退。又根據當時德國某報紙所報導之傳聞，德國皇帝特對俄國皇帝拍發電報稱，因朕知俄國海軍中將吉爾多夫在海軍之本領與經驗，故請任命該人為德國太平洋艦隊司令。其虛實固不得而知，總之表示騎虎之勢之俄國具有縱令有任何障礙，亦要排除一切一味前進之決心。

三國干涉之由來，如上所述其張本雖為俄國，但所以使俄國如此急激逞其猛威，完全因為德國之豹變。果爾，德國為實行其苦肉計策，如何對內外進行種種計畫？他們對迄當日未有任何違言之日本忽然反目一定感覺不安。當時該國之各報頻頻報導，德國仍然保有對日本原來之厚情，惟實際上因不得已而不得不與他國共同忠告日本；因德國加盟俄法二國，而減輕他國對日本進一步之誅求；以諸如此類之語調暗慰我國之怨恨。同時德國駐英大使對加藤公使之密語；德國外務大臣對青木公使稱，日本以歸還遼東半島為條件要求償金乃理所當然，德國政府隨時願意代勞勸告清國。德國駐東京公使對林外務次官謂，日有意將本問題附予列國會議，德國政府甚願居中調停等等，皆為俄法兩國所不敢言。他們對我國既如上述，至於俄國之苦計更甚焉可想而知。此項《莫斯科新聞》評論俾斯麥舉動之一節，既奇特且有趣實極盡諷刺之能事。該報對俾斯麥多年來之政策作褒貶各半之評論後謂，俾斯麥所以贊成此次之舉決非為保護德國在遠東之通商上利益，而是認為為德國之幸福必須恢復與俄國之深厚交情，爾後逐漸建立合作之階梯。故俾斯麥斷言，德國對俄國欲在太平洋方面獲得不凍港，而經朝鮮欲貫通其鐵路之希望毫無予以反對之理由，即有如德國對法國對突尼斯、印度、非洲之政略表示贊同，對俄國之東洋政略亦表支持。就德國而言，其對黑海之利害關係不深，何況朝鮮。德國之政略今須一定不動，其要即執過去之方針並與俄國採取共同一致之運動到底。俾斯麥不愧為老練外交家，決定對此大事之政略時，不以其對俄國以情誼與對英國之惡感為標準，而唯以德國之利益為標準。如此稱讚之後云，蓋德國危殆之際其興亡完全應依俄國之向背決定，德國欲鞏固其邦基，惟俄國是賴，以自抬其地位。對俾斯麥在萊比錫演講時主張德意志帝國應回歸本世紀初之說法，該報識為俾斯麥該深知今日俄國並不為他國之利益而疲勞轟炸其民力，但俄德兩國決無互相疾視之理由，而告戒德國勿為自己利益插嘴俄國之政略，使俄國改變其特殊政略與舊友絕交，再為德國之利益助力，以揭露德國政府及俾斯麥之「雄心」，肆無忌憚顯出其真面目，而使德國政府及俾斯麥滿身冒出冷汗。此僅為俄國某報對俾斯麥之評論，自不宜以其為俄國政府之真意。然原來俄法同盟之成立其年數頗久，而為世人所不疑，但兩國從未對此明言。惟至本年六月十日，法國外務大臣阿諾多對國會之質詢，曾公開明言：對於清日戰爭，法國與俄國同其方針係完全由於一向兩國同盟之結果。俄法兩國政府公然明言兩國同盟之事實乃以此時為權輿。德國為遮攔俄法之密切關係出於滑稽性之加盟，似反而鞏固俄法之同盟。六月十七日，俄國皇帝特贈法國總統以其最高至貴之聖達列特列諾勳章，實非《莫斯科新聞》之調戲俾斯麥所能比，應為對法國外務大臣公開明言俄法同盟之事實表示謝意。據聞爾後俄法兩國就清國之外債有所合作，德國之呶呶不休抱怨失之太晚。要之，德國政府之滑稽性外交，積日之苦計果能達到其目的乎，此屬於將來之問題，就本篇而言算是餘事，故不擬深論。

# 二十一 俄、德、法三國之干涉（下）

一八九五年四月二十三日，俄、德、法三國干涉突如其來，翌二十四日，於廣島行轅召開御前會議，廟議確定與第三國之和親無論如何不可破，製造新敵國斷非得策。當時國內一般情況為，社會宛如被一種政治恐怖所襲，驚愕至極陷於沉鬱，憂心忡忡，我國要處似有隨時有受三國砲轟之虞，無人高談匡救目下大難之大策。當時屬於所謂對外強硬派之主要人士，在京都會晤伊藤首相，談話及於三國干涉時，伊藤對他們好謔冷語今日與其聽諸君之名案卓說，毋寧以大砲為對手詳細討論。對此他們不如其平日辯而唯唯諾諾不敢一言，亦不能言其有任何打算。此輩尚且如此，何況一般人民。群情恂恂，唯默禱時艱早日成為過去。如斯經過十餘日，俄、德、法三國終於盟約歸還遼東半島，清日兩國於芝罘順利批准交換媾和條約，世人至此始知無猝發事變之虞，漸開愁眉，但鬱積他們胸裡之不滿同時爆發。反諸昨日過分之驕傲，今日生蒙終天屈辱之感，隨各人其驕傲挫折之程度感覺極端不愉快，其不滿與不愉快早晚得外洩以自慰，亦人情之常。而平素反對政府之黨派，視如是社會之趨勢而欲予利用，以一切屈辱與失錯悉歸政府之措施，大事非難政府之外交，攻擊戰爭之勝利失敗於外交叫聲四起，其反響至今仍囂然。蓋我撰述本書之目的，在概述去年朝鮮內亂以來、征清之役，以至三國干涉之間，極其錯綜複雜之外交來龍去脈，以備他年之遺忘。玩弄滔滔之世與評論其是非得失絕非我之目的。然政府際會非常之時需斷然實行非常之事時，應深斟酌內外之形勢，較量將來之利害，審議精慮舉凡能施為之計策皆予一試，終處於千鈞一髮之間，自信匡救時艱保持國安民利之道在此，而予以斷然實行，我亦不得付諸湮海。

如今列國割據之形勢，此之所冀，彼之所惡。利害互為相左，所謂戰爭，最後決心力不僅依砲火與劍戟，外交戰略如不夠靈活，交戰者往往會瀕臨意外之危險。要之無兵力強援之外交，無論根據任何正理，最後終不免失敗。蓋此次三國干涉突起時，回想我外交背後究竟有可靠之何種強援。《馬關條約》談判進行已過泰半，媾和條約之簽字已及垂成之期，小松大總督宮與帷幕謀臣幾盡全國之精銳已進軍旅順口。軍機戰略之得失茲不在論述之列。唯當時軍人社會之氣燄，大有非躬渡黃海一次，腳踏愛新覺羅氏之地一次，幾不可立於同列之概。此種氣燄，在當時恐任何人皆不能抑制，其理由須一言。陸軍既如是。加以我優勢之艦隊幾悉數虛其沿海之守備出征數百里之外。四月二十四日之御前會議乃決定於此種形勢之下，今日不能將此過失歸於任何人。且從去年秋冬之交，歐洲強國幾要干涉清日戰爭不只一次，若在平壤、黃海戰爭之後，或旅順口、威海衛陷落之前，歐洲強國之干涉突然其來時，我戰局將產生如何變化？所幸於去年七月牙山、豐島之海陸戰以後數月間，清國雖曾頻頻勸請歐洲強國居間調停，至終使敵國平身低頭，割地賠款以至乞和議止，我征清軍能毫無他顧專心一意，北蹂躪奉天、山東之山河，今即將直進直隸地方之路；南佔有澎湖諸島逼近台灣全島，令其居民負擔而奔，其間未受歐洲強國之任何阻礙豈可得謂偶然之幸運。確然，然收戰局之際，終未能免歐洲強國中多少之干涉亦非吾儕之所未預期。本年一月二十七日，在御前會議之伊藤首相奏文中大致已表其意，尤其俄國對大陸割地之意向，去年以來默默之中已足推測。或許有人會問，既得推測，為何仍欲要求將來可能非放棄不可之割地？對此點，我有辯解，我無預仰外國鼻息徒自損戰後權利之必要。蓋仰鼻息一語雖有語病，今日列國各爭於功名利益之間，飛耳長目，互相忖度他國之心術，預悉彼此之交涉，互避其所猜疑，以免他日之紛議乃為外交上重要之權宜。然當然我國內之大勢，果能令吾儕毫無所顧施以此種權宜乎，如我在前章（清日媾和之開端）所述，當時一般國民自勿論，即在政府內部亦只希望清國之割讓越大，帝國之光輝越高揚。事實上在廣島御前會議看我所提出之媾和條約案，則有人主張除遼東半島外欲增加山東省之大部分，此外更有不少人要求更多之割地。況尚有主張揭大纛進軍金州半島，皇師未攻陷北京城之前不許議和者。戰勝之狂熱充滿社會，浮望空想幾達顛峰，故若媾和條約中遺漏割讓濺軍人鮮血攻取之遼東半島之一條，將如何令一般國民失望。豈啻失望，隨氣勢之馴致，如此條約在當時情況能否實施大有疑問。內外形勢如此互不相容，要予以調和極其困難，若強調和，不能不考慮當時必然發生於內部之激動，其危害他日或比外來之事變更為嚴重。政府處於內外兩難之形勢，較量時局之緩急輕重，常先其重且急者，而後輕且緩者，對內雖盡力緩和，外難則盡量限制，完全不能限制者則努力於拖延其禍機之發生，可謂已盡外交之能事。蓋處於如此內外形勢之困難，世界各國亦不乏其先例。例如一八七七、七八年，俄土戰爭結果，於一八七八年三月三日簽訂聖．斯德法諾條約（Treaty of Sanstefano），但英奧兩國在此之前以將要干涉之口氣向俄國政府宣稱：若俄土條約與巴黎條約及倫敦條約之精神有所牴觸，決不承認其為正當之條約。故俄國當然早推知英奧之意向如何，然仍批准該條約，為何？俄國政府可能受制於當時內外之形勢，而出於不得已。史家哥爾加可夫公爵述此時之苦衷曰：「公恐一般國民之激憤，反抗其激憤更可怕」，可知當時之情況而有餘（然哥爾加可夫預期英奧兩國必然有異議，同時因以往俄德之關係暗中期待俾斯麥之援助，應未料到會有他在柏林會議之結果。何況更未料到俾斯麥會抹殺其在簽訂該條約數日前之演說。俾斯麥於一八七八年二月十九日，即距簽訂聖．斯德法諾條約僅僅二週以前在德國國會演說之一節稱：「為何某國有對俄國開戰之必要。即便開戰之後該國獲得勝利，他們亦不能有挽回土耳其之權力。果爾對此問題必須以他們之定案代替俄國之定案。而今他們又有何定案。縱令有定案何人要負責實行。……俄國今日若不能獲得簽訂一八五六年條約之諸強國承諾時，或應以佔有其現在佔有之土地為滿足。」此為觀當時英奧即使對俄國開戰，亦要貫徹其異議所作之冷評，暗示德國對俄國戰勝結果仍然繼續佔有現今佔領之地亦無異議。然爾後德國之傾向與預期相反不僅呈顯頗為奇怪之情況，英國因對柏林會議之條件有異議而拒絕出席，故哥爾加可夫訓令其駐英大使薛瓦羅夫伯爵，先與英國外務大臣沙斯柏利侯爵有所協議，將聖．斯德法諾條約中該修正之諸款記載於秘密覺書。故柏林會議結果，其實早已大多在倫敦於英俄之間秘密約定〉。因此此次《馬關條約》之變更，在事後之今日觀之政府屈從外國，但在事前之大勢，其實對內部有所顧慮纔為事實之真相。要之，此次三國干涉之突其前來，正是清日媾和條約批准交換期日迫近之時。而政府對三國及清國之問題為同時處理百般計畫後，終於採取快刀斬亂麻彼此各不錯亂之方策，對清國全收戰勝之結果，同時使俄、德、法三國之干涉不再攪亂東洋大局之治平，畢竟在我進至得進之地止於不得不止之地。我相信：當時以任何人當此局亦決無他策。我所以在〈三國干涉概要〉謂：「僅僅以兩週了結此錯綜複雜之外交事局，防止千鈞一髮厄運之發生於未然，收百戰百勝之結果於將失，乃完全由於廟議投機事宜所導致。此即不外大詔之所謂今顧大局以寬宏處事。」

我在本書將朝鮮內政之改革分為三期，各依其適當之順序予以記述。其第一期及第二期已敘述完竣，第三期則予省略。無他，爾後朝鮮內政之改革因受到外來之種種因素之阻礙至今尚未完成。因此欲予敘述則不得不道及將來之政略與政策，我認為現在尚非其時機。

一八九五（明治二十八）年除夕完稿

伯爵　陸奥宗光

# 譯註

（譯註一）大鳥圭介（一八三二—一九一一），今兵庫縣人，德川幕府幕臣，曾從事法國式軍事訓練。幕府垮台後曾下獄，出獄後曾任工部大學長（校長）。一八八九年出任駐清國特命全權公使，次年兼任朝鮮公使。回國後曾任樞密顧問官。

（譯註二）杉村濬（一八四九—一九〇六），岩手縣人，外交官。一八八六年出任朝鮮公使館書記官，以後曾任台灣總督府事務官。一八八九年出任外務省通商局長，一九〇四年特任駐巴西辦理公使，死於任所。

（譯註三）這裡的所謂日韓條約，應指一八七六年二月二十七日，由黑田清隆、井上馨與中櫶、尹滋承所簽訂的《日鮮修好條規》而言。其第一款規定：「朝鮮國自主之邦，保有與日本平等之權」（這是原文），但俄日戰爭結束後五年，朝鮮給日本併吞了。

（譯註四）有栖川宮熾仁親王（一八三五—一八九五），陸軍大將。曾任元老院議長。川上操六（一八四八—一八九九），鹿兒島縣人，陸軍大將。曾為西鄉隆盛部下，後來與其分手，曾任聯隊長、鎮台參謀長。甲午戰爭時，出任大本營陸軍上席參謀。一八九八年出任參謀總長。

（譯註五）西鄉從道（一八四三—一九〇二），鹿兒島人，西鄉隆盛胞弟。一八七四年，以陸軍中將出征台灣。一八七八年出任參議兼文部卿（教育部長）、陸軍卿。一八八五年出任首任海軍大臣。一八九〇年內務大臣，一九〇三年再任海軍大臣，次年升任海軍大將。侯爵。

（譯註六）小村壽太郎（一八五五－一九一一）九州人，外交官。日本政府第一批留學生，留學美國哈佛大學。一八九三年出任駐清國臨時代理公使，一八九六年出任外務次官，一八九八年駐美公使，一九〇〇年駐清國公使，一九〇一年出任外相，以至俄日戰爭結束之後。一九〇六年出任駐英大使，一九〇八年再度出任外相。男爵。

（譯註七）副島種臣（一八二八－一九〇五），佐賀人，政治家。曾與荷蘭傳教士霍爾別基學憲法和國際法。一八七三年出任特命全權大使前往清國批准交換《日清修好條規》。一八九一年出任樞密院副議長，一八九二年接任內務大臣。

（譯註八）黑田清隆（一八四〇－一九〇〇），鹿兒島人，政治家，陸軍中將。一八七六年，與井上馨前往朝鮮簽訂《日鮮修好條規》。一八八七年出任農商務大臣，一八八八年就任日本第二任首相。一八九二年，復出任第二次伊藤博文內閣的遞信大臣。

井上馨（一八三六－一九一五），山口人，政治家、財政家。一八七九年出任參議兼外務卿（外相）。一八八五年第一次伊藤博文內閣外務大臣，後來又歷任農商務大臣、內務大臣、大藏大臣、三井公司的最高顧問。

（譯註九）森有禮（一八四七－一八八九），鹿兒島人，留學英國和美國。一八七〇年出任日本第一任駐美公使，五年後轉任駐清國公使。一八七九年駐英公使。

（譯註一〇）巴克斯（Harry Smith Parkes，1828～1885），英國人。一八五九年出任駐上海領事，一八六五年升上駐日特命全權公使兼總領事，曾與法國駐日公使陸旭（Leon Roches）大唱對台戲。一八八三年榮調駐清國特命全權公使，病逝北京。

（譯註一一）一戶兵衛（一八五五－一九三一），青森人，陸軍大將。曾任第四、第一師團長、教育總監、軍事參議官、學習院院長。

（譯註一二）大島義昌（一八五〇－一九二六），山口縣人，陸軍大將。曾任大阪鎮台聯隊長，因指揮甲午戰爭時牙山、平壤之役有功被賜男爵。俄日戰爭以第三師團長參戰有功而晉子爵。俄日戰爭後出任關東都督，治理南滿洲。

（譯註一三）西德二郎（一八四七－一九一二），鹿兒島人。一八八六年出任駐俄國公使，一八九七年出任松方正義內閣的外務大臣，一八九九年轉任駐清國公使，為俄國通。

（譯註一四）青木周藏（一八四四－一九一四），山口人，留學普魯士。一八七四年出任駐德國公使，與德國貴族女性結婚。一八八九年出任第一次山縣有朋內閣的外務大臣，一八九九年再度擔任第二次山縣內閣外相，一九〇六年出任日本首任駐美大使。

（譯註一五）大隈重信（一八三八—一九二二），佐賀人，一八九六年出任松方正義內閣的外務大臣，一八九八年組閣，兼任外務大臣。早稻田大學的創辦人。侯爵。但一生為政黨政治家。

（譯註一六）松方正義（一八三五—一九二四），鹿兒島人。曾任第一次伊藤博文內閣的大藏大臣（財政部長），一八九一年出任首相。一八九五年第二次伊藤內閣又出任藏相。一八九六年第二次組閣。一八九九年復出任第二次山縣內閣的藏相。公爵。

（譯註一七）栗野慎一郎（一八五一—一九三七），今福岡縣人，外交官。留學美國哈佛大學。曾任駐美、駐義、駐法、駐俄公使和首任駐法大使。子爵。

（譯註一八）加藤高明（一八六〇—一九二六），今愛知縣人。外交官、政治家。原名服部總吉，三菱財閥創立者岩崎彌太郎女婿。曾任駐英公使，第四次伊藤博文內閣外相、首相。伯爵。

（譯註一九）末松謙澄（一八五五—一九二〇），今福岡縣人。政治家、評論家。號青萍，留學英國劍橋大學，伊藤博文之女婿。曾任貴族院議員、遞信大臣、內務大臣。

（譯註二〇）山縣有朋（一八三八—一九二二），山口縣人。陸軍大將、政治家。曾任陸軍大臣、參謀總長、內相和首相。他確立日本的徵兵制度和地方制度，改革警察制度，為日本陸軍之龍頭。公爵。

（譯註二一）野津道貫（一八四一—一九〇八），鹿兒島縣人。陸軍大將。曾任教育總監、日俄戰爭第四軍司令官。元帥。侯爵。

（譯註二二二）內田康哉（一八六五—一九三六），熊本縣人。外交官、政治家。曾任駐清國公使、第二次西園寺公望內閣、原敬內閣、高橋縣清內閣、加藤友三郎內閣之外相、滿鐵總裁。伯爵。

（譯註二二三）野村靖（一八四二—一九〇九），山口縣人。政治家。曾任神奈川縣令（縣長）、第二次伊藤內閣內相、第二次松方內閣遞信相。子爵。

（譯註二二四）林董（一八五〇—一九一三），東京人。外交官。留學英國。曾任外務次官、駐清國、駐俄、駐英公使和駐英大使，第一次寺內內閣外相和第二次西園寺內閣遞信相。伯爵。

（譯註二二五）曾禰荒助（一八四九—一九一〇），山口縣人。官吏、政治家。原姓宍戶。留學法國。曾任眾議院議員、駐法公使、第三次伊藤內閣法相、第二次山縣內閣農商務相、第一次桂太郎內閣藏相（財政部長）、貴族院議員、韓國統監。

（譯註二二六）大山巖（一八四二—一九一六），鹿兒島人。陸軍元帥。為西鄉隆盛表弟。從第一次伊藤內閣到第二次松方內閣一共曾任六代陸相、參謀總長、日俄戰爭時滿洲軍總司令官。在內大臣任內去世。

（譯註二二七）高平小五郎（一八五一—一九三七），今青森縣人。外交官。原姓田崎。曾任駐義、駐奧地利公使、外務次官、駐美公使、貴族院議員、駐義大使和駐美大使。

（譯註二八）樺山資紀（一八三七——一九二二），鹿兒島人。舊姓橋口。海軍大將。曾任第一次山縣、第一次松方內閣海相、第二次松方內閣內相、第二次山縣內閣文相、首任台灣總督。伯爵。

（譯註二九）榎本武揚（一八三六——一九〇八），今東京人。政治家。曾任派遣俄國特命全權大使、駐清特命全權公使、第一次伊藤內閣遞信相、文相、外相、農商務相。子爵。

（譯註三〇）伊東已代治（一八五七——一九三四），長崎人。官吏、政治家。伊藤博文的親信。曾任第三次伊藤內閣農商務相。伯爵。

## 附錄

# 李鴻章電稿 見李文忠公全集，江南官書局出版

對於甲午戰爭，李鴻章始終參與其事，故其電稿具有極高史料價值。所錄皆譯者認為與甲午戰爭有重要關係者。以此與陸奧宗光的撰述參照，當更能瞭解歷史的真相。（陳鵬仁附記）

寄譯署光緒二十年四月初四日申刻

閱兵小站。接袁道電韓全羅道泰仁縣。有東學黨數千。聚眾煽亂。現派洪啟薰帶兵往捕。求調駐仁川之平遠兵船。分載韓兵赴格浦海口登岸。聊助聲勢。袁並派武弁帶丁役隨往照料等語。已電海軍提督照辦。

寄譯署光緒二十年四月二十一日未刻

舟次迭接袁道電。全羅道匪黨勢頗猖獗。韓兵練潰敗。又添調江華鎗砲隊四百餘往剿云。韓王未請我派兵援助。日本亦未聞派兵。似未便輕動。應俟續信再酌。已速撥毛瑟精鎗千枝並子藥。輪船解往。以應急需。鴻自山海關發。約二十三四回津

寄譯署光緒二十年四月二十二日午刻

袁道電覆。遴查江華兵尚未接仗。王無自將意。前日有兵船赴南道。日使曾請外署發護照。俾船員隨處往探看韓以匪盛恐加害未許。日未聞有派兵說云。

寄譯署光緒二十年四月二十八日酉刻

袁道屢電。京兵敗械奪。韓各軍均破膽。昨今商派京及平壤兵二千人分往堵剿。王以兵少不能加派且不可恃為詞。議求華遣兵代剿。韓歸華保護其內亂。不能自了。求華代戡。自為上國。體面未便固卻。頃已屬如必須華兵可由政府具文來即代轉電請憲核辦等語。如不允。他國人自有樂為之者。將置華於何地。自為必不可卻之舉。待其文至。應請轉總署電飭駐日汪使。照約行文日外部。告以由韓所請。乙酉約華日派兵只先行文知照。初無華派日亦派之文。日如多事。似不過藉保護使館為名。調兵百餘名來漢。然匪距漢尚遠。日兵來反騷動。韓外署應駁阻。各洋員尤不願日先自擾。頃日譯員鄭永邦。以其使令來詢匪情。並謂匪久擾大損商務。諸多可慮。韓人必不能了。越久越難辦。貴政府何不速代韓戡云云。凱答。韓廷亦有此請。我政府冀其習戰自強。尚未核准。並探詢以乙酉約。我如派兵。應由何處知照。鄭答。由總署北洋均可。我政府必他意等語。鴻現候朝鮮政府文轉到。擬派葉提督選帶精隊千數百。商輪速往。並派海軍四艦赴仁川釜山各口援護。一面電知汪使。知照日外部。符前約。容部署定再續陳。可否代奏。

寄譯署光緒二十年五月初一日辰刻

袁世凱三十夜電。頃准韓政府文開。案照敝邦全羅道所轄之泰仁古阜等縣。民習兇悍。性情險譎。素稱難治。近月來附串東學教匪。聚眾萬餘人。攻陷縣邑十數處。今又北竄陷全州省治。前經遣練軍前往剿撫。該匪竟敢拚死拒戰。致練軍敗挫。失去砲械多件。似此兇頑。久擾殊為可慮。況現距漢城僅四百數十里。如任其再為北竄。恐畿輔騷動。所損匪細。而敝邦新練各軍。現數僅可護衛都會。且未經戰陣。殊難用以殄除兇寇。儻滋蔓日久。其所以貽憂於中朝者尤多。查壬午甲申敝邦兩次內亂。咸賴中朝兵士代為戡定。茲擬援案。請煩貴總理迅即電懇北洋大臣。酌遣數隊速來代剿。並可使敝邦各兵將。隨習軍務。為將來捍衛之計。一俟悍匪挫殄。即請撤回。自不敢續請留防。致天兵久留於外也。並請貴總理妥速籌助。以濟急迫至切盼待等語。鴻已飭丁汝昌派海軍濟遠揚威二艦赴仁川漢城護商。並調直隸提督葉志超率同太原鎮總兵聶士成。選准練勁旅一千五百名。配齊軍裝。坐招商局商輪船。先後進發。一面電駐日本汪使。知照日外部。以符前約。請代奏。

寄譯署光緒二十年五月初一日

袁道三十日電。頃日。署。使。杉。村。來。晤。談意亦盼華速代戡並詢華允否。凱答。韓惜民命。冀撫。散。及兵幸勝。姑未文請。不便遽戮韓民如請自可允。杉云。儻請。遲。匪至。公。州。漢城。甚。危。擬先調兵來防護華何辦法答或調兵護。或徙商民赴仁川待匪近再定杉云韓送。文。請。告。知。以慰。盼念儻久不平殊可慮等語。杉與凱舊好。察其語意。重在商民。似無他意云鴻昨晤駐津日本領事語意略同告以韓請兵。勢須准行。俟定議。當由汪使知照外部。事竣即撤回。該領事甚謂然允先告外部。

寄譯署光緒二十年五月初四日

頃駐津日領事持外部電來謁。謂韓事多警。日本已派兵往保護使署領事及商民。鴻告兵。致人驚疑。該領謂兵已派。未言多少。鴻謂如已派。保護官商。斷不可多。且非韓請派。斷不可入內地。致華日兵相遇生釁。該領允轉電外署與伊藤。

寄譯署光緒二十年五月初五日巳刻

汪使支電。奉電遵已行文。頃晤外務云。派兵護商。事非得已。業已電令彼使知照總署。並切誡大鳥及統將。嚴束兵士。毋生事端。請中國亦嚴切申諭云。惟因文內屬邦二字。大費辯論。彼欲使館商請酌改。已正詞拒之。意猶未解。祈裁示等語。鴻覆以文內我朝保護屬邦舊例。前事歷歷可證。天下各國皆知。日本即不認朝鮮為中屬。而我行我法。未便自亂其例。固不問日之認否。礙難酌改云。

寄譯署光緒二十年五月初五日巳刻

袁道支電。刻接日署使杉村密書。謂刻奉其外部來電。內開。我國亦派兵來韓云。已遣譯員詢其派兵何事何處何時登岸。頃譯員回稱。杉答。日兵照日韓壬午約調護使館。無他意。計三四日可到。由仁川下岸。日已知照總署云。刻已屬外署遣員。詰以漢近靜謐。日兵來必騷動。

殊非友誼。且乙酉夏。曾知照各國。有事由韓派四十兵護館。切勿來漢。反生事等語。儻其不理。即代韓擬文駁論並屬外督辦屬各國助詰云。

寄譯署光緒二十年五月初六日午刻

袁道微電。頃外督辦來述。與日使談駁阻兵各語。日語塞。惟謂由我政府所為。可向商辦。凱屬駐日韓員向日外部詰阻。並代擬稿具文申論。未知究能阻否。惟日近年因韓人輕侮頑疲。迭有應照約駐兵挾制之議。今果乘機行。似非口舌。所能阻。既來。又恐非暫。時所能去。聞日來告韓署。謂我既有約。即無事時亦可遣兵是行我應有權利並請韓速照約修備兵房等語

寄譯署光緒二十年五月初六申刻

袁道魚電。頃外督辦趙秉稷稱。日無故派兵。騷動人心。曾面詰日使不理。送文姑無覆今王派外參議赴仁迓阻。恐未必聽。倘竟來必有他慮。極可危。屬求憲臺設法阻之云。頃英歐使過談。亦不以日派兵為然。謂已致駐韓領事。駐日英使。設法勸解但慮他國有以日派兵為是者。該使刻即赴京。

寄譯署光緒二十年五月初六日申刻

汪使魚電。外務僅以伊政府未視朝鮮為中屬照覆收科。不復請改。聞日派三千餘兵。已陸續發確數難探云。

寄譯署光緒二十年五月初七日午刻

袁道虡電頃外署送示日署使函告。大鳥於初七早四點鐘隨帶護衛水師兵三百名由陸來漢云。已屬韓覆函阻止。殊未能聽。又據仁川魏丞電稱。日兵三百。並砲四尊下岸。俟下齊聞一二日內同大鳥赴漢。再聞水兵明日亦派一百二十五名同往又丁提督所派龍鎮。擬即附二小輪暫赴牙山。察看葉提督等兵駐處即回。設須水兵下岸。已商方伯謙派巡察劉登龍帶往漢城云

寄譯署光緒二十年五月初七日申刻

袁道虡電。頃據仁川電稱。昨多日兵下岸。前後共約四百五十名。今早四點。大鳥帶兵四百由陸漢分五十名帶砲四尊由順明小輪漢。又韓使金思轍自日電稱。往問日廷。答由華照會出兵。須待大鳥來電議妥。似大鳥來漢必有挾議。韓人日間驚恐。必將無所不從云

覆朝鮮袁道光緒二十年五月初七日申刻

大鳥到後議論行徑若何。韓屬美調兵百餘。兵從何來。漢城平安無事。而日獨調兵。各使當有公論。我宜處以鎮靜。若各調兵作聲勢。徒自擾也

寄譯署光緒二十年五月初七日酉刻

電詢袁道。屬各國助詰。日兵頃袁覆稱。前與外督辦商屬各國助詰。因俄法使均去。現只

譯員暫代。英德均領事。美新使老甚。恐無濟。故先由韓力阻今早由外署遣告各國員。然日。來。甚。銳。似非。有。得。不。肯。遽。去。云。

寄譯署光緒二十年五月初八日酉刻

袁道齊午電。遵告韓人。曰與華爭體面。兵來非戰。切毋驚擾。迭阻不聽。即聽之。速設法除全匪。全復。華。兵。去。日自息。如有要挾。仍可堅持不許云。與庚電尊旨暗合。已轉袁。

袁道來電光緒二十年五月初八日酉刻到

頃據仁川電稱。日兵船筑紫開再頃聞日兵一千。約明日乘商船廣島三泛來仁。日人現已備船駁兵上岸。初聞。日。兵。八。千。陸。續。來。韓。云。

寄譯署光緒二十年五月初九日辰刻

袁道齊電。頃外督辦來稱晤大鳥談駁良久。鳥堅稱韓匪不能自除。請華代戡。自無力能護日人。故率兵自衛。俟匪平即撤等語。已告葉提督及韓人。欲速退日兵。惟有速圖剿匪云。

寄譯署光緒二十年五月初九日辰刻

袁道電。迭有華人自仁來者稱。沿。途。各。要。害。有三。四。處。日。兵。或百。餘。或數。十。在彼。駐。守。華人。經。過。者。間被。搜。身未免欺人太甚。容查明酌詰大鳥。由仁。至。漢。共計。日。兵。近。千。名。云。

## 寄日本汪使光緒二十年五月初九日申刻

袁道佳電。昨大鳥已帶兵四百赴漢城。頃據仁川電。接日領事函稱。日馬步兵一二日到仁。抵港後即赴漢。又閱司稅接該領事信。其政府已雇商船十四隻運兵來仁。到港時請勿延礙。查漢城無事。全州已復。已屬外署詰問。並請各國員查詰日調兵過多。自非意在護館。究屬何意。望向外務詢阻

## 寄朝鮮袁道光緒二十年五月初十日午刻

佳電均悉。汝既與大鳥約定。已到漢之日兵暫駐即撤續來者勿登岸原船回日未發者即電阻云。華自應不加派兵來漢即葉聶前敵亦不添兵聶隊初十已赴公州。葉暫駐牙派弁往全確探。再審進止。望速電葉聶勿前再進如匪已散應聽韓軍自辦。我軍即當陸續撤回以免韓人疑怨日人藉口留兵是為至囑

## 朝鮮漢城速寄葉軍門光緒二十年五月初十日午刻

頃由袁道轉電。屬緩進兵。又接佳電。所探全州賊情。與韓報太不符韓人既不願我進兵。徒費力不討好日人。亦謂須待我撤。兵彼纔肯撤。是於中外大局有關望加審慎姑駐待為妥圖。南回津。令暫候盧隊榆馬勿去。

寄譯署光緒二十年五月初十日午刻

袁道佳電。頃大鳥來謁。談論二時久。堅謂實護館而來。並相機幫韓禦匪。凱婉與商辦。相訂。今。到仁之八百兵來漢暫駐。即撤現在漢之水師兵。候八百到即回船。續來者毋登岸。原船回。日未發者。即電阻。華亦不加派。來漢。凱詢大鳥以十四船載兵若干。答每大隊八百。共三隊。其各項雜役及隨效者。又有多名。凱謂韓事已漸平。我兵擬早撤。免暑雨。如聞日遣大兵。自將加兵前來。因相防必生嫌。倘韓西人伺隙簸弄。或西人亦多來兵。候收漁利。不但韓危。在華日亦必有損。華日睦。亞局可保。倘生嫌。徒自害。我輩奉使應統籌全局以利國。豈可效武夫幸多事。我深知必無利。故尚未調一兵來漢。鳥答甚是。適有同見。我廷視韓匪太重。驟遣大兵。我年逾。六旬。詎願生事。即電阻。後來各船兵。凱又以遠意勸令少駐漢兵。分留仁。鳥答我廷原派實不止八百。況一隊一將。未便分駐仁漢。匪聞貴軍至。雖逃散。兵仍未解。待事定。即全撤。必不久留。鳥又謂接津電。聞華發兵兩千將來漢。如然恐彼此撤去又須時。凱答。我廷聞爾遣大兵。或將加兵來漢。果汝能阻續來兵。我亦可電止加派。鳥云我二人即約定。我除八百外。盡阻之。你亦電止華加兵。我二人在此必可推誠商辦。云鴻本擬添派。接袁電即止。並電屬葉聶暫駐公州牙山。確探全州一帶賊情。再審進止。

朝鮮漢城速寄葉軍門光緒二十年五月初十日申刻

袁道電。頃接韓政府函稱。前因南道土匪猖獗。懇請天兵前來代剿。乃該匪聞知此情。已即膽落。先後逃竄者甚多。敝邦各軍士人民。均因膽氣大振。迭次堵剿。斬獲無策。昨夜又得捷報。餘匪聞大軍下陸。均已逃散。全州省城即亦克復。現速飭地方官吏。入城安撫。並飭各軍分頭捕剿。孑孑餘孽。指日可平。此皆仰仗天威。暨中堂聲援之所致也。東海士庶。感何可銘。容即啟請我殿下。分別奏咨。伸達謝悃。至大軍一到。巨寇即除。不戰而克。神武昭著。刻自不敢再勞天兵前進。且該匪散伏叢深。惟敝邦卒役易圖捕獲。似非上國士卒堪執此責。更有危機。尤須通情。日本以天兵來剿忌疑多端日前突發五六百兵。駐我都下。屢由外署駁論阻止終不聽從。意似必須天兵撤回。始肯同撤。傳聞仍有數千兵繼來於後。敝都警備素疏。有強敵包藏禍心。入據心腹。東人臣民。危在呼吸。度日如年。人情大騷。不堪設想。幸值該匪已除。冀可解禍。即懇貴總理迅即電中堂。酌量援救。非敝邦所敢瀆請。如荷始終庇護。望即施行。情急勢迫。企望維殷云云。內函所稱該匪散伏叢深。韓兵易圖捕獲。非我能執此責。語甚近情。若再前進。殊無趣味。應即迅調所部回牙山。整飭歸裝。訂期內渡。以便派商輪往接。一面函商袁道。催日本同時撤兵。勿再觀望。遲疑。為要。

覆朝鮮袁道光緒二十年五月初十日酉刻

頃韓政府函。已電葉緩進。暫回紮牙山。整備歸裝。一面。商。尊處。與大。鳥。約。定。彼。此。同。時。撤。兵。再派商輪往。接。內。渡。俄兵由海參崴來確否。此關緊要。勿謊報。

寄譯者光緒二十年五月十一日辰刻

袁世凱電。朝鮮屢求緩師未允。今全州復。賊散。欲請我速撤兵。解日急。而大鳥又謂。華撤兵。伊即同撤。幸韓軍稍能自振。搜捕善後。力所當為。似未便久留。致生枝節。鴻已電屬葉志超等緩。進。暫。紮。整理。歸裝。一面由袁道與大鳥約定。彼此同時撤兵。再派商輪往接內渡。請代奏。

寄朝鮮袁道光緒二十年五月十一日午刻

汪使蒸電。遵電面詢伊藤。據稱恐韓亂亟。道遠。援。應。難。故派。兵。稍。多。然運軍需止十艘云。言外。有留。兵代。議。善。後。意。據韓使云接王電。初八賊盡滅。確否。

寄譯署光緒二十年五月十一日午刻

袁道亥電頃回視大鳥告以照昨訂華勿加兵日續兵原船回。鳥云多兵在船數日聞下岸稍憩即回刻已派參贊杉村專往。與陸將商。如能不登岸尤妙。凱謂昨已面訂。應毋下岸。鳥答。必。力。阻。凱又勸減在漢八百兵。免韓懼生事。鳥允商酌減。凱又以亞局反復辨論。鳥亦稱善云。

寄朝鮮袁道光緒二十年五月十一日未刻

頃已據朝鮮政府函電奏撤兵。但須日兵同時並撤。大鳥既與汝約定。日兵究。何。時。必。撤。是。否。盡。撤。須。取。伊。信。函。或。回。文。為。據。以。便。派。船。往。接。全。隊。儻。彼。游。移。或。仍。留。兵。若。干。我。亦。應。酌。留。若。干。商。妥。後。速。即。電。知。並。電。葉。軍。門。酌。辦。為。要。

覆譯署光緒二十年五月十一日酉刻

韓軍既分投捕剿。彼又速求我兵勿進。人地生疏。山徑叢雜。若無嚮導。玉石難分。似難冒然深入。葉聶仍駐牙山。候袁道與大鳥妥議撤法。再行酌辦。儻日尚擬留兵。彼留若干。我亦應留若干。與之相持此時防日較重於防匪也。承詢韓日從前定約查光緒十年十二月。朝鮮國王奏謝摺內附鈔日本續約咨署有案。第五條日本護衛兵弁營舍。以公館附近。照壬午續約第五款施行。注云。日本使館置兵弁若干備警。若朝鮮兵民守律一年。後日本公使視做不要警備。不妨撤兵等語。是以十一年三月伊藤來華會議。彼此盡數撤回。以免兩國滋端。茲恐日復申前約。則彼此均應酌留。而前約事定仍即撤回。不再留防之條。又成虛設。

覆朝鮮袁道光緒二十年五月十一日亥刻

日韓甲申續約。雖有使館置兵弁備警。次年津約盡數撤回。又聲明將來若有變亂派兵。事定仍即撤回不再留防。是必照約同撤。大鳥若謂須留護館。未必肯移駐港口。則我軍酌留若干。應駐何處。汝須查照前約。與鳥妥議。再請示遵。

寄譯署光緒二十年五月十二日卯刻

袁道真電。頃屬日譯員告大鳥。以津約僅可照護館。館有定數。乃爾突派大兵。意自有在。爾不撤漢兵。我牙兵亦應來。惟兵至甚遠。久持蠅集。必有損。現匪已散。剿衛均落空。何苦空相持。我兵本擬即去。因爾兵添。故未便動。儻鳥以大局為念。應與我。速設法了結。免啟他國警。否則兩相持。必遺悔等語。該譯密告。日信謠防華。遣兵太率。徒只貽笑。鳥甚急云。

寄朝鮮袁道光緒二十年五月十二日巳刻

汪使真電。韓使以賊平告外務。彼云大鳥無電不足信。各報謂韓造此說。冀謝外兵。應請飭袁確查。果實再與日商撤兵。姑戒韓靜持勿急云。即確查電復。

寄日本汪使光緒二十年五月十三日午刻

韓政府函告。賊聞我兵上岸。即逃散。現飭韓兵分頭搜捕。餘孽可平。我軍往探屬實。全羅道已入全州安撫。韓帥洪派兵追捕。無須藉客軍之力。自應與日互商。照乙酉條約。事定仍即撤回。不再留防。以免韓人疑懼。各國生心。現袁道與大鳥妥商。雖允撤。尚遲疑。望晤外署及伊藤切實言之。如彼留兵在韓。則我亦當酌留。轉非了局。

寄譯署光緒二十年五月十三日亥刻

汪使元電。聞日。派兵。增至。五千餘。意叵測。正擬電聞。適外務晤稱。韓亂未平。擬併力共剿。冀賊速平。而師有光。經與外力辯。始請電商。謂鈞處如實有辭。可允作罷論。至所言善後。意在更革韓政。另函陳祈轉署云。

覆朝鮮袁道光緒二十年五月十四日酉刻

連接汪使電。日廷疑賊猖獗。尚欲派兵會剿。謂未得大鳥確信。豈日韓電斷耶。鴻已將近情電汪轉告。文電與鳥擬同撤分留辦法。尚妥。候日復。即定。葉軍在牙苦雨。可念。須常通信。

汪使來電光緒二十年五月十四日戌刻

日志在留兵脅議善後。經與力爭伊藤始允如約。然大拂眾意。昨外務至斥為徇私意圖翻議。復經折辨乃定。仍謂必探確賊盡平為度。奉元電。即往告以偵其情。則謂大鳥並無電至。察日頗以我急欲撤兵為怯。狡謀越逞。其佈置若備大敵。似宜厚集兵力隱伐。其謀俟餘孽盡平。再與商撤。可望就範。祈轉署。

寄譯署光緒二十年五月十四日戌刻

頃日領來謁陸奧電知大略三條。一擬日軍與我軍會剿韓賊。一兩國派員整理更革韓政及稅務。一兩國派員訓練韓軍。使其自能靖亂。已商由汪使請示。鴻即電汪以韓賊已平。我軍不必進剿。日軍便無會剿之理。乙酉伊藤與我訂約事定撤回。又日韓條約均認自主。尤無干預內政之權。均難於約外另商辦法。請直截回復云。袁電。正與大鳥商日軍已到千名。撤四分之三。留二百五十駐仁。華撤五分之四。留四百駐仁川附近。均俟匪清全撤。惟大鳥未奉日廷命。候電復乃定等語。是日廷意甚狡肆。韓政雖闇弱。豈日所能更改。嘗試可恨。

寄譯署光緒二十年五月十五日卯刻

汪使鹽電日志在留兵云云。祈轉署云。鴻迭據韓文。袁報。賊可即平。故商日照約撤兵。免日要挾。乃與袁密商分別撤留。暫資鎮壓。日性浮動。若我再添兵。厚集。適啟其狡逞之謀。因疑必戰。殊非。伐謀上計。現飭再確探賊蹤酌辦。

覆葉軍門光緒二十年五月十五日午刻

欲即統兵赴漢。仁似太急迫。日廷調兵五千。陸續來仁。我兵不及半。切不可移。近韓都。挑釁。鴻正與汪使電商。日照前約撤兵。日廷以賊未盡平為詞。俟賊全平再撤。弟當堅忍約束以待後命。如果日議不成。必須赴漢。則宜另添調。不可輕視。切囑。

覆朝鮮袁道光緒二十年五月十五日未刻

大鳥訂約屢變。汪電謂日意在留兵脅議善後。告以賊已漸平。則謂大鳥並無電至。我欲撤兵。彼狡謀越逞等語。汝須力阻大鳥。勿調新到兵赴漢為要。餘俟相機商辦。如不可商。當再籌添調大兵。但慮積疑成釁。致壞大局。

葉軍門來電光緒二十年五月十五日申刻

接袁道電曰人跳梁。意在防我。強以大兵。入我。藩都。終將。相機。狡圖。我如一振。日必自衰。惟兵來意在保局息事。殊無奈何。麾下不妨先播進漢聲勢。而不必遽進。看其如何變態。即電達云云。超意先播虛聲無益。恐反添日兵。惟日。在漢。仁已密布戰。備應如何籌辦。候示遵行。

寄譯署光緒二十年五月十五日酉刻

袁道刪電曰至仁兵四千餘分駐各國租界內。英員詰之不理。今各國員均憤。約今會議往詰。然日勢甚兇悍。各國員姑亦無可如何。再華。屬毋多派。兵而竟派。五千。屬不。入內地而反請。會。剿。凱。迭。與。商。均。反。復。極。可恨。恐非口舌所能爭云

寄譯署光緒二十年五月十六日申刻

袁道刪電。凱與鳥訂。華不加兵。日續到兵稍憩即回。今卸。完。船。回。意將。久。駐。且韓餘匪以數百兵可除何須五千兵久駐韓人迭以公法條約駁詰各國員亦迭詰均不理惟稱護館自屬狡謎。各洋人亦謂。華應預備未可信日乞籌備但日。知今。年。慈。聖。慶。典。華必忍讓儻見我將大舉。或易結束。否則。非。有。所。得。不。能。去。也。又刪戌電。現漢城人心鼎沸莫可遏止惟望中國阻退日兵儻日兵。在仁之四千又來漢漢必逃空韓王恐亦逃往北漢。聞已密備逃。果爾必大亂。又刪亥電迭力阻鳥毋令新兵來漢。伊已允。然前言俱食。後言何可信。況日廷意在脅韓。鳥自不能主難與舌爭。似應。先調南北水。師。速來。嚴備。續備。陸兵。一面電汪商辦。並由總署酌請駐華各國使調處。或不致遽裂云頃已電飭丁提督。添調數船往仁聊助聲勢。餘請核酌遴示。

寄葉軍門光緒二十年五月十六日申刻

匪既無須剿日隊到城過多。漢城騷動。我軍未便移紮仁漢。致相逼易生事。可速移全隊紮馬山浦。距仁漢較近。將來若續調。亦令赴馬山浦併紮。與漢城聲息易通。以後撤還亦便。韓王宜勸其鎮靜。儻必欲逃。俟葉軍至馬山浦。可徑赴營。必能保護。日庶不敢脅議。丁提督添調水師。即今赴浦。互相依輔。餘已請總署核示。

寄日本汪公使光緒二十年五月十六日午刻

袁與大鳥議明。華日各留兵四分之一。俟賊盡平全撤。其續來兵不上岸。原船回烏以為可。須候日廷覆乃日來五千兵全到仁川登岸。又商令勿入漢城。鳥難自定。漢已大嘩。華韓商民多逃避。望切商外署伊藤。重兵宜早抽調回國。否則華亦必遣重兵。恐誤大局

寄譯署光緒二十年五月十七日午刻

前英歐使過津。鴻面商電英勸阻日本進兵。伊允照辦。恐日不聽。昨英領事持歐函來告已電其外部。屬駐英日使轉致。未知聽勸否。頃俄喀使過晤鴻。又與提前使那得仁會議。彼此不侵高麗地界。此次日本派兵太多。似有別意。俄切近緊鄰。豈能漠視。屬其速電外部轉電駐日俄使。切勸日與我約期同時撤兵。以免後患。喀深謂然。日內即電。致想外部亦同此意云。素稔日忌英不如畏俄。有此夾攻或易就範。外間謠言海參崴亦將發兵。英兵船游奕局文島。看喀韋口氣實無發兵意。歐謂各國均派兵船。英亦續派護商。尚無他暘。

寄譯署光緒二十年五月十七日午刻

汪使銑電。遵電切商陸奥。謂商民慌避。客電查情形。再議辦法。往復申辦。終無撤兵意。轉云善後三條已電彼使知會總署。屬催覆信。擬俟接添兵抵韓信。即往回絕。又餘匪萬一復煽。容否合剿。託再請鈞示。統祈轉署云。鴻覆以餘匪僅三數十成群。無須重兵。我已派小隊前往捕逐。不日必可肅清。未便兩軍合剿。致生嫌釁云。

譯署來電光緒二十年五月十七日未刻

昨歐使來談。日兵在仁。必不到漢。歐與小村密交。其言度非懸擬。韓驚擾已甚。似宜電袁。喻以鎮靜。袁欲各國調處。似於中屬體制有損。歐使亦謂非宜。未便照辦。小村昨亦來晤。並交陸奧電寄三條。與來電同。已照尊處電汪使復語復之。小村無辭。但云照電外務。

寄朝鮮袁道光緒二十年五月十七日未刻

總署本日電。昨英歐使來談云云。但照電外務云。頃俄喀使過晤。鴻屬其速電外部。轉致駐日俄使。力勸日與我同時撤兵。或漸就範。

寄譯署光緒二十年五月十八日辰刻

袁道篠戌電。頃俄法員來談日兵事。凱告以與大鳥談辯各節。及與反覆不踐言。兩員甚非日是華。稱即謁鳥限日（明日）與凱定議。否則即電俄法廷。謂華。欲撤兵息事。日反之等語。再英員亦來謁。詞甚依違。意似簸弄生事。英人外和內譎。殊難信云。

寄譯署光緒二十年五月十八日辰刻

汪使覆電。日要我三端索復。奉諭微示其意。茲就管見擬答四條。一日認韓為中屬。二華允日會勦。三亂定照約撤兵。四中日皆不干預韓政。惟勸韓自行清釐。此以認屬替會勦。隱與相持。彼肯收場固妙。否亦謝之有辭。如鈞意可。祈轉署裁示。仍俟添兵抵韓後。再與開談。鴻復以昨署電詢外務三端尊處並未明晰電告僅由日使及領事傳述而署與鴻所面答彼族者即是前請直截回復之詞今來電擬略更變。日認華屬。自乙酉伊藤會議後。迄今絕不肯認。徒說無益。韓賊將平。實無庸多兵會勦。日係韓與國用兵內地。向無此例。豈可由我代允。惟勸韓以後自行整頓內治。彼此皆不干預。尚是正論望酌量答之。俄使過津。極願兩國撤兵昨已電俄京七百餘字。請駐日俄使力勸。如不聽。則俄必從事於後。祈密探駐日俄使議論何如。

寄朝鮮袁道光緒二十年五月十八日午刻

日索三端。署與我均力拒。彼若藉兵脅韓允行。則斷不可允。內地賊無與國進勦之例。派員改革政事日尤無能干預之權。華日派員教練。乙酉伊藤會議第二條已聲明勿庸。韓欲我先撤兵亦謬妄。原議華日同時撤兵最妥。此外如有別項要求。任他多方恫喝。當據理駁辨。勿怖勿餒。

寄譯署光緒二十年五月十八日亥刻

頃回拜喀。使告以日以重兵脅議。實欲干預韓內政。為侵奪之謀。華決不允。喀謂俄韓近鄰。亦斷不容日妄行。干預。並謂。使華。以來。惟此件。交涉。於俄。關係。甚重。務望彼此同心力持。喀在津尚留數日。候其國回電。

## 覆譯署光緒二十年五月二十日辰刻

葉昨已派小隊往探捕餘匪。實無須多兵。韓君臣堅稱賊平。求我速撤。冀我先撤。日亦即撤。但日未必爾也。漢城日兵二千。仁川四千。韓豈能不畏。屢電袁勸其鎮靜。日使要挾。必須固拒。未如何如。汪袁皆請。添撥重兵。鴻思日兵。分駐漢仁。已占先著。我多兵。偪處易生事。遠紮則兵。多少等耳。葉駐牙山。距漢二百餘里。陸續添撥已二千五百。足可自固兼滅賊。我再多調。日亦必添調。將作何收場耶。今但備。而未發。續看事勢再定。丁提督添鎮遠鐵艦。廣丙超勇兩快船到仁。兵弁約六百。均未便登岸。

## 寄譯署光緒二十年五月二十日亥刻

江使號電。頃外務文稱。貴政府不容我勦定朝鮮變亂。及辦理善後。我政府不能同見。甚以為憾。惟朝鮮朋黨相爭。內變踵起。究其事變。必於全其自主之道。有所闕。如我國於朝鮮利害關係尤重。終不能將該國慘狀。付之拱視。如措而不顧。不啻有乖交鄰之誼。亦背我國自衛之道。所以百方措畫。以朝鮮國求安。今而遲疑。則該國變亂彌久彌大。故非設法辦理。期保將來邦安而政得宜。竟不能撤兵。我之不輕撤兵。非止遵照天津約旨。亦善後預防之計。本大臣破瀝意衷如是。設與。貴政府所見相違。我斷不能撤。現駐朝鮮之兵。等因。謹電聞。祈轉署俄使。謂。日派兵本孟浪。苟可收場。彼必自撤。俄京尚無電至云

寄譯署光緒二十年五月二十一日巳刻

總兵林泰曾仁川馬電。昨有現在船日兵登岸。往探領事。據云在船。在。仁。日。兵。定夜。進。漢。飛虎船主並稅務司來稱。日因中國派兵六千。日內到漢。可往探阻。以免啟端。泰約同劉理事翻譯官姓泰。探詢日領事。兵因。何。乘。夜。入。漢。稱。聞。我。國。派。兵。六。千。由日。使。電。調。進。漢。云。泰告以此信不確。故來說阻。如兵乘夜進漢。儻生事端。責歸汝。日領事將此情形電稟日使。日兵仍進漢。聞日兵擬駐漢城七里外云。派兵六千。並無此事。

寄譯署光緒二十年五月二十一日午刻

頃喀使。接。俄。廷。回。電。令伊。暫。留。津。與。鴻。商。辦。韓。日。交。涉。事。件。其如何商辦。訓條隨後電寄云鴻已派盛道將日外署復文大意告知。再行會商。

寄譯署光緒二十年五月二十一日午刻

袁道馬電。頃仁電日兵赴漢共三千餘名。又馬兵百五十名。水陸運去軍裝甚多。龍山慶利亦運軍裝赴麻浦云。

寄譯署光緒二十年五月二十一日申刻

袁道馬電。迭據仁電日。本。大。隊。陸。續。來。漢。日間以自主革政告說。韓人頗炫惑。盼革政者尤多。察韓人語意。漸有攜貳。如日隊至漢後嚇騙。均易著手。我以空口。動韓。恐無濟。勢已。末易。挽。回。日稱。扶。韓。自。主。不但。韓。王。及。群。子。樂。聞。即各。國。亦。多。默。許。今特拔金嘉鎊為內參議。金為附日之尤黠者。韓意已見一斑。再昨迭催韓進勦。迄不復。惟堅稱無匪可勦云。

寄譯署光緒二十年五月二十一日酉刻

據德璀琳呈。赫德電稱中東因韓事危險之處。中應。小心。防備。東洋用兵在上海長江登岸。我得此信息東有此意。頭一著即在該處下手。北洋各口兵不可比現時少亦不可再添兵至韓。重激東人之怒等語。赫聞此謠。或由東洋傳來。長江尚有防備。諒難遽逞。北洋各口兵未調動。已密飭各將領愼防。

寄譯署光緒二十年五月二十二日巳刻

林鎭泰曾馬電。頃日領事復泰云。日陸提稱。昨夜阻進兵函六款。一兵不聚漢城。二兵駐漢江上流水便之處。三因仁川水少不敷兵馬之用。四恐仁水少發瘟蔓延於各商民。五此次進軍。決非有他意。故一半猶留在仁。全兩國退兵之議成。即當立刻退回云。然詭詞難憑。愼防如故云。

覆葉軍門光緒二十年五月二十二日申刻

小隊無嚮導。即不必深入。暫駐全相機妥辦。日兵。來。牙。窺。探。可。置。不。理。彼。斷。不。能。無。故。開。戰。切勿自我挑衅。移軍陽城。距牙十里。電報易通否。祈妥酌辦。仍堅忍勿張皇。

寄譯署光緒二十年五月二十二日酉刻

喀使奉該國電復即令巴參贊來告俄皇已電諭駐日俄使轉致日廷勒令。與。中。國。商。同。撤。兵。俟。撤。後。再。會。議。善。後。辦。法。如日不。遵。辦。電。報。俄。廷。恐。須。用。壓。服。之法俄以亞局於彼關繫甚重。現幸平安。若任。日。人。擾。亂。華。俄。未。便。坐。視。至。韓王闇懦國政貪苛須令設法更改。凡與通商各國均所深慮。鄰邦應善協助斷不得用兵強迫喀詢日肯撤兵華應照辦。鴻答本有此議。請喀。放。心。擔保韓匪星散。必不致再滋大變。俄日續議。再電請示。

寄譯署光緒二十年五月二十二日酉刻

袁道養電。頃美俄英法員來文。譯開。韓廷因現勢。請我等平和調處。擬。請。華。日。同。時。撤。兵。解現。紛難。請裁酌照辦。存兩國大局。我各政府同華日均睦。現在情形。攸關各國局勢。深知貴總理定洞悉。他國兵仍駐韓。易生枝節。有礙我商民安隱。儻將此速詳貴政府甚感佩。至韓懇文件。已速達我政府云。已照例復以已速達我政府。查此文德領未附名。因其久在日。或未肯助韓云。

覆朝鮮袁道光緒二十年五月二十二日戌刻

擬復各國文甚妥。頃俄使來告。已奉俄皇電諭。駐。日。俄。使。轉。致。日。廷。勒。令。照。華。議。同。時。撤。兵。再。妥。議。善。後。云。似日不能不遵。速電葉。仍靜待勿妄動為要。

覆劉公島丁軍門光緒二十年五月二十二日亥刻

日雖。添。軍。謠言。四。起。並未。與。我。開。釁。何必。請。戰。林。鎮。等。膽。怯。張。皇。應。令。靜。守。相。機。進。止。豈可遽調回威示弱。現俄出為調處。或漸就範。傳語在外各船。及威海水陸各將。勤操嚴防。

## 寄譯署光緒二十年五月二十四日午刻

袁道電稱大鳥除面述外。呈奏文內開。使臣大鳥圭介謹奏恭維大君主陛下。聖德日躋。兆民沐化。郅治彌隆寰宇獻頌。無任欽仰之至。竊匪南擾。蠢爾梗化。敢抗有司。跳樑一時。王師爰發。大張撻伐復慮滅此朝食之不易。竟有借鄰援之舉。我政府有聞於此。以為事體較重。乃奉大皇帝陛下諭旨。令使臣帶領兵員。回任闕下。藉衛使館商民。併念貴國休戚所繫如有所求。兼可一臂相助。以盡敦鄰友誼。使臣聞命抵京。適聞全城克復。餘黨竄退。於是班師善後漸將就緒。此莫非威德所被。實為內外所共慶頌也。顧我本國與貴國共處東洋一方。疆域偪近。洵不啻輔車脣齒。況講信修睦。使幣往來。今昔不渝。徵之史冊。歷有可稽。方今觀列國眾邦之勢。政治教民立法理財勸農獎商無非富強自致。逞長專能。而欲雄視宇內耳。然則泥守成法。不思變通達權。廣開眼界。不力爭勢自主。何能相持互立乎列邦環視之間也。是以又命使臣。以會同貴朝廷大臣。講明此道。相勸貴政府。務舉富強實政。則休戚相關之誼。於此可始終。輔車相依之局。於是乎可保持矣。伏望陛下聖鑒降旨。飭令辦理交涉大臣。或專揀大臣。會同使臣俾盡其說。庶幾無負我政府篤念鄰誼至意。則大局幸甚。使臣圭介不勝仰望屏息之至。爰祈陛下鴻福無疆。謹奏云。

寄譯署光緒二十年五月二十五日巳刻

汪使敬電。探悉俄使昨晤外務。勸撤兵後再商善後。本日會議。從違參半。尚未定。韓使沭榎本密告。若由韓廷自懇撤兵並速清內政。當有濟云。已電袁道酌辦。

寄劉公島丁軍門光緒二十年五月二十六日午刻

關東電阻。頃忽接袁由海參崴長崎急電。日又添兵。三千。上岸。僞。韓。認。非。華。屬。否。則。失。和。事甚急迫。又聞擬發魚雷艇轟我兵船。林等是否移牙山口。望派快船往探。或與龔道商派大號雷艇速往巡護。事定即回。希妥酌。

寄譯署光緒二十年五月二十六日午刻

袁道昨夜急電。日續來兵三千。餘下岸。加兵。來漢。鳥照。詰韓。係華。保護。屬邦。否。限明日。覆。據稱。備兵兩萬。如認屬。即失和。韓怯貳難持。乞速設法。示鴻覆以電阻兩日。忽得急電。日添兵不確。僞韓不認華屬。斷不可從。俄在日議正緊。略忍耐必有區處。望諄切轉屬云。

寄譯署光緒二十年五月二十六日申刻

龔使有電。日已。在英。訂造。兩大。鐵。艦。其堅。利。為。東方。海。面。所。無。頃馬格里密。函東方水。面。之。輪。日欲。盡。雇。運。兵。械。刻在英。議。買。在東。海。大。輪。有契友密。告。中日。戰。事。在。即。果。爾。恐無利中日而利俄等語。瑗前晤俄使。言及新聞紙敘韓亂。各國派兵輪。往。俄使笑云。俄不。插。手。窺其意。似暫。不。插。手。日釁已啟。臺灣尤緊要云。

似暫。不。插。手。日釁已啟。臺灣尤緊要云。

寄劉公島丁軍門光緒二十年五月二十六日酉刻

日韓失和在即。仰蘧電告。日在。英。議。買。在。東。海。大。輪。並欲。盡。雇。東。方。海。面。之。輪。運。兵。械。勢將大舉。我軍應速預備。林鎮廿三日電。仁港泊船戰守均不宜。擬以一二駐仁探信。餘船駐牙備戰守。請速派雷艇三艘來牙。並派弁兵帶水雷五十個。藥線電械一切由商船速裝來牙云。與尊電前所擬調度稍異。威防但令雷艇砲船輔砲臺太單。但牙防鎮濟等船。若有大雷艇防護。能否得力。路遠是否能去。關東電仍未通。恐龔道尚未得信。殊焦急。望妥籌見示。

寄譯署光緒二十年五月二十六日亥刻

袁道敬電。頃據仁川電稱。據關員探報。日兵。船。浪。速。武。藝。護。商。船。八。隻。七。裝。兵。一 裝。煤。共來。兵。約。三。千。零。馬。二。百。七。十。八。匹。砲。六。尊。云。

覆譯署光緒二十年五月二十六日亥刻

覆袁以俄議正緊。欲藉解韓王怯貳。喀電詢駐日俄使。尚無回音。汪亦無續報。喀前。謂。歷。服。恐。亦。空。言。

丁軍門來電光緒二十年五月二十七日辰刻到

林鎮要雷艇。已分電張道龔道惟龔尚無復電。鎮濟等牢住牙山。縱備雷艇萬一失和。必要截音信。煤糧中阻。必被所困。兵分力單。兩難濟事。前請調鎮濟丙回防。奉諭恐示弱。故未敢瀆請。祇得照林議籌備。愚見水陸添兵。必須大舉。若零星調往。有損無益。現擬仍申前請。將三船調回。與在威各艦。齊作整備。候陸兵大隊齊。電到即率。直往併力拚戰。決一雌雄。儻蒙允可。雷艇暫可留威。請示遵辦。

覆劉公島丁軍門光緒二十年五月二十七日辰刻

龔電須由關東。今阻斷。如何能達。故屬汝派船往送要信。林鎮已移牙山口。袁電難通。更難達林。仍由汝派一船往牙。與之察商。如慮該處煤糧難濟。亦可調鎮濟丙暫回整備。其留牙船如何巡探接濟。亦須妥籌辦理。前後兼顧也。

寄譯署光緒二十年五月二十七日巳刻

昨將袁電轉汪使。詢俄議若何。茲接汪電。頃訪俄使。適他往。使函訂明晨往談。日逼我至此。恐乏轉圜。如失和。諒須撤使。各口商民共五千餘。身家財產應否由署商託與國保護。抑由港雇船載回。祈商署示遵。云袁無續電。日與韓失和否。韓果從日否。順彼間定議。再請酌辦。汪議。似過急率。

寄劉公島丁提督南洋臺灣閩粵各督撫光緒二十年五月二十七日申刻

總署沁電。二十五日赫德來署言。接上海電。日有水雷船十二隻。預備出口。不知何往。此船甚利害。應電各海軍。預防。又龔使電。臺灣尤緊張等語。應由尊處函電南洋閩粵。並邵撫知照不動聲色妥籌防範以備不虞云日以重兵逼令韓王認非我屬意甚叵測希密籌防

寄譯署光緒二十年五月二十七日酉刻

頃喀使派巴參贊及領事來稱。駐日俄使電。謂往晤陸奧。不肯撤兵。若無別項緣故。日兵。不。先。開仗云並無他語。鴻謂喀前稱俄皇電諭勒令撤兵。如不肯撤。俄另有辦法現俄廷意旨若何。巴謂駐日使必報知本國或外部。已有電復在途。喀本日又電請本國俟回示再通知據局報喀電俄京五百四十字。似所言不虛。喀又電駐日使以伊勸我不添兵。而日。又添三千。赴韓。我對。不。住。中。國。再看回信若何。至三國會議善後一節。係日間私議。巴等未提。鴻不便深問。

覆丁提督光緒二十年五月二十七日酉刻

日外部告俄使。在韓之兵。如無他緣故。不。先。與。華。兵。開。仗。袁電韓已不認華屬。即行回國請兵。汝既派康濟赴韓。應先往牙山。令林鎮察看如該處可穩紮即將平操併紮牙。或再抽一船回留三船與陸軍聯絡相機應變為要。

寄漢城袁道光緒二十年五月二十八日辰刻

韓未認非華屬。應留密勸堅持。俄廷。疊諭該使。調。處。必。有。收。場。日允不先與華開釁。豈能拘送使臣。要堅貞。勿怯退。

覆龔使光緒二十年五月二十八日申刻

葉曙青二千五百人。仍在韓內地剿撫餘匪。臺灣已飭嚴防。俄現調處無他意。英使亦在調處。但須外部用勁。

覆南洋劉峴帥光緒二十年五月二十八日申刻

派郭鎮往布置甚妥。現俄出調處。日廷謂不先與中國開釁。但未可信。兵船進口。只准一二號魚雷船。本非護商攔阻道口。似均有理。望密飭滬道與日領事妥商。勿著跡。

譯署來電光緒二十年五月二十八日酉刻

昨袁世凱電。韓密結不認華屬。此信如確。決裂即在指顧。但現在究無實據。袁若遽歸。日又將引為口實。似宜先行電止。並知照汪使。均令少待。俟有失和確據。再行撤回。又此次赴韓之軍。原為屬國定亂。現在情事已非。防日方亟。遠處牙山。轉似置之無用。否及時調回。或暫移仁川備用。並望熟籌辦理。至中日失和以後。一切措置機宜。蓋籌必早有定見。此時事機已迫。務望迅速覆奏。是為至要。再本日另有廷寄。由四百里馳遞。

覆日本汪使光緒二十年五月二十八日酉刻

俄使力勸。日有實信否。袁續電。韓覆日只按條約。自為不答保屬語。雖首鼠。儻俄出力。可了。擬在漢切勸。云華軍現入內地剿匪。署電請少待。如有失和確據。再令撤回。

寄譯署光緒二十年五月二十九日辰刻

袁續電。韓未不認華屬。仍留漢。並電汪使令少待。葉軍已屬袁與商妥策。或撤。或移。議定。再。奉。聞。彼眾。我。寡。仁距漢太近。未可相偪。籌辦大略。二十七辰已馳奏矣。

寄譯署光緒二十年五月二十九日未刻

頃喀使遣巴參贊等來稱。接駐日俄使電云。陸奧謂必須中國先允三國議定改韓內政條款。方能撤兵。否則無言對議院。如可即允。或徑復日本。或由俄使轉告。鴻答曰。前請議三條。已經駁回。並未允其商議。今俄國出為調停。中國亦僅能允會議。至如何議法。必須先同撤兵。巴謂曰。恐兵撤後中國梗阻。乃議不成。可否允許中國必勸朝鮮酌改內政。俄日一同助力。其條款俟三國會議。意見相同乃定。鴻答。朝鮮內政。向係自為。欲其酌量更改。中國可勸他辦理。俄日鄰邦亦可幫助勸他。但俄國仍應照初議。勒令先行撤兵。再各派使會議。巴允告喀。惟窺俄使轉述語氣。並接汪使來函。日甚。堅。持。其駐。韓。已。一。萬。人恐非空。言。所能。勒退。

寄譯署光緒二十年五月二十九日申刻

昨電汪使探俄使實信。並傳署電令少待。頃接鹽電。俄使忌浮議。戒勿往約。得實即告。迄尚無信。密探越艱。能由喀電詢否。商民籲護迫切。須豫定辦法。以慰其望。乞再商署示悉云。

譯署來電光緒二十年五月二十九日戌刻

韓不答非屬。尚未至決裂。連日英使來署。述其外部來電。屬令從中調停。免致啟釁。詢問中國如願將整理朝鮮內政。同保該國土地勿令他人佔據兩節彼此和商。伊即電覆外部。令駐日英使催日商辦。諒亦願意。各國亦可責備日本促令撤兵。因思此事如能善了。自較用兵易於收束。已告以。中。國本意。原。欲。保全朝鮮。但必須無礙中國體制權力。儘可相商。惟辦法有無窒礙。須俟屆時斟酌。如果事不能行。仍可罷議。此與籌備兩無關礙。未識尊見何如。希電覆。歐使已接寶電。英派兵艦赴日之說。歐似不以為可。未電本國。

寄譯署光緒二十年五月二十九日亥刻

頃奉豔未電。英使調停語似含混。日照會汪使文。今始鈔到三條。一查核度支。一淘汰京官。並地方官吏。一使朝鮮政府設置所需兵備以保國。與日領事署使譯述者大異。是所謂整理內政。與英待埃及相似。韓固不願中國向辦不到。何能遽允。連日與俄使商論。只允會議。勸令韓自行整理。未便預定條款。至勿佔據韓土地一節。俄已允載入會議款內。英最忌俄。蓋指俄言無足慮也。望尊處再與歐切實言之。如照日原議之事。斷難商辦。卓見以為何如。

寄譯署光緒二十年六月初二日午刻

袁道二十六電。王遣趙秉稷等來稱。現甚危。只可暫照約認自主。事過再改變。出示稿皆自主語。凱告以應照各國聲明照會辦。趙答丙子日約無聲明照會。伊時約稿鈔呈。是華已允自主。現何能與論云。刻已電葉聶同回牙堅守。聞日。兵。八百今駐。赴。牙路。意叵測。日韓相結。我兵可危。又俄法署使來稱。韓廷犒賞日兵米肉甚多。韓喜日殊不可解。華人在此甚辱。凱在此難見人。應下旗回。擬留唐守看館探事。俟見韓文稿不認屬即赴仁電阻難請示云。現電葉提督相機。繞赴北路。平壤。駐。紮較得。形勝。亦易。應。援。

寄朝鮮袁道光緒二十年六月初二日午刻

韓覆日文照約。不答保護屬邦四字。尚妥。汝屬外署具文函聲敘。仍向華保護。更周密。彼即不照辦。似無大礙。俄講勸甚力。應俟後信。牙兵聲稱匪散撤回。擬密飭商輪至中途折赴大同駐扼。但日是否派兵船在大同江口。頃已電葉設法繞。移平。壤。西人又勸葉軍先撤。則日軍久留更無理。公論更有勁。望速與葉妥商定議。電示酌辦

寄譯署光緒二十年六月初二日午刻

袁道二十七電。謹呈韓復日文。照得我朝本月二十五日接准貴來文。內開云云等因准此。查丙子修好條規第一款內。載朝鮮自主之邦。保有與日本國平等之權一節。本國自主約以來所有兩國交際交涉事件。均按自主平等之權辦理。此次請援中國。亦係我國自用之權利也。與朝日條約毫無違礙。本國但知遵守朝日定立條約。認真舉行。且我國內治外交向由自主。亦為中國之素知。至中國臣汪大照會。逕庭與否。應與本國無涉。本國與貴國交際之道只可認照兩國條規辦理為妥。相應備文照覆貴公使。請煩查照。將此轉達貴外部大臣可也云云。韓已覆日。只按條約為詞。不答保護屬邦四字。儻俄。果出。力即此。或可。結束。然未駁回。擬屬外署具文函聲敘日威逼情形。鈔往來文。仍向華認明保護。以全體制。果照辦。凱應不赴仁云。

寄譯署光緒二十年六月初二日亥刻

汪使蕭電頃俄使遣員來告向日力勸後。昨據覆稱。須善後粗定始可撤兵已電俄京請示。察日非。略佔便宜終難。歇手云。密探所報略同。查日海陸設備日嚴絕無轉意僅仗俄勸恐尚不得力祈轉署云。

寄朝鮮袁道光緒二十年六月初二日亥刻

總署電覆。韓為中屬本准自主。若但認自主。未認非屬。尚不甚妨。袁道遽欲下旗回國。轉似與國失和辦法。忽遽。希速電止。萬勿輕動云應遵辦。

覆譯署光緒二十年六月初三日卯刻

昨汪使電。俄力勸未允撤兵。已電俄廷請示。會議係喀使調停之說。據稱轉商日。定否不可知。小村謂不願他國干預若兩國能自行商妥自更直截。歐使請一開議。先商撤兵。看大鳥在韓舉動。似要。撤兵。彼必挾我。以難。允之事。則仍不能撤。擬請鈞署試與開談何如。此間仍不拒俄。亦不與說明。據喀屢言俄主保全東方和局美意。特令。留津。商辦。其向旁人密言。十二年九月。俄遣拉得仁會商韓事。議垂成未允。俄廷頗歉此次仍中前論無他要求。欲以牽制。日人。不令。日權。於。韓太重。小村慮牽制誠畏俄也。如能與小村定議後。鴻再與喀婉商。彼當恨日不應怪我。

冬中電令袁道勿輕動。頃接袁冬中電。韓忽派金宏集為總理外務大臣。兩日未遣人與凱商事。坐鼓中難。知韓意以華不可恃。將派金與日商改政。凱難干預。日在韓專忤華意。凱為使繫一國體。坐視脅陵。具何面目。如大舉。應調凱回詢情形。妥籌辦。暫不舉。亦應調回派末員僅坐探。俟議後舉。庶全國體。乞速示遵。再日。載兵十。船昨由日。開又遣電工數百。分抵。釜。決無息和意。云可否調回。祈酌示。

龔使來電光緒二十年六月初三日申刻到

格里密函英外部云。揣日意不肯退兵。恐俄干預。會議章程恐難合。又英法新報云。日逼韓宣告不屬中而屬日。撤中駐韓華官等語。確否。頃晤外部約晤慶常云。法頗願調停。不知中願意否。常云足徵睦誼。哈云但須兩處立言其輕重。即往請總統酌定。准明午面告。中似應立確有備戰之勢。

（按此電由巴黎來）

寄朝鮮袁道速轉葉提督光緒二十年六月初三日酉刻

鹽西電甚合機宜。牙口下船費力。然事急須妥籌應需。商輪幾隻。或添調民駁船。俾全軍速渡。上大輪。俟議定電知。但商輪難即齊。或陸續往載。何如。鄙見仍先撤回營。私初再合力大舉。

寄譯署光緒二十年六月初三日酉刻

袁道二十九電。日兵。萬。人。分守。漢城。四。路。各。要。害。及我陸來均路置砲埋雷每日。由。水。陸。運。彈。丸。雷。械。甚。多。兵。帳。馬。廄。架備。多。處。觀其舉動不但。無。撤。兵。息。事。意。似將。有。大。兵。續。至。日蓄。謀。已。久。志。甚。奢。黨俄。英。以。力。勒。令。或可。聽。如只。調。處。恐無益徒誤。我。軍。機。日雖允不先開釁然削我屬體。奪韓內政。自難坐視。阻之即釁自我開日狡以大兵來詎肯。空。返。欲尋。釁。何忠。無。隙。葉軍居牙。難接濟。日再。加。兵。顯露。無。忌。應迅派兵商船。全載往鴨綠或平壤下。以待大舉。韓既報匪平。我先撤。亦無損。且津約日已違。我應自行。若以。牙。軍。與。日。續。來。兵。相。持。釁。端。一。成。即無。歸。路。云。鴻已電商葉袁。或設法移平壤。或暫撤回。另圖大舉。候議定即籌辦。

寄譯署光緒二十年六月初三日亥刻

袁道東亥電。大鳥今赴外署稱。韓釁生亂。日重相關。曾畫策示汪使。屬達華廷協理。乃華斥不顧。日廷難易。現按原議。獨向韓勸。擬綱五條一改制度。二整財政。三整律法。四理兵備五施學政。請王委員會商云。韓員堅持須撤兵再議。鳥力言。與撤無干。久相駁。日意似非革政不已又江午電。日昨又摧韓派員議革政。限今午復。以非派不止韓何能終持。且恐激生變。今又。添。兵。至。仁。川。千。五。百。決。無。和。意。我欲和。應速以韓現情與日商。冀可挽。欲戰。應。妥。密。籌。凱在此無辦法。徒困辱。擬赴津面稟詳情。佐籌和戰。儻蒙允即行。以唐守暫代。唐有膽識。無名望。日不忌。探消息。密助韓。較易。乞速示云。

宋宮保來電光緒二十年六月初四日午刻到

先探恐難得詳。韓事。勢。在。必。爭。毋論。是。否。背。華。我。宜。先。佔。義。州。早立。腳。步。免為。他。族。先。得。鈞見如以為然。乞派商船運全隊前往。候示。

（按宋宮保即宋慶，時駐旅順）

覆宋宮保光緒二十年六月初四日午刻

日必不。佔。韓。地。義州去漢城千餘里。更不必慮襲道請留隊一半為旅口後勁。尊意何如。希稍。緩。決策。

寄朝鮮成歡交葉提督光緒二十年六月初四日申刻

現俄。英。正議和暫宜。駐牙。靜守。切毋。多事。如議戰。再遣船載移邊界。另圖大舉。聞日。內。外。俱。備。我備未齊。不宜先露兵機。

寄譯署光緒二十年六月初四日亥刻

頃屬西人密詢。喀巴接俄廷電稱。駐東使調處。日告以韓亂未平。兵不能撤若亂平必撤云。喀今午電俄京甚切實。大意謂中國自。始至。今均照。公。法。條。約。辦。事無一。錯。處。俄應。不。准。東。洋。一。國。在。韓。作。主。日不。但不。撤。兵。且又。添。兵。韓亂。黨。聞。已。逃。散。日。兵。不。問。亂。事。只圖。住。王。京。是何。意。務。要。外。部。定。見。或辦。或。不。辦。以免。失。信。中。國。等。語。想此電到俄。或有辦法。

寄譯署

上海西報初四倫敦來電。外部宣言下議院。中日事。現經本國朝廷發書。力勸兩國保泰為主。經此竭力解勸。想可仍歸和好云。

寄譯署光緒二十年六月初六日午刻

袁道微電。今會議。各電員均謂應免漢城及各口戰事。烏謂先免仁。餘處俟請日廷定。各員不允。久未決。約初八再議。凱謂韓與各國無失和。此議或疑在此華日兵多事。然我知在牙華。兵。不。多。事。如韓及各國視為公允。無論何處。均可免犯等語。韓員竟不出一語。可惡。又疊屬韓堅持革政。今已派申正熙曹寅承金宗漢三員。將赴烏處密議革政。韓人無主見。任日嚇久。必自酌變。反覆籌思。在此殊無辦法。近有韓員來謁者。均首鼠探華意。或謂調度不可恃。凱惟支吾應之云。

寄朝鮮成歡交葉提督光緒二十年六月初六日午刻

日兵多病。此間亦有所聞。非畏其強。不肯添兵。實因。朝。命。不。令。先。開。衅。生。事。各國皆正勸和。日自向總署說合。若貴。軍。移。水。原。與。日。相。逼。日轉。有。詞。兩。國。交。涉。全論。理。之。曲。直。非恃。強。所。能。了。事。仍望。靜。守。勿。動。彼時如至決裂。必派水陸大隊相機分進也。

## 寄譯署光緒二十年六月初七日酉刻

頃喀使遣巴參贊來領事過晤。稱。頃接俄廷電復。日韓。事。明。係。日。無。理。俄只。能。以。友。誼。力。勸。日。撤。兵。再與。華。會。商。善。後。但未。便。用。兵。力。強。勒。日。人。至朝鮮內政應革與否。俄亦不願預問等語。鴻詰以五月二十二喀。遣爾等來告。俄廷要勒令日撤兵再議。如日不聽。尚有第二層辦法。是前後語意不符。巴謂我等亦覺不符。恐俄廷另聽旁人間阻。喀擬將來中日會議彼亦毋庸干預云英日本不願俄會議韓事。鈞署正可與小村商議辦法。無慮牽制。

## 寄彼得堡許使光緒二十年六月初八日午刻

韓土匪不靖。求我派兵助剿。照約知會日本。乃日自行派兵萬餘入漢城。脅韓。干預內政俄喀使過津。電請俄廷。令駐日使力勸撤兵再商。英法亦出調處。德在東方商務攸關。似未便坐視。望商德外部。電飭駐日韓各使。力勸日撤兵。再華商辦善後。否則將開釁。恐擾大局。

## 寄伯兄粵督光緒二十年六月初八日申刻

密。總署庚電。奉旨。前因邵友濂請調南洋兵輪三四艘赴臺灣協助。當令劉坤一酌派備用。茲據電奏。南洋兵輪不敷分撥。擬調南琛兵輪。及威靖運船兩號前往。臺防恐難得力。請於北洋廣東再調數號赴臺等語著李瀚章。電商李瀚章酌量派撥。欽此查北洋兵輪。昨已奏明依護各口砲臺、巡防渤海門戶、尚可自固、現又分防朝鮮仁川牙山各口、如和議不成內意須聲罪致討。則雇用商輪。裝送陸軍。尤須得力兵輪護送。實未便遠調臺灣。廣乙丙暫留備調。廣甲頃亦赴威歸隊。以便遠征。廣東是否另有兵輪可派赴臺。如南琛威靖之類。請就近酌調一二號應命示覆以便彙奏。總之中國新式得力兵輪實不如日本之多。臨事再東抽西撥。必如往年法越故事。徒滋貽誤。

寄朝鮮袁道光緒二十年六月初八日亥刻

總署庚電。密。昨小村來署。告以頓兵非約。鄰將尤效。西亦蠭起。亟先同撤兵。並先訂期宣布再商韓事。彼允轉達。且待回信。三國會議之說。英日深忌。昨不駁撤兵轉圜。似由於此。來電俄不干預。祈勿宣露。即電袁告韓。以堅忍靜待。毋感鳥言。致貽後悔云。

寄譯署光緒二十年六月初九日巳刻

頃接袁齊電。今申力疾赴外署會議。日兵免犯仁漢事。大鳥不至。遺書謂仍由仁港下兵轉運。並屯兵。如有攻者。將拒禦。否則斷不同。見此外不允免云。各國員均憤。無如何。遂散。免仁亦未成。大鳥又力催難今日內派員刻不容緩。韓擬今酉派三員改在老人亭聽講云。

寄朝鮮成歡交葉提督聶鎮光緒二十年六月初九日巳刻

總署現與日使議商。我軍應暫靜守勿動。日仇。華時。思。挑。釁。切戒兵勿與計較如議和不成。再另調度。

覆華盛頓楊使光緒二十年六月初十日卯刻

日兵萬二千。圍漢城內外。勒逼韓改革內政。俄英力勸照約撤兵再商。未允。望謝外部。仍屬電催駐東使會各使力勸。共保和局為要。否則勢將決裂。

寄譯署光緒二十年六月初十日午刻

葉提督佳電。倭日益猖獗。韓急望救援。各國調處卒無成議。此時速派水陸大軍由北來。超率所部由此前進。擇要扼紮。託名護商。若至決裂。免致進兵無路。此上策也。否則請派商輪三四隻來牙。將我軍撤回。蓋我軍為剿匪來。匪既受撫。隨即撤回。亦係正辦。撤後行文各國公使。並日廷。申前次同撤之約。如彼不依。秋初再圖大舉。是為中策。若守此不動。徒見韓人受困於日。絕望於我。且軍士既無戰事。久役露處。暑雨受病。殊為可慮。請速賜電示遵行等語。鴻按鈞署現正與日商。未便遽添大軍。致生疑阻。上策似須緩辦。其中策與袁道同見。前鈞電有或撤或移之說。鴻初慮示弱。惟所稱軍事露處受病。亦係實情。可否照辦。請速核示。

覆日本汪使光緒二十年六月初十日申刻

總督現與小村議商。據稱候政府核復。英俄法美德均電飭駐東使力勸撤兵。現究何如。

覆倫敦龔使光緒二十年六月初十日申刻

咯議甚是。日海聞即來津。日廷令駐京署使與署商。尚無成議。恐是緩兵計。東使在韓偪改內政。英甚出力。能合法俄嚴催速撤兵再議為妥。否則我必大舉。省三謝病不出。

寄譯署光緒二十年六月十二日巳刻

袁道真電日運來柴。糧。軍。械。炸。藥。水。旱。雷。甚。多。以萬。人。計。之。可數。年。餘。現運。仍。不。已。恐無。撤。兵。意。云。

寄譯署光緒二十年六月十二日巳刻

俄參贊密述。駐日俄使。電稱日外署復俄國催請撤。兵回信。語雖謙順。而於韓事只求有益。自與韓會議不與別國相干。別國無須過問云。俄廷電略。俄何以不能立刻幫中國辦日韓之事。一因武。備。水。師。未。能。速。為。備。齊。一俄。不。要。催。中。國。到。開。仗。地。步。英俄立允相助恐中國辦事太驟。應先試探能否講和。一俄要使天下皆知不因此機會在韓插手。仍有意約同別國催勸東撤兵等語。略與駐東使意均不平。仍電俄廷以日如此。舉動。不獨。給中。國。不。好。看。實與。我。俄。國。不。好。看明拒華實係防俄云云。

譯署來電光緒二十年六月十二日亥刻到

初七與小村商先撤兵。再商韓事。小村允電本國。頃據照會。接覆電。謂中國仍主撤兵之言。而不依更正內政之意。是無意息事。嗣後。即有。不測。之變。政府。不。任。其。責。等。語。詞意甚為決絕。似無轉圜之機。本日已有廷寄。命決進兵之策。戰事宜慎。必須謀出萬全。希將如何分別先後次。定布置之處先行。電覆。

寄劉公島丁提督光緒二十年六月十三日巳刻

葉軍現居。絕。地。可。危。擬十六派商輪大小五隻往牙。將全隊下船駛洋後。繞赴大同江。移紮平壤必須兵船五隻護住。即留該兵船守江口。以便盛軍續往此為目前最要最急之事。望密派定。候輪過威同行。即覆。

寄譯署光緒二十年六月十三日巳刻

日覆雖甚決絕。不知尚有法轉圜否。論理即應撤使絕交。惟彼。在。漢。城。內。外。已。布。置。嚴。密。無懈。可。乘。我。僅。葉。軍。二。千。五。百。在。韓。孤。危。絕。地。必。先。遵。旨。擇。地。扼。要。移。紮。方為穩著。查我進兵。須由北路平壤最為扼要。進退裕如要先集葉軍入生地。再派隊由此合進得勢。現擬派商輪五隻。剋日往牙。將該軍載運入大同江。移紮平壤。並派海軍分船往護。即留防江口。以便他軍繼進。似合尊示分別先後次第布置之意。

寄譯署光緒二十年六月十四日巳刻

昨欽奉十二密諭。速為籌備等因。查漢城仁川附近一帶。日兵水陸分布嚴密。歷來中國進兵朝鮮皆由平壤北路進發。現派總兵衛汝貴。統盛軍馬步六千餘人進平壤。宋慶所部提督馬玉崑統毅軍二千進義州。均雇商局輪船分起由海道至大東溝登岸。節節前進。相機妥辦。所需軍火器械糧餉轉運各事。均剋日辦齊。俾無缺誤。並電商盛京將軍。派左寶貴統馬步八營進平壤。會合各軍圖援漢城。至葉志超一軍。昨已電商該提督。移紮平壤厚集其勢。俟其覆准。即派丁汝昌酌帶海軍能戰之船。往朝鮮海面巡護游弋。以資策應。此目前布置大略情形。至沿海各口。如旅順大連灣威海衛等處。早經布守嚴整。此次除抽撥旅順後路毅軍二千外。其餘各將。屢告奮勇赴韓。均因要防。未敢輕調。仍嚴飭各口妥密籌備。盛軍本係津沽游擊之師。今移緩就急。擬即選將添募填紮。加緊訓練。以備前敵路接應。請先代奏。俟辦理一切就緒。再詳細覆奏。

寄譯署光緒二十年六月十四日酉刻

許使真電德外部允電駐日德使偕同調處云。

寄盛京軍督裕帥光緒二十年六月十五日巳刻

盛軍六千餘人。擬由黃海赴平壤太險。今改赴大東溝登岸。毅軍二千人。亦赴大東溝登岸。約十八開駛。乙飭印委多雇剝船渡兵。酌雇車馬。由營備價。感荷曷任。

寄譯署光緒二十年六月十五日巳刻

唐紹儀寒亥電。聞日人又加兵三千。已自日行。我軍未集。議未定。兵機先露。日兵越多越生事。恐更難措手云。

寄朝鮮成歡交葉提督光緒二十年六月十五日巳刻

尊意以船移平壤。不敢擔責。擬仍由陸扼要移紮。稍有把握。且梗日兵南路。若併軍而北。日以全力專顧北面。勢益張云。惟貴軍過單。恐不足當一面。再四籌思。除蘆榆馬隊添調外。擬令吳育仁挑精隊千五百。交江自康帶往牙口登岸。歸弟調遣。合之將及五千。氣力稍厚。以後但籌濟餉需。如電報中阻。應由釜漢日電借發。不知順手否。北兵尚早。貴部不可距漢過近。俟北南能通氣會合時。再行前進。望相機穩慎籌辦。勿性急。聞日又添兵三千。我去兵越多。彼必不肯減退。

覆譯署光緒二十年六月十六日未刻

日兵在漢。無甚動靜。二十開仗之說。似是謠傳。喀使適來談。俄廷電告。仍願從旁調處。如日本肯即撤兵。中日會商善後。俄不干預。免人疑謗。但不願居間。英似願日踞韓。以阻俄也。詢摩闊葳大操兵船何意。答俄係鄰疆。應戒備。中國想亦豫備。告以日逼我太甚。不得不添兵。設和局裂。中日交戰。俄當何如。喀謂屆時俄未便袖手。是鷸。蚌。爭。漁人。利。尤宜。豫。防。葉提督覆南路緊要。不宜遠移。擬設法添隊。稍厚兵力。容續報。

覆葉提督光緒二十年六月十八日巳刻

日雖竭力豫備戰守。我不。先。開。仗。彼諒。不。動。手。此萬。國。公。例。誰先。開。戰。即誰。理。詘。切記。勿。忘。勿性。急。頃奉寄諭亦密屬此節。袁調回。尚有唐紹儀代辦。無礙十九愛仁開行。漢德隨往照料。餘如前電。

寄譯署光緒二十年六月二十日亥刻

龔使效電。頃金云。勸日退漢仁兵。日未覆。英駐日公使將歐使派人到津中堂所言。以後可與日各派兵平韓亂。可與日商辦在韓商務。兩可利益。可與各派大員商辦韓興利除弊各事。勸韓王照行。但不能勉強。可與立約兩國不佔韓地。惟遇韓大典。日不能與中平行。韓本係。中屬國。無庸商議。六條。告日。日云。一切可允商辦。惟日前訂有二十五條。已告韓照行。不能改毀。中有添數條則可。遇韓有大典。日與中平行。韓有不遵數條處。須兩國勒令行之。此議請中國於五日內自向本國言之。如五日內中添兵到韓。即作為殺日人論等語。英廷於十電八令駐日公使即向日云。此議。與前允諸事可商之言。不符。如汝執己見。以後有開戰事。一肩擔當云。其意。謂將來各國議開釁之罪。必問日。金尚未接復。祈轉署云。

寄譯署光緒二十年六月二十一日酉刻

義州電局報本日卯前刻。途至漢城線阻。測量在近漢處。恐為日兵所斷。雖屬韓人設法修通。未可靠。（按是日即西曆七月二十三日兵已圍韓王宮戰事已開。）

譯署來電寄譯署光緒二十年六月二十一日戌刻到

俄以日不聽勸。意在動兵。其力固足制日。然謂非欲收漁利。其誰信之。此時俄若派兵驅日。我固未能阻止。但不可倚以為助。致事後別生枝節。我軍會辦一節。殊未妥協。宜再酌電復。遵旨電達。（按據此電觀之中國不特不要求俄援助且恐俄藉援助為名從中漁利。）

覆日本汪使光緒二十年六月二十四日申刻

二十三日日兵船在牙山口遇我兵船。彼先開砲接仗。由陸赴平壤之軍。甫入韓境。英俄與法德義又合力令日退兵。未知如何。

寄譯署光緒二十年六月二十四日辰刻

前派津隊二千餘。雇英商輪三隻分運牙山。接應葉軍。因英輪掛英旗。當可進口。並派海軍濟遠廣乙兩船往牙口迎護登岸。頃濟遠管駕方伯謙回報。二十一二日。英輪愛仁飛鯨裝兵抵牙均陸續上岸。二十三晨突有日兵船多隻在牙口攔截我兵船。彼先開砲聚攻濟遠等竭。力拒敵。鏖戰四點鐘之久。濟遠中彈三四百箇。多打在望台煙筒舵機鐵桅等處。致弁兵陣亡十三。受傷二十七。幸水線邊穹甲上有鋼甲遮護。只一處中彈。機器未損。日船傷亡亦多。午時我船整理砲台損處。日船緊追。我連開數砲。中傷其望台船頭船腰。彼即轉舵逃去。但見廣乙交戰中。中敵兩砲。船已歪側。未知能保否。又運送軍械之操江差船。適抵牙口。被日船擊拏。英輪高陞裝兵續至在近牙小島西南。亦被日船擊中三砲遂停車而沉。等語。鴻查華日現未宣。戰日船大隊。遽來攻撲。我巡護之船。彼先開砲。實違公法。我船甚單。賴濟遠鋼甲尚堅。苦戰支持。未至大損。廣乙則閩廠所造鐵皮小船。中砲即形歪側。現尚未知下落。至高陞係怡和商船。租與我用。上掛英旗。日敢無故擊沉。英人必不答應。除接仗詳細情形。及傷亡弁兵查明再奏外。已飭海軍提督丁汝昌。統帶鐵快各船。赴朝鮮洋面相機迎擊。續再馳報。乞先代奏。

覆倫敦龔使光緒二十年六月二十五日午刻

日兵船在牙山口遇我兵船。彼先開砲。接仗。濟遠轟壞日船一。惜所租怡和高陞裝兵船。被日擊沉。有英旗。未宣戰而敢擊。亦藐視公法矣。南省兵輪不中用。豈能嚇日。

覆譯署光緒二十年六月二十六日辰刻

日先。開。戰。自應。布。告。各。國。俾。眾。皆。知。釁。非。由。我。開。似宜將此案先後詳細情節據實聲敘。鈞署擬稿。必臻周妥。內屬國一節。朝鮮與各國立約時。均聲明在先。各國雖未明認。實已默許。可否於文內輕筆帶敘。斯我先派兵非無名。後來各國調停議結。亦暗伏其根。汪使應撤回。日駐京使及各口領事。應諷令自去。日土貨多賴華銷。應檄行各關。暫停日本通商。日貨不准進口。是否均乞核辦。

寄倫敦龔使光緒二十年七月初六日亥刻

日兵船擊沉高陞一案。聞日向英謝罪。議賠船貨。惟華人搭船者。原賴有英國旗保護。乃日於未宣戰之先。忽轟此船。致斃千餘人性命。並器物等件。死者家屬冤苦。應請英向日索賠撫卹。漢納根親供。明日電呈。兇慘如繪。望與格里商聘著名狀師。詢此案。中國照理照例應索賠。即交其覆辦。再與交部商訂。名雖向英索。仍應由英向日索。趁此議賠未定時。可將此款列入。緩則無及。

寄譯署光緒二十年十二月初八日辰刻

滬局沈能虎遇電。昨晚英律師擔文與英水師裴提督密談。知英廷不准倭至吳淞外。核與英外部復龔使。不得有事於引進之路。此路即上海與揚子江平常往來之路相符。又邇日英廷電詢。就現有師船。力能禦否。答以能恃。復奉有英主命。設日擾長江即應轟擊云又談悉俄備精兵九萬於伯力海參崴一帶。並添派頭頭鐵甲五艘於東路。明與英親近。實為約日侵華。並欲與英作難。故英主已命裴察探豫備云。

寄譯署光緒二十年十二月十五日申刻

倫敦電。英國泰晤士新聞紙刊有報章云。日本。攻。取。旅。順。時。戕殺百姓四日非理殺伐甚為慘傷又有中兵數群被其執縛先用洋鎗擊死然後用刀肢解云據云日兵亦有數人被中兵所殺惟日本士卒行。徑殘。暴。若此督兵之員不。能臨。時。禁止。恐為終身之玷云。

寄譯署光緒二十一年正月十日戌刻

路。透電日本以中國議和大臣。所齎國書文理不全。不允開議。華使仍不即離倭。倭乃遣員。護。送。該大臣。等前赴長崎。英法俄三國駐華駐倭公使。已接到各該國政府訓條。出而調處中東戰事。言歸於好云。

寄張侍郎光緒二十一年正月二十四日巳刻

漾辰電悉。請罷斥必不允。鴻獨行無助。徒與外人商辦恐為所賣焉得有熟悉公法條約而有智略文筆者襄助。公速為我籌之。無用之人不必請帶。昨已電署。照伊陸互換之東文敕字句辦妥候到京祇領旨催甚急擬二十五交卸即起程來電謂倭慮勝兵太驕。歸國難制。豈必欲藉已佔之地安置勝兵。鴻雖死不能畫諾。內意亦必相同。此事恐無了法。若借英俄扛幫不致另生枝節否。聞俄英法頗有此議。

寄駐英俄龔許二使光緒二十一年正月三十日戌刻

奉派頭等全權往日議和日電非有商讓地土之權勿往。上意不允。允之北則礙俄。南則礙英法。頃商各使電知本國。祈速赴外部密商託。仍電示。

龔使來電光緒二十一年二月初二日申刻

晤金外部時。歐使電亦至。金云。奉全權命。必暗有限制。赴日議和日言讓土地。不能允。則可邀停商量之權。歐洲各大國昔有戰事。常行此權。無傷體面。赴日後各國知日索項自有商酌。否則日有以藉口肆行。各國難以干預。俄法同此意見等語。瑗云。若言讓土地。或南或北。英法俄如何處。金云。未有定見。刻下不便言。瑗云。可電歐使。或告總署李傅相。金首肯。約初四晤敘。又執手云。赴日緊要。

龔使來電光緒二十一年二月初五日申刻

已晤金外部。閱各國昔用全權國書。以使臣所允即旨所允為首條。詢知雖如此云。實仍電請旨後甫押。彼國不能禁。電各國一例。日說出索項。即請擔未定議以前。密告英俄法。

覆龔使光緒二十一年二月初六日未刻

各使所論。與外部相符。說出索項後。如與英俄無甚礙。未必出力。聞另有電旨。託各國君轉達日主。奉到如何答復。希電示。鴻擬初八請訓出京。

譯署來電光緒二十一年二月初十日申刻

奉旨。美使接日本復電云。敕書底稿均已妥協。須於中曆二月二十一二日行抵長門。再訂晤期等語。李鴻章所雇商輪。計即可到。若即日放洋。總以二十前到彼為要。行期定後。即電奏。欽此。

譯署來電光緒二十一年二月十一日申刻

田使譯送日本來電云。日本欲先預備接待一切。李中堂須俟西三月十九。即中二月二十三日到馬關後。再訂兩國欽差會晤日期。定於何日由津起程。隨員若干。須速電知等語。望將行期員數先行電知。以便轉告。

（按田使即陸奧書中鄧璧）

寄譯署光緒二十一年二月十三日辰刻

本照辦蒸電敬悉。田貝寄初八原電。約於西三月十九即華二月二十三日到馬關。再訂兩電欽差會晤日期。是起程須扣算到日。不先不後。乃得體。鴻定於十九日由津登輪出沽口後。計四日可到馬關。擬到彼即駐船上。隨員十餘人。現尚未齊。請署酌告田使轉致國電內有停戰定約字樣。宜令各駐使速呈。遼瀋危急。津榆亦有警報。藉此可紓急。請代奏。

譯署來電光緒二十一年二月十二日辰刻

田使函接駐倭美使電稱。倭政府云。中國大臣出海坐船。雖掛頭等全權大臣之旗。仍須坐局外之船。有局外旗號。現欲知中國所坐係何國船及何船名。先行電復。以便告田使轉達。

復譯署光緒二十一年二月十五日辰刻

已定於十七晚登舟。十八開駛。前議雇生義商輪。今改雇公義。亦德商。仍掛德旗。隨帶文武員弁共三十三人。跟役在外。祈代奏。並知照田見。

寄譯署光緒二十一年二月二十四日申刻

二十三日晨抵馬關。倭派全權伊藤陸奧亦至。約期會晤。二十四申齊集公所。互閱敕書妥協。伊陸言住船不便。諄請移寓公館。預備整潔。允明日暫移。以便就近議事。函請先停戰。意似游移。約二十五再會議。並開所索條款。容續電聞。伊藤言。別來十年。中國毫未改變成法。以至於此。同為抱歉。探知前六七日。有運兵船多隻出馬關。約五千人。云往澎湖臺灣。確否。遼瀋榆關軍情若何。乞示。請代奏。

寄譯署光緒二十一年二月二十五日酉刻

頃會議伊藤等交到停戰要款云日本兵應佔守大沽天津山海關所有城池堡壘我軍駐各處者應將一切軍需交與日本軍隊暫管天津至山海關鐵路由日本軍務官管理停戰

限期內軍事費用應中國支補如允以上各節即停戰期限及兩國駐兵守劃界及其餘細目再商等語要挾過甚礙難允行伊限以三日即復又詢所索條款伊已預備俟此議復到再給閱商看來昨添調出口之兵恐仍赴北將分攻榆關津沽請密飭各軍嚴備堵勦為要乞代奏候速電復。

譯署來電光緒二十一年二月二十八日午刻

奉旨。李鴻章兩電均悉。二電中未載辯論之詞。不知日內又有續議否。閱所開停戰各款。要挾過甚。前三條萬難允許。必不得已。或姑允停戰期內認給軍費。但恐祗此一事。仍難就範。昨飭奕劻等與各公使面商。均以先索和議條款為要。可告以中朝既允議和。無不推誠相與。可允必允。無須質當。其停戰期內認給軍費一節。可以允許。若彼仍執前說。則以難允各條。暫置勿論。而向索和議中之條款。務將朝廷誠心議和之意。切實講論。婉與磋磨。總以先得議款為要。與有辯論續電。撮要以聞。各國公使中俄德英三處。均已致電本國矣。此再時和款尚未交到。李經方熟悉彼中情形。諒能得其底蘊。宜如何密籌釜底抽薪辦法。使和議不致中梗。應飭該員盡力為之。此數日內。各海口尚無警信。該大臣電末數語。大意已諭劉坤一王文韶知之矣。欽此。

寄譯署光緒二十一年二月二十八日未刻

泌電奉旨謹悉。二十五會議。當告以前三條地未失先佔。無此情理。設限滿和議未成。京機門戶險要何恃、屬其另議辦法、伊堅不允、故略停頓、今已辦定駁復文、約中初面交、將停戰姑置勿論。索取議和條款。至認給軍費一節。係停戰常例所有。似不足動之。俟議款接到再電聞。據倭新報。兵船二十隻。在大沽北塘海面游弋。查察商輪來往貨物。廈門電二十五午倭兵已在澎湖西島登岸。倭主派小松親王赴旅順督師。其志不小。慾甚奢。停戰議略如此要挾。已見發端。恐難就範。請代奏。

寄譯署光緒二十一年二月二十八日酉刻

今中刻會議。已將停戰擱起。向索和議條款。允明日午後面交。歸途忽有倭人持手槍對狙。擊中左頰骨。血流不止。子未出。登時暈絕。伊藤陸奧均來慰問。姑令洋醫調治。此事恐不能終局矣。再伊面稱。現要攻取臺灣。並聞。請代奏。

寄譯署光緒二十一年二月二十九日酉刻

昨夕面傷稍甦。即致伊藤等。以遇茲可悼之事。翌午不能會議面聆約款。擬令李經方屆時代往晤索。頃陸奧來寓。晤經方問疾。交到復函。稱因此凶虐狂悖之事。萬刀憂愁。舉國上下皆抱此情懷。該大臣等應先奏明日皇。難免有擔延。俟可以知會李參議。當迅速照辦等因。並據密稱。伊藤今早俟日皇派來御醫診傷後。已乘輪親赴廣島稟商。後日可回、中堂身受重傷幸未致命。中堂不幸。大清舉國之大幸。此後和款必易商辦。臨行復云。請寬心養傷。中日戰事將從此止等語。無論是否確實。語尚近情。原擬條款。或冀少減。稍遲亦必送到。鴻受傷時。昏暈與中血滿襟袍。元氣大傷。幸部位恰當頰骨。若上下半寸。必即致命。實仰託聖主洪福。諸醫診視再四。子嵌骨縫。礙難取出。皮肉醫痊。約須月餘。現惟靜養。俟和款送到。再力疾妥議。隨時電聞。凶手已得。俟其訊有端倪。令伍廷芳前往看審。促令重辦。再頃陸奧送日后電旨。因李中堂受傷。特派看護婦兩名。帶親製之繃帶前往云。請代奏。

覆北洋王夔帥光緒二十一年三月初一日午刻

承念感甚。二十八會議。申正歸途遇到刺客用手槍擊中左頰。血流不止。眩暈時許。復甦。隨帶洋醫及日主遣醫診治子入骨二寸餘難取出。幸部位尚不致命。倭舉國震悚。慰問紛來。和議冀漸就範。

寄譯署光緒二十一年三月初一日未刻

欽奉豔電。恩旨垂詢。醫藥能否應手。甦醒後精神脈氣如何等因。現今各洋醫藥物應手。精神雖減。脈氣尚平。據洋醫稱。子入二寸餘。深嵌骨縫。非割開兩邊皮肉。不能挖取。高年恐難禁此大痛。日用藥水洗治。皮肉可望補復。堪以仰慰聖廑。頃日主及小松親王各遣專使自廣島來慰問。是小松尚未出征。乞代奏。李經方稟。

寄譯署光緒二十一年三月初一日戌刻

日外部送到日皇明降諭旨。中國現在與我國兵爭未息。而按照儀節格式。欽派頭等全權大臣前來締結和局。經朕派遣全權大臣等。前赴馬關會議。我國應有責成。確遵萬國通例。

優待中國欽使。方與國家體面相符。並應優予護衛。以資保安。朕業已疊降特旨。飭文武官員懍遵辦理去後。現查遽有不法兇徒。下賤已極。竟敢傷及中國頭等全權大臣之身。朕心深為憂愁惋惜。其兇犯自應飭吏按已國律內最嚴之刑辦理。茲特明降諭旨。通飭官民。欽遵旨意。保我國家榮耀聲名。庶不致有此再等狂悖不法情事。而損我國之光譽也云。

覆譯署光緒二十一年三月初三日申刻

冬電諭旨欽感無似。槍子難出。據醫云無大妨礙。祇好暫顧目前。今午陸奥來臥室密談。並呈節略云。倭皇電諭。將前所不許不索要款之停戰一節。現行應允。惟須限以期。限以界。彼已將停戰節目預備。今晚可令經方往取。以期覈定早辦等語。俟節目取到。再酌辦電聞。似無庸先電各路將帥。又外署鈔送兇犯小山豐太郎供稱。東京郡馬縣人。因鴻主戰不能保持和局。欲往中國行刺。今聞來馬關。欲殺害。二十八甫到。擬狙擊胸部。誤中左眼下云。並未供另有指使。俟其定案後電陳。請代奏。

覆譯署光緒二十一年三月初六日巳刻

支酉鈔呈停戰約稿。用新法明碼。應先到。頃奉歌酉電。知未接閱。必由華電局沿途緇閱。輾轉遲滯。望飭盛道根查。罰辦以儆將來。昨晚外署函稱。兇犯小山豐太郎由裁判所定以無期徒刑。即終身徒罪。與前刺俄太子之罪相同。並將山口縣知事及巡捕長革職。馬關隸山口縣也。伊藤已回。催送和款。請代奏。

寄譯署光緒二十一年三月初七日酉刻

本日未正。日本交到締和條約。訂明第四日內未正回復。或將約內各款全行承允。或將某款更行酌商等因。第一款中國認明朝鮮確為完全無缺之獨立自主。凡有虧損獨立自主體制。即如該國向對中國所修貢獻典禮等詞。嗣後全行廢絕。第二款中國約將管理下開地方之權。並將該地方所有堡壘軍器工廠及一切屬公物件。永遠讓與日本。第一。下開劃界以內。盛京省南部地方。從鴨綠江口起。溯該江流。以抵三叉子。從此向北畫一直線。抵榆樹底下。從此向正西畫一直線。以抵遼河。從該線與遼河交會之限起。順該河流而下。以抵北緯四十一度之線。再從遼河上劃線起。順此緯度。以抵東經一百二十二度之線。再從北緯四十一度東經一百二十二度兩線交會之限。順此經度。以至遼東灣北岸。並遼東灣東岸及黃海北岸屬盛京省諸島嶼。第二。臺灣全島及所屬諸島嶼。第三。澎湖列島。散在於東經一百十九度起。至一百二十度。北緯二十三度起。至二十四度之間諸島嶼。第三款。前款所載及黏附本約之地圖所劃疆界。俟本約批准交換之後。兩國應各選派官員二名以上。為公同劃定疆界委員。就地踏勘。確定劃界。若遇本約所訂疆界。於地形或治理所關。有礙難不便等情。各該委員等。當妥為參酌更定。從速辦理界務。以期奉委之後。限一年竣事。但遇各該委員等有所更定劃界。兩國政府未經認准以前。應據本約所定劃界為正。第四款。中國約將庫平銀三萬萬兩。交日本國。作為賠償軍費。該賠款分為五次交完。第一次交一萬萬兩。嗣後每次交五千萬兩。第一次應在本約批准交換後六個月之內交清。所餘四次。應與前次交付之期相同。或於期前交付。又第一次賠款交清後。未經交完之款。應按年加每百抽五之息。第五款。本約批准交換後。限二年之內日本國准中國讓與地方人民願遷居讓與地方之外者任便變賣所有田地退去界外但限滿之後。尚未遷徙者。宜視為日本國臣民。第七款。日本軍隊現駐中國境內者。應於本約批准交換之後三個月內撤回。但須照次款所定辦理。第八款。中國為保明認真實行約內所訂條款。聽允日本軍隊。暫行佔守下開各處。盛京省奉天府。山東省威海衛日本查收本約所定應賠軍費第一第二兩次之後。撤回佔守奉天府軍隊。末次賠款交完之後。撤回佔守威海衛軍隊。但通商行船約章未經批准交換以前。日本仍不撤回軍隊。所有日本軍隊暫行佔守一切需費。應由中國支辦。第十款。本約批准交換日起。應按兵息戰。云。科士達擬請總署密告英俄法三公使。現日本已將和局條款出示。其最要者。一朝鮮自主。二奉天南邊各地。臺灣澎湖各島嶼讓與日本。三賠兵費庫平銀三百兆兩。查日本所索兵費過奢。無論中國萬不能從。縱使一時勉行應允。必至公私交困。所有擬辦善後事宜。勢必無力籌辦。且奉天為滿州腹地。中國亦萬不能讓。日本如不將擬索兵費大加刪減。並將擬索奉天南邊各地一律刪去。和局必不能成。兩國惟有苦戰到底。以上情節。並祈詳密告知三國公使。至日本所擬通商新約詳細節目。一時務乞勿庸告知各國。恐見其有利可霑。彼將協而謀我云云鴻按。第六款重訂通商新約節目甚多。並添開口岸北京沙市湘潭重慶梧州蘇州杭州七處。皆各國多年願望不可得者。容即續電請先核明代奏詳示。(按科士達係美國前國務長官。此時為中國顧問。)

寄譯署光緒二十一年三月初七日戌刻

日本和約第六款日清兩國所有約章因此次失和自屬廢絕。中國約。俟本約批准交換後速派全權大臣與日本全權大臣會同訂立通商行船章程。及陸路通商章程。其兩國新訂約章應以中國與泰西各國現行約章為本又本約批准交換之日起。新訂約章未經實行之前所有日本政府官吏臣民。及商業工藝行船船隻陸路通商等。與中國最為優待之國禮遇護視。一律無異。中國約將下開讓與各款從兩國全權大臣畫押蓋印日起。六個月後照辦。第一。現中國已開通商口岸之外。應准添設下開各處。立為通商口岸。以便日本臣民往來僑寓。從事商業工藝製作等。所設口岸。均照向開通商海口。或向開內地鎮市章程。一體辦理。應得優例及利益等。亦當一律享受。一直隸順天府。二湖北省荊州府沙市。三湖南省長沙府湘潭縣四四川省重慶府。五廣西省梧州府。六江蘇省蘇州府。七浙江省杭州府。日本政府得派領事官於前開各口駐。紮第二。日本輪船得駛入下開各口。附搭行客。裝運貨物。一從湖北宜昌溯長江以至四川重慶府。二從長江駛進洞庭湖。溯入湘江以至湘潭縣。三從廣東省溯西江以至梧州府。四從上海駛進吳淞江及運河。以至蘇州府杭州府。日清兩國未經商定行船章程以前。上開各口行船。務依外國船隻駛入中國內地水路現行章程照行。第三。日本臣民運進中國各口一切貨物。隨辦理運貨之人若貨主之便。於進口之時若運進之後。按照貨物原價納每百抽二抵代稅。所到地方勿論政府官員公舉委員私民公司。及有何項設立之名目。為何項利益。所有課徵抽稅鈔課雜派一切諸費。勿論其根由名目若何。均當豁除。日本臣民在中國所購之經工貨件若自生之物一經聲明係為出口以至由口岸運出之時除勿庸輸納抵代稅外。亦照前開所有抽稅鈔課雜派一切諸費。均當豁除。又日本船隻裝載中國內地所需經工貨件若自生之物。運販中國通商口岸。一經輸納口岸通商稅鈔。除勿庸輸納進出口稅外。亦照前開所有抽稅鈔課雜派一切諸費均當豁除。但逐時所訂洋藥進口章程與此款所定。毫不相涉。第四。日本臣民在中國內地購買經工貨件若自生之物。或將進口商貨運往內地之時。欲暫行存棧。除勿庸輸納稅鈔派徵一切諸費外。得暫借棧房存貨。中國官員勿得從中干預。第五。日本臣民在中國輸納稅鈔及規費。可用庫平銀核算外。亦得以日本國官鑄銀圓照公定之價輸納。第六。日本臣民得在中國任便從事各項工藝製造。又得將各項機器任便運裝進口。止交所訂進口稅。日本臣民在中國製造一切貨物。其於內地運送稅內地稅鈔課雜派以及在中國內地寄及存棧房之益。即照日本臣民運入中國之貨物一體辦理。至應享優例豁除。亦莫不相同。第七。中國約博采專門熟練者之說。務速濬黃浦江口吳淞沙灘雖在落潮時。亦須足二十幅深。永勿任其阻塞。遇上開讓與各節內有更須訂定章程者。應於本款所定通商行船約章內備細載明云。請飭總署迅速酌核應准應駁之處。或摘要密商赫德速復。但令不得告知各使。又第九款本約批准交換後。兩國應將是時俘虜盡數交還。中國約將由日本所還俘虜。並不加以虐待。或置於罪戾。中國約將認為軍事間或被嫌逮繫之日本臣民即行釋放。並約此次交仗之間。所有關涉日本國軍隊之中國臣民。概予寬貸。並飭有司。不得擅為逮繫云。此條似可酌准。請代奏。

## 寄譯署光緒二十一年三月十二日申刻

昨將駁復說帖。送交伊藤等。今午接復信稱。所交說帖。並非和約底稿逐條答復之詞。亦未將中國所欲允之意說明。用兵以後。所索之款。非尋常議事可比。望即將約款能否全數應允。或某某款不能應允。實在說明。勿再延緩等語。鴻查說帖大意。於讓地一節。言奉天南邊割地太廣。日後萬難相安。賠費一節。言中國財力短絀。萬辦不到。非大加刪減不可。通商權利一節。言子口半稅減為值百抽二。並將一切稅鈔豁除。與各國定章不符。又機器進口。改造土貨。運入內地免稅。亦難准行。以上已摘要答復。而彼嫌未說明所欲允之意。注意仍在讓地賠款二條。實在著落。若欲和議速成。賠費恐須過一萬萬。讓地恐不止臺澎。但鴻斷不敢擅允。惟求集思廣益。指示遵行。停戰期祇剩十餘日。事機急迫。求速代奏。請旨示覆為幸。

## 譯署來電

奉旨。昨據李鴻章十一日電奏。已將讓地一條。由該大臣決定取舍電復。賠費通商各節。應行磋磨之處。亦大概諭知。茲復據十二日申刻電奏所交說帖。但云。奉天南邊割地太廣。而於臺澎如何置辯並未敘及。電後又稱。讓地恐不止臺澎。究竟說帖數千言中。及面晤伊藤等時。曾否辯論及此。電語殊覺簡略。總之。南北兩地。朝廷視為並重。非至萬不得已。極盡駁論而不能得。何忍輕言割棄。縱敵願太奢。不能盡拒。該大臣但須將何處必不能允。何處萬難不允。直抒己見。詳切敷陳。不得退避不言。以割地一節。歸之中旨也。該大臣接奉此旨。一面將籌定辦法。及意中所欲言者。切實奏復。一面遣李經方前往先將讓地應以一處為斷。賠款應以萬萬為斷。與之竭力申說。彼信中原有某某款不允之語。不嫌反復辯駁也。停戰期迫。該大臣傷病未痊。似與之商議展期。在我亦屬有辭。著李鴻章酌量辦理。欽此。

覆譯署光緒二十一年三月十四日午刻

元中兩電奉旨敬悉。前據伊藤等專員來稱。須先將某款應准應駁。逐條切實聲明。送交閱核。方能約期會議。現已據鄙見將原約各款酌改。而將讓地賠費兩款提出。另函請訂期會商。並將擬駁原約各節。詳細答復。另備節略。一併於今晚送交。俟其回信如何。方能面議。澎湖已失。昨接唐撫電。敵未來犯。軍民心固。似可堅守。鴻斷不敢輕允割棄。已於另備節略中駁論及此。但窺日意。仍逐日由廣島運兵出口。恐添赴臺。將有南北並吞之意。旨飭讓地以一處為斷。極是正論。自應如此立言。不知將來能否辦到。日原圖所劃奉天經緯線度。竟連遼陽田莊臺營口均包在內。遼陽未失。尚易辯駁。此外日兵已據之地。彼已設官安民。極力爭論。未易退讓。可俟會議時察酌妥議。似難由我預為決定。總之敵之所已據處。爭回一分是一分。其所未據處。絲毫斷不放鬆也。賠款一節。前說帖今節略內。均將力難多措實情告之。而伊等十二函復。竟稱中國自家為難之處。並不在此次應議之列。狡強可知。通商一節。前後節略。均令將稅則知各國一律。添口僅先允重慶一處。餘俟會議時再酌。停戰期迫。二十日後相機商展。若彼不願議和。恐難多展耳。至蒙垂詢傷病情形。傷口漸已生肉。精神尚可勉支。惟食眠俱減。未能照常。若訂期會議。當密授機宜。令經方代往。酉電遵告知伊藤等。但原約未能禁日船游弋海面。請代奏。

寄譯署光緒二十一年三月十四日酉刻

前電甫發。伊藤等專人請經方到寓密談。謂此次停戰。伊力持乃允。各武員預備兵馬糧械齊足。必欲分道直攻北京。再行議和。現期已迫。斷難再展。經方即將現擬各款大略告知。惟讓地賠費兩項。須俟面議再定。伊謂此二款最為緊要。尊意欲將奉境全行收回。萬做不到。南北二處均要割讓。僅割讓一處。亦斷不行。該國已用兵費。實係太鉅。所索三萬萬。即欲減少。能減無幾。此我國上下文武熟商而定。特據實密告。經方與反復辯駁。毫不鬆口。屬將此二款如何遇償。切實聲明。方可再行會議。儻中朝嫌我開價太大。不欲商行。則我國另有辦法。時日甚迫。限於明日回信。勿再延誤等語。經方衹得將原擬約款節略帶回另辦。鴻再四籌思。時迫事急。姑據鄙見。將奉天之鳳凰廳安東寬甸岫巖四處邊境割讓。海城俟後再說。較之伊所劃經緯線界。已少大半。澎湖既被佔據。亦暫允讓。賠費即遵電諭以一萬萬應之。明日再將約稿送交。看其能否轉圜。會議後再詳晰電奏。讓北地以海城為止。賠費以一萬萬外為止。儻彼猶不足意。始終堅執。屆時能否允添。乞預密示。否則衹有罷議而歸。停戰展期已絕望。請飭各將帥及時整備為要。請代奏。

寄譯署光緒二十一年三月十六日亥刻

中正伊藤約同會議。言停戰期迫。業將約款酌減改定。萬勿再有移易。內開。一讓地劃界。從鴨綠江口起。溯至安平河口。又從該處通至鳳凰城及營口。劃成折線以南地方。所有各城市邑皆包括在界線內。並遼東岸及黃海北岸盛京所屬各島嶼。又臺灣全島。及所屬諸島嶼。

又澎湖列島照英國東經一百十九度起至東經一百二十度及北緯二十三度起至二十四度之間諸島嶼鴻查所劃界寬甸已不在內營口至金州均在界線之內。一中國將庫平二萬萬兩賠償日本軍費分八次交清第一第二次各交五千萬兩在本約批准交換後起每六個月交清一次其剩款約六年內分交仍按十二個月算交一次又從交付賠款第一次起未經交完之款按年加每百抽五之息但中國無論何時可將應賠之款全數或幾分交清照免算息一保明認真實行約內所訂條款允日本軍隊暫守威海衛又於所訂第一第二次賠款交清通商船行約章批准交換後兩國政府商定辦法將通商各口關稅作為剩款本息之抵押日本允撤回軍隊儻不確定抵押辦法則未經交清末次賠款之前日本應不允撤回但通商行船約章未經批准交換以前雖交清賠款仍不撤回軍隊所有日本軍隊佔守一切需費應由中國支辦以上三條伊藤聲明此文武熟商再三核減盡頭辦法請三日內回信兩言而決能准與不能准而已鴻與反復辯論二點鐘之久毫不活動看其口氣過緊未復中論營口為通商口萬不能讓伊云兵力所得舉國咸爭我亦不能讓鴻云臺灣日本兵所未及何不能讓伊云彼水陸雲集無慮終不能得應請早讓賠款二萬萬勸其再減五千萬亦堅不允似此乘勝貪橫悍然不顧實非情理能喻伊請三日回信儻不准定即添兵廣島現泊運船六十餘隻可載兵數萬小松親王專候此信即日啟行鴻力竭計窮懇請速旨定奪再東文條約尚未細繙大致於通商添口重慶沙市蘇州杭州四處已減三處原約第三條稅則亦刪去餘俟查明續電望速核酌復為幸請代奏。

譯署來電光緒二十一年三月十七日卯刻

奉旨。李鴻章十四日午刻酉刻。十五日辰刻三電均悉。所稱敵所已據處。爭回一分是一分。所未據處。絲毫斷不放鬆。李鴻章於此事通籌熟計。全局在胸。駁論允許。皆有步驟。於朝廷規畫之艱。庶能深相體會。閱之稍慰系懷。至請預示允添之處。卻難即時懸定。仍在李鴻章因應。視其情詞緩急。以為迎拒之方。彼垂涎金州之礦。臺灣此利尤鉅。該大臣現與力爭兩處土地。能允固善。必不得已。或許日以礦利。而土地人民仍歸我有。此姑備一說。無非為保全境土起見。伊藤口氣雖緊。殆為武員所迫。觀其相邀密語。究似尚可與言。總應以中東唇齒大局攸關。毋令西國攘漁人之利。所索條款往返磋磨。正為將來不肯爽約。永保和局地步。令李經方將此向其反復開陳。毋因無益費詞。遂爾中止。停戰展期。仍當以病傷未愈。據情與商。陸奧知照鞍山站一事。已電諭長順等通飭各營。勿得違約生事矣。欽此。

覆譯署光緒二十一年三月十七日午刻

頃細繙伊藤昨改訂第六款通商。除刪去順天湘潭梧州添口外。餘四處照舊。蘇杭生意。久經歸滬。似無甚礙。又將原約通商第三條所稱進口出口每百抽二抵代稅概行刪除。係因連日辯論。通例正半稅。不容減改。故自行刪去。而將第四第五第六原條。向前移置。其第七條疏浚吳淞江亦刪。現約通商共祇五條。可無甚駁改。又原約第八款。留軍佔守奉天府。亦經駁刪。僅佔威海衛一處。其留軍隊需費。議在償款內總算。伊仍不允。候事定詢明人數再議。再諫電奉旨敬悉。金州已據。固難爭回。彼垂涎臺灣甚久。似非允以礦利所能了事。伊等驕狂太甚。屢以西人攘利開導。毫不為動。經方亦無能解說。英已坐視。未知俄廷意見如何。請代奏。

天津德稅務司來電光緒二十一年三月十七日申刻到

巴蘭德電稱各國議論中國讓地事均不以為然。中國應勿急於成議。

寄譯署光緒二十一年三月十七日戌刻

頃接伊藤函稱。昨呈所改約款實係末尾盡頭辦法。務祈四日內切實回復前交節略。所稱中國為難情形。我已細看細想。故跌至無可再減之處。賠款減三分之一。分期交款較長。留軍佔守減去奉天一處。賠償剩款抵押不指地而指關稅。不提內地釐稅。不提控吳淞。此皆使中國易於籌款。便於償費。又減少奉天前索地界。設戰事日進一日。將來無所底止。到那時再議和。斷不能如此便宜等語。鴻所索各款。惟臺灣日兵未到。即欲相讓。無理已極。斷難輕允。然伊昨面談。語已決絕。今又來此函。似是哀的美敦書。應如何應付之處。伏候速示遵辦。請代奏。

譯署來電光緒二十一年三月十九日巳刻到

奉旨。李鴻章十六十七兩日電奏三件均悉。日本續送改定酌減條款。雖通商各條。所爭回者甚為有益。惟兩大款關繫最重。賠費已減三分之一。若能再與磋磨。減少若干。更可稍紓財力。讓地一節。臺澎竟欲全佔。奉省所退無幾。殊覺過貪。前電姑許礦利。該大臣慮其不允。為今之計。或允其割臺之半。以近澎臺南之地與之。臺北與廈門相對。仍歸中國。奉天以遼河為三省貿易出海之路。牛莊營口在所必爭。著該大臣將以上兩節。再與竭力辨論。冀可稍益大局。伊藤連日詞氣極迫。儻事至無可再商。應由該大臣一面電聞。一面即與定約。該大臣接奉此旨。更可放心爭論。無虞決裂矣。欽此。

寄譯署光緒二十一年三月十九日巳刻

頃接嘯電。奉旨敬悉。伊藤十七晚送到哀的美敦書。詞已決絕。無可再商。昨雖復函略加駁論。必置不理。即使會晤再行磋磨。割臺之半與之。亦必不允。一島兩分治。口舌既多。後患亦大。至奉省劃界至營口牛莊。已不在內。營口稅利。豈能遽舍。此皆不妨辨論及之。實恐難望轉圜。且停戰第六款內稱。如期內和議決裂。此約亦中止。云若議不合。必致決裂。察看近日日人舉動。已遣運兵船二十餘艘。由馬關出口赴大連灣。並令法美觀戰探事人隨隊往前敵。其意可知。恐非即訂約不可。不得不先奏明。

寄譯署光緒二十一年三月十九日酉刻

頃派伍廷芳往伊藤處。告知總署已飭前敵將帥勿再違約。據伊面稱。華軍不諳公法。動輒妄為。恐不待停戰期滿。已將開仗。並催允定和約復信。謂廣島已派運船三十餘艘出口赴大連灣。小松親王等明日督隊繼進。若商改約款。故意遲延。即照停戰款內和議決裂此約中止辦法等語。是其越逼越緊。無可再商。應否即照伊藤前所改訂條款定約。免誤大局。乞速請旨電飭遵辦。

覆津海關盛道光緒二十一年三月二十日辰刻

伊藤兩次哀的美敦書。云無可商。現約明日會晤即定。欲保京城。不得不爾。以後看各國辦法。朝鮮准自主。商令兩國勿干預內治。伊不允。非據而何

譯署來電光緒二十一年三月二十一日辰刻

奉旨。李鴻章十九日三電均悉。十八日所論各節。原冀爭得一分有一分之益。如竟無可商改。即遵前旨與之定約。欽此。

譯署來電光緒二十一年三月二十一日午刻

二十日酉刻來電悉。昨奉旨。十九日三電均悉。十八日所論各節。原冀爭得一分有一分之益。如竟無可商改。即遵前旨與之定約。欽此。二十日午刻電發。想夜間必可接到。希即遵旨辦理。以免延誤。

寄譯署光緒二十一年三月二十一日亥刻

午前接晧馬電。即約伊藤在公所會商賠款讓地二端、無可商改、遵旨即與定約、大致照三月諫洽兩電改定各款。而於第六款通商小節目酌加刪易。僅四條。威海衛留軍一節。詢其人數曰一萬。餉數曰歲二百萬。再四磋磨。允兩國各認一半。鴻僅允給五十萬。伊謂此約批准在。煙台互換。限二十日留軍費始可照允。蓋因原約第十款批准交換日起。始按兵息戰。重兵久屯各處。恐生事端。故急催互換。應否准行。乞速電示遵辦。現擬二十二繕清約稿。二十三巳正畫押。萬難久待。鴻於畫押後。即登輪回津。再將和約原本專員送京。敬候批准。請代奏。

寄譯署光緒二十一年三月二十二日辰刻

昨與伊藤商定讓地劃界一節。末添營口之遼河。以河心為界則東岸屬彼。西岸仍歸我。賠款一節。末添如從條約批准互換日起。三年內能全數清還。除將已付兩年半利息。於應付本根扣還外。餘仍全數免息云。計可省息銀一千數百萬。惟鉅款不易借貸。伊藤亦知中國支絀。謂借外債可三四十年分還。期長利輕。力亦稍紓。可備參酌。又第五款讓地遷民一節。末添臺灣省應於本約批准互換後。兩國立即各派大員至臺。限於本約互換後兩個月內。交接清楚云。磋磨再四始允照辦。鄙見似宜派唐撫就近與該員妥議。至臺民願遷與否。曉諭不服恐生事變。與華官無涉。伊謂交換後責任在日官。必不怨華。唐撫前電有臺民誓不兩立之說。務祈密諭。未交以前。妥為撫循開導。又第六款通商內地租棧一節。刪去官員勿得干預。又納稅用庫平與關平不合。日本銀元難強收。此條全刪。又日商僅准在通商口岸用機器製造合併聲明。至日本運兵船多隻。由馬關出口赴灣旅屬實。原約雖定於批准互換後停戰。未互換前。彼此均應按兵不動。明日畫押。當再商辦。經述請假省親。自係未知已定約畫押。請飭勿來乞代奏。

寄譯署光緒二十一年四月初二日申刻

頃倫敦初一來電。駐日本東京之德法俄公使。業經照會日廷。不許其割據中國毗連之疆土云。

寄譯署光緒二十一年四月初三日午刻

頃據倫敦路透電報日本覆俄德法三國公使云。日本百姓。因屢戰皆捷。現在無殊酒醉。如將中國擬讓奉天之地。辭而不受。則必激成內亂。英國新報以英國國家不肯與聞此事為甚是。德法兩國徒受俄國所指使。法國新報則以法國干預此事為非是。雖見好於中國。必得罪於日本。日本非計之得云。

譯署來電光緒二十一年四月初六日未刻

奉旨。連日紛紛章奏。謂臺不可棄。幾於萬口交騰。日本又據唐景崧電稱。紳民呈遞血書。內云公法會通第二百八十六章有云。割地須商居民能順從與否。又云民必須從。方得視為易主等語。臺民誓不從倭。百方呼籲。將來交接。萬難措手。著李鴻章再行熟察情形。能否於三國阻緩之時。與伊藤通此一信。或豫為交接地步。務須體朕苦衷詳籌挽回萬一之法。迅速電覆。欽此。

譯署來電光緒二十一年四月初八日戌刻

貴大臣前奏會議和約已成一摺。本日已奉硃批依議。惟聞俄德法三國。現與日本商改新約。將來如有與此約情形不同之處。仍須隨時修改。欽此。伍廷芳現在都中。明日用寶後即令齎約赴津。一面由貴大臣預備由津赴煙大小輪船聽用。煙台接待東使一切事宜。飭關道備辦。昨本署遵旨。屬田貝轉電日本。現聞俄德法三國與日本商改中日新約。須候定議。十四日換約之期太促。擬展緩十數日。再行互換。望轉商候覆等語。恐日本覆到需時。應先預備一切。以免臨時貽誤。貴大臣即將業經批准一節。電知日本。俾亦派員來煙。以便互換。

寄譯署光緒二十一年四月初九日辰刻

夜間接伊藤初八戌初英文電開。中國政府請暫緩互換批准和約一節。當經日本政府答以無論因何情形。互換批准。必不能緩。且因締結兩國和好。互換一節。更不容緩。並經告明。如以俄法德三國請改約款為慮。則互換之後。更易商改。向來辦法。係屬如此。日本全權大臣。於限期互換之前。必到煙台。今為兩國有益起見。本大臣特此反覆叮嚀。電告貴大臣。務請將此批准條約。於續展停戰限期未滿之前。即行互換。是為至要。伊藤博文自日本西京發。云田貝想亦接覆電。昨接庚電。知和約已奉批准。日本既不肯展緩。十四期迫。應由鴻即覆伊藤。已批准派員如期互換。應請速派全權大臣前來。現飭留公義商輪在津守候。計由津出沽口須一日又一夜。至煙台必須十二日。到煙布置一切。以便會商。庶無貽誤。請代奏。

譯署來電光緒二十一年四月初九日午刻到

本日奉旨著添派三品銜升用道聯芳與廷芳同往煙台換約。欽此。

寄譯署光緒二十一年四月初九日申刻

頃覆伊藤電云。昨電已收到。新訂和約。雖中國舉國不以為然。本大臣總想和約當奉批准。現蒙大皇帝俯順所請。批准該約。定可如期互換。當勸請大皇帝批准之時。本大臣所有意見。與貴大臣來電相同。如果從速批准。則俄德法所有請於我兩國商改之事。較易商改。本大臣奉有諭旨。速將前事設法辦理。並緣臺灣各色人等現正萬分憤亂。應將臺灣一事。重為考慮。及另行籌商。以上各節。極望貴大臣和衷體諒。相助為理。也等語。因來電有俟三國商改和約之語。特電將臺灣一事提及。如有覆電再行奉聞。

龔使巴黎來電光緒二十一年四月初十日未刻

聞法外部云。現俄德法兵輪。均在日海口。勸日減索項日雖未覆。已有和商意。英仍坐視。

寄譯署光緒二十一年四月初十日申刻

伍廷芳等關防已照刊。科士達甚正直。熟悉交涉機宜。在馬關諮商一切。頗獲其益。昨自京來晤。適接伊藤電。即商令代擬覆電。渠即附日輪回國。鴻勸暫留同伍廷芳赴煙襄助。以後三國干預。口舌必多。鈞署及敝處宜有妥人參謀。可否挽留一二月。俟大局稍定。再取進止。頃略示其意。尚不固執。即添給薪酬若干。似不惜此小費。乞速酌示。

寄譯署光緒二十一年四月十一日戌刻

倫敦路透初十電。法國報稱聞日本已允除旅順口外。將遼東亦還。但須以他項相抵。此事尚未定奪。但即將定云。

寄譯署光緒二十一年四月十二日午刻

昨與科士達商擬換約時另給日使照會云。今日互換批准之先。奉中國政府訓條。特聲明宣告如左。查本約第二款讓地一節。當中國全權大臣應允之先。曾經指駁。此係向例所無。殊非情理。嗣經日本全權大臣限期迫脅。如不應允。即再行開仗。後此所索之款。必較此更重等語。中國全權大臣。祇得勉讓至和款為各國共知之時。中國所與交涉通商親睦友好之三大國。將約內讓地一款。向日本指駁。並向中國殷勤陳說。謂踐行該約所應有辦法。請暫延緩。至三大國於所關讓地一事得遇有商改之機會而止中國政府因即向日本政府電商。將互換批准和約之期展緩日本內閣總理大臣前充議約全權大臣因而此項酌商之事。電催中國頭等全權大臣內開。為兩國有益起見。批准和約務屆期互換至俄德法所請商改約款。互換之後。更易商辦等因茲為日本內閣總理大臣陳說之語並中國政府與日本政府辦理交涉事宜謹慎確實起見。中國全權大臣。現在即按照約內所定日期將所批准和約互換。為此特行宣告。此約雖經互換而約內所開讓地各節非俟俄法德三國籌商辦理定議。即不能設法按約辦理。中國與各大國或因交界。或因通商。久締盟好。不得不如此辦理。且日本內閣總理大臣既有前項陳說。則日本政府自必允照該大臣所說者更無疑義等語。已屬伍廷芳等屆時用漢洋文繕交日使。彼似不能駁回。若與商另立專條。彼必云無權可辦。祈酌核奏准。飭伍廷芳遵辦。

寄煙台伍道等光緒二十一年四月十二日酉刻

頃總署來電。本日遵旨擬給日本換約大臣照會二件。希速電伍廷芳等。先行繕就。蓋用關防。於換約時交給為要。照錄照會於後。第一件。中國政府為照會事。前由頭等全權大臣李奏請批准換約一摺。奉旨依議該衙門知道。惟聞俄法德三國與日本商改中日新約。將來如有與此約情形不同之處。仍須隨時修改。欽此。為此恭錄知照。請貴大臣轉達貴國政府查照可也。須至照會者。第二件。中國政府為照會事。前接美國田大臣覆信述貴國政府云。按期互換和約。最為緊要。如謂因俄法德三國所商改之事。若係須照辦者。互換以後較未換之先更為容易等語。與中國之意相同。屆時如有改易情形。自須另立專條以資遵守。再在臺灣各色人等。萬分驚擾。勢將變亂。以後應將臺灣一事。重為慮及。另作辦法。除已由頭等全權大臣專電達知外。特再具照會聲明。惟希貴大臣轉達貴政府查照可也。須至照會者云云。似科士達所擬照稿可不用。即照此兩稿繕就。於換約時面交。

覆譯署光緒二十一年四月十二日酉刻

本日午刻電呈科士達所擬照會稿。頃奉遵旨擬就照會二道。似更簡潔。即轉伍廷芳等遵辦。

寄譯署光緒二十一年四月十三日申刻

頃許使文電。俄廷接日本覆。允退全遼。已電喀使告署云。頃德國司領事來言。外部電詢。中國借債。應請令德國銀行承借。不應專向英借。鴻告以德商利輕可借。彼問息若干。鴻告以四釐或四釐五。不折扣。查三國幫我出力。俄法各有私意。德無所圖。如其銀行利息與他國一樣。我應藉以牢籠俄法必無異詞。德使與署提及。乞加意。

寄譯署光緒二十一年四月十三日申刻

劉道含芳文電。東使公館已備定德國大客寓一所。樓宇院落頗寬。自碼頭至館及廣仁堂。來往道路。與孫鎮分派妥當弁兵巡護。以期慎重。英國斐提督今晚乘鐵甲到煙。近日海參崴來人傳稱該處俄兵有五六萬。由北路來者居多。未知確否。又皮子窩民船傳稱日兵紛紛赴韓等語。伍聯兩欽使申刻到。酉刻登岸同住廣仁堂。又元電。頃有日本商船到口。聞伊使在船。已派員前往引導。昨夜半又到俄艦三艘云。

伍道員來電光緒二十一年四月十三日申刻到

接文中文酉兩電。敬悉科士達擬稿。遵示不用。惟文酉電內照會二件。起首有中國政府為照會事云云遲達日使。似於體例不符。擬由廷芳等具文照會。起首云。為照會事本大臣奉中國政府電飭照會貴大臣云云。可否請速電遵

覆煙台伍道等光緒二十一年四月十三日酉刻

兩電已轉署催飭換約政府第一件照會可用。起首云云。應照擬辦理。第二件德稅務司謂。再提臺灣。恐日本藉口中國欲反全約。布告各國。謂我理詘。不如科士達所擬照會為妥。日本已覆俄國。已允還全遼。臺灣不可自我屢翻。已電商總署。仍用科稿。

寄譯署光緒二十一年四月十三日酉刻

劉含芳元電日本伊東大臣。係乘橫濱丸商船。同來者一武官。四隨員。已備小火輪馬轎。接赴使館云。

寄譯署光緒二十一年四月十三日戌刻

路透電。臺灣黑旗黨殊欠安靜。英德水師業在安平登岸。英國艇船現在在打狗地方遊巡云。

急寄譯署光緒二十一年四月十三日亥刻

伍廷芳元未電。日使伊東雖到。地方官備妥行館。往請登岸未允。據翻譯回稱。日使云。停戰換約。均明日期滿。務須今日先行議妥。明日准十二點鐘以前互換和約。方肯上岸。廷等奉諭旨。不敢遽答應如何辦理。懇速電示云。望速徑電飭遵。勿遲誤。

寄譯署光緒二十一年四月十四日辰刻

劉道含芳元電。日本伊大臣照會。日本帝國欽派全權大臣伊東為照會事。照得本大臣膺本國大皇帝簡命。蒙授以全權辦理大臣。為互換經奉本國大皇帝批准日中兩國全權大臣於明治二十八年四月十七日在下之關所訂和約及另約特派前來。既經本國政。府電咨貴國政府今於五月十七日早晨行抵煙台。應經貴道將本大臣行抵本埠轉行告明貴國政府。併求知照貴國為互換和約及另約來此欽差全權大臣。務請遵照約內訂期。與本大臣會晤。以便互換經奉兩國大皇帝批准和約及另約。如何辦理之處。從速賜覆。本大臣不勝翹望之至理合照會。請貴道查照可也。職道覆伊大臣照會。為照覆事案照本月十三日本監督接到貴大臣照會。知貴大臣已經行抵煙臺各等因。即經電李中堂轉電本國政府。本國欽派全權大臣伍聯。已於昨日到此。所有貴大臣行館。已經本監督飭屬豫備妥當。並派員帶領先鋒輪船往迎貴大臣登岸。至於訂期會晤各事。自應由伍聯兩大臣與貴大臣約訂。相應備文照覆云。芳查伊東堅持換約停戰皆明訂日期。兩欽使又須待電旨。但恐內城偏聽俄法。則誤事非小。期限已迫。惟盼電旨云。

急寄煙台伍道等光緒二十一年四月十四日巳刻

頃總署元電。三國勸還遼東。已有頭緒。均屬暫緩互換。奉旨由田貝轉電日本政府。再商展期。田電已發。內云。請將換約停戰日期另行改訂。以後從容定議。候日本政府詳籌速覆。中國已飭換約大臣在煙靜候。並請日本政府電知換約大臣。一體辦理等語。此實因俄德法三國屢屬暫緩互換。候信辦理。我國與日本及俄德法均為共敦睦誼起見。並非故為耽廷。請酌量函商伊東大臣登岸。候信商辦。並致東海關監督知照。

譯署來電光緒二十一年四月十四日未刻到

奉旨。現已接三國覆信。著伍廷芳聯芳即與日本使臣換約。照會二件。面約交付。昨商展期。已由田貝電日本作為罷論。欽此。此旨即電煙台。並電告日本。已如期換約。照會第二件。提及臺灣。係照貴處致伊藤電內慮及之意。並無別論。似無礙。

譯署來電光緒二十一年四月十四日未刻到

奉硃筆。近自和約定議。廷臣交章論奏。謂地不可棄。費不可償。仍行廢約決戰。以冀維繫人心。支撐危局。其言固出於忠憤。而於朕辦此事熟籌審處不獲已之苦衷。有未深悉者。自去歲倉猝開釁。徵兵調餉。不遺餘力。而將少宿選。兵非素練。紛紛招集。不殊烏合。以致水陸交綏。戰無一勝。近日關內外情事更迫。北則逕逼遼瀋。南則直犯畿疆。皆現前意中之事。瀋陽為陵寢重地。京師則宗社攸關。況二十餘年來。慈闈頤養。備極尊崇。設使徒御有驚。則藐躬何堪自問。加以天心示警。海嘯成災。沿海防營。多被衝沒。戰守更難措手。是用宵旰旁皇。臨朝痛哭。將一和一戰。兩害兼權。而後幡然定計。萬分為難情事。言者章奏所未及詳。而天下臣民皆當共諒者也。茲將批准定約。特將先後辦理緣由。明白宣示。嗣後我君臣上下。惟期堅苦一心。痛除積弊。於練兵籌餉兩大端。實力研求。亟籌興革。毋生懈志。毋騖虛名。毋忽遠圖。毋沿積習。務期事事核實。以收自強之效。朕於內外諸臣有厚望焉。

寄譯署光緒二十一年四月十四日酉刻

日本中初。用英文電告伊藤云。奉旨傳諭現在煙台之中國全權大臣。速將批准條約互換。應電達貴大臣察照。所有前請暫緩互換各電。均作罷論等語。至政府照會第二件。並電伍道等照辦。

譯法國駐津總領事來函光緒二十一年四月十四日酉刻到

三國力爭之事。著有實效。我駐京公使。屬為轉陳。日本將遼東南部。並旅順海口在內。全行退出。是則於今日應換批准之約無所阻礙矣。

寄譯署光緒二十一年四月十四日戌刻

路透十三電稱。日本已行文各國。謂現棄遼東。並旅順口。目下各國水師。薈萃在煙台云。

寄譯署光緒二十一年四月十五日辰刻

日本伊藤博文十四日申初來電。中國現請展緩互換批准條約。並停戰日期。因近日俄德法勸告中國。條約中有商改之處。應於互換之前。引入而商改之處。現在三國尚未與中國議定也等語。日本覆中國電如左。日本告明中國。日本現已全遵俄法德三國相勸之語。不擬永據遼東之地。三國自必心滿意足。毫無疑義。至於日本棄遼東之地。如何辦法。兩國自應從容商議。日本政府諄請中國先將批准條約互換。毋任遲延。至於條款應行商改之處。及應作如何辦法。嗣後再行整辦。今為互換之期已逼。如再用兵。於兩國利益均有損害。日本政府應將停戰展限五日。批准條約應於限前互換。越速越妙。日本前接貴大臣來電內開。批准條約。准於限期內互換。現中國覆有是電。日本政府曷勝詫異。今為中國利益起見。日本政府辦事極為和衷。故即應允展期。祇此一次。按照以上所陳情形。本大臣應向貴大臣再行反覆聲明。批准條約。應行迅速互換。是為極要。如有延誤。其重大變故。勢必因之而起也等語。伊藤接昨日申初電告。自必轉致伊東。與伍廷芳等商定互換。請代奏。

寄譯署光緒二十一年四月十五日辰刻

伍廷芳等鹽亥電。廷等遵旨。今晚十點鐘。與日使互換條約。同時面交照會三件。日使閱後。力辯不收。辯論至再。始允暫收。廷等帶所換之約。明日坐公義船回津云。

寄譯署光緒二十一年四月十五日午刻

頃又接日本伊藤博文十四亥正電稱。奉到貴大臣本日來電。欣悉中國將所有以前請緩互換批准條約。均作罷論。並諭中國全權大臣。速即互換。當經飭知日本全權大臣查照辦理。應請貴大臣前電作為駐銷。並祈轉達貴國政府可也。鴻即電覆云。連接貴大臣十四日申亥兩電。欣悉一切。貴大臣辦事和衷。遵允俄法德友邦相勸。棄讓遼東原佔各地。其條款應行商改之處。嗣後再議。具徵力顧大局。從此兩國和好永敦。中外欽佩。據換約大臣伍廷芳等電稱。遵旨於十四晚十點鐘。業經會同互換條約。所有日本政府允再展限互換之處。應照來電作為註銷。並已轉達中國政府知照等語。請代奏。

寄譯署光緒二十一年四月十五日申刻

劉含芳咸電。和約已換。伊東寅初登舟。卯初開輪。向西北行云。似赴旅順知會小松。

寄譯署光緒二十一年四月十九日酉刻

頃接伊藤博文十八日戌正電稱。十七日來電收到。日本一俟應先預備之事整辦之後。即可與中國開議奉天南邊之地。至臺灣一節。日本現已告明中國政府。今日皇已派水師提督子爵樺山資紀。作為臺澎等處巡撫。並作為日本特派大員。辦理按照馬關和約第五款末條之事。約兩禮拜該巡撫即可履任辦事。於行抵該處時即預備辦理特派之事。日本政府盼望中國政府立即簡派大員一人或數人。與該巡撫會晤。並將該大員等銜名告明日本政府。按照如此情形。本大臣告知貴大臣。日本政府謂。如中國政府查照日本所請。速派大員一人或數人。與該巡撫樺山會晤。毫無延宕。則貴大臣所慮危險之事。即可免矣。該巡撫一經到任之後。則境內保全平安之事。一惟日本政府是問等語。玩其語意。似已電由田貝告知鈞署。適科士達來晤。密與商籌。科謂和約既經批准互換。除日本允還奉天南邊另議外。其餘應逐一照辦。斷不可游移。藉故諉延。以致另起波瀾。生出意外危險。即請他國保護。即使辦到。亦必枝節橫生。鴻告以臺灣官民。不肯交接。奈何。科謂皇上批准。中國官民。豈可任聽梗阻。致失國體。如國家納鄙言。應由政府屬田貝轉告日本。以中國派大員商交臺灣。日本應同時商交遼東。方為公允云云。可否仍責成唐署撫與日員妥為商辦。乞代奏請旨。

寄譯署光緒二十一年四月二十二日酉刻

倫敦二十一日路透電。在神戶之泰模斯訪事來信。因日棄遼東一事。民人大失所望。甚為憤激。故目下在日之各國使館。皆有戒心云。

譯署來電光緒二十一年四月二十四日辰刻到

奉旨。李鴻章二十一日電奏已悉。茲據張之洞電奏。接全臺紳民電稟云。臺灣屬日。萬姓不服。既為朝廷棄地。惟有死守。據為島國。並據唐景崧稱。臺民堅留該撫署與劉永福。不聽開導。求死不得等語。是臺灣難交情形已可概見。該大臣仍熟籌辦法。以期補救萬一。伊藤回電如何。即行電覆張之洞。唐景崧原電。並由總理衙門照錄電知。欽此。樣照錄張之洞電。頃接臺民二十一日公電云。全臺紳民敬電稟。臺灣屬日。萬姓不服。疊請唐撫院代奏臺民下情而事難挽回。如赤子之失父母。悲憤曷極。伏查臺灣已為朝廷棄地。百姓無依。惟有死守。據為島國遙戴皇靈。為南洋屏蔽。惟須有人統率。眾議堅留唐撫。暫仍理臺事。並留劉鎮永福。鎮守臺南一面懇請各國查照割地紳民不服公法。從公剖斷。臺灣應作何處置。再送唐撫入京。劉鎮回任。此舉無非戀戴皇情。圖固守以待轉機。情形萬緊。伏乞代為轉奏。全臺紳民同泣叩等語。謹據情轉達。請代奏。之洞肅禡。照錄唐景崧電。密。臺民知法不可恃。願死危區。為南洋屏蔽。堅留景崧與劉永福。經反覆開導。再三力拒。無如眾議甚堅。臣等雖欲求死而不得。至臺能守與否亦惟盡人力以待轉機。此乃臺民不服屬日。權能自主。其拒日與中國無涉。懇旨飭下總署商日外部。彼員從緩來臺。則臺與日尚可從容與議。若即以武相臨。不過兵連禍結。彼斷難馴致全臺。以上各節。是否有當。伏乞皇上訓示。請代奏。景崧肅養。

寄譯署光緒二十一年四月二十四日巳刻

頃接日本伊藤二十三日戌正英文覆電云。四月二十一日來電。業經接到。查按兩電。批准馬關和約。臺灣所有主治地方之權。業已交與日本。其了結地方變亂之法。勿庸兩電會議是以中國政府。祗須將治理臺灣之事。並公家產業。查照條約及前電。即派大員交與日本大員。按照以上情形而言。樺山巡撫啟程日期勿庸暫緩。查該巡撫已於本日由西京動身矣。至於奉天南邊之地。日本之意。已於前電聲明等語。鴻查伊電詞意甚為決絕。樺山已於二十三日起程。計日必可到澎臺。應先電知唐署撫籌備為要。至臺地紳民公電有云。請各國查照割地紳民不服之公法剖斷。詢科士達。查洋文公法原本所載。並非戰後讓地之例。難以比擬。且日既不肯會議。俄法德亦不過問。孰為剖斷。應請傳諭。毋得誤會。此事恐開釁端。並連累他處務祈慎重籌辦。大局之幸。請代奏。

寄譯署光緒二十一年四月二十六日亥刻

照譯洋報。日主四月十九日明發諭曰。前者中日兩皇。各派使臣議成和約。嗣經俄法德三國告知日本。以永據遼東南界。非所以保東方和局。勸我退讓。日本向願東方常保太平。近與中國交戰者。亦以為立太平之基耳。即俄德法諄諄勸告。無非與我意見相同。我既願和。且不願再兆禍基。致民人罹患。使境內無安寧之福。所以不執意據守遼東者此也。中國明認日本所為。無不合理。而廢絕邦交。彼已深悔。此固宇內所共知。日本亦何為而不順從俄法德之請乎。至於讓回之事。將由中日兩國商辦。現和約已換。友誼重修。邦交益固。所望局外諸國。其官民亦深知此意云云。日廷因其國人不願讓遼東。故宣示以免內訌。鴻三月十一日。給伊藤等說帖。第二條即將讓遼一節。剴切言之。伊置不理。今為三國威脅允讓。乃為此飾詞自解。然必無變局可知矣。

譯署致臺撫光緒二十一年四月二十六日酉刻到

奉旨。署臺灣巡撫布政使唐景崧。著即開缺來京陛見。其臺省大小文武各員。並著唐景崧飭令陸續內渡。欽此。

譯署來電光緒二十一年五月初一日酉刻到

署臺撫電云。聞日歸遼旅索加費一萬萬。臺灣係未失地。大可援此案加費贖回。原議兵費償二萬萬。又贖遼贖臺之費。請各國公評價值。即可指臺灣押與他國。抵借鉅款。所有賠款均由此出。似此辦法。則遼旅臺灣均退還中國。而賠款數萬萬。均由臺出。據江督電稱。美國曾估臺灣可押十萬萬。即不如數。大約數萬萬可押。請旨飭下總署與李鴻章向日本速議。臺民誓不服日。日難收取。李經方來臺交割。臺民憤極。定中奇禍。即澎亦斷不可往。實相愛非相忌之辭。改派他員來臺。恐亦無善全之策。伏思償款二萬萬。又加贖遼旅費。部臣如何措手。借用洋債。各省海關全為英國所踞。已屬難堪。借必應還。我又何以立國。不如贖臺而轉押臺。則費有所出。至將來贖臺之費。從容計謀。自有眾擎易舉之法。容再續陳。惟押臺之說。臺無外洋巨商。請飭江督與議。總之。朝廷不忍割地棄民。人心感奮。百事可為。一失人心。斷難再旺。臺民聞李經方偕日酋即日收臺。變在日夕。儻蒙俯采末議。乞速諭知。請代奏。此電遵旨寄閱。

寄譯署光緒二十一年五月初二日辰刻

頃接伊藤初一申正電稱。李中堂閣下。本月二十三日。即中曆四月二十九日來電。所示各節。當經轉達樺山提督去後。頃准該提督復稱。兩國特派大員。應以淡水作為會齊之所。中國特派大員。如以淡水地方有礙難之事。該提督應將特派大員安穩護送至澎湖或福州暫住。如果該處有憤亂之事。應俟至彈壓平靜後。再行前往。該提督與李經方同時登岸等語。本大臣相應迅將以上各節電達貴大臣知照。並望李經方即逕赴淡水云。似此尚為穩妥。除電經方酌辦外請代奏。

伯行上海來電光緒二十一年五月初三日酉刻到

江電敬悉。季同密電其家。令轉告臺將自主。法可保護。危險勿登岸。日船二隻。現在臺海面遊弋等語。昨洋報稱。臺民擁唐自主。並有國旗布告各國。證之唐電。益可相信。頃令福電詢長崎美領事。查樺山蹤跡。各事明日齊備。俟呂文經到。得樺山到淡消息。可即日啟程。屆時報啟程。將送到關防開用日期及隨帶各員名。並為一電。乞船奏。擬不具摺。馳驛並不行文各處。

（按伯行即李經方）

寄伯行光緒二十一年五月初四日辰刻

唐撫冬電。總署四月二十六日奉電旨。臣景崧欽遵開缺。應即起程入京陛見。惟臣先行。民斷不容。各官亦無一保全。只全臣暫留此。先令各官陸續內渡。臣再相機自處。臺民聞割臺後。望有轉機。未敢妄動。今已絕望。公議自立為民主之國。於五月初二日。齊集衙署。捧送印旗前來。印文曰。臺灣民主國總統之印。旗為藍地黃邊。強臣暫留保民理事。臣堅辭不獲。伏思日人不日到臺。臺民必拒。若砲臺仍用龍旗開仗。恐為日人藉口。牽涉中國。不得已允暫視事。將旗發給各砲臺暫換。印暫收存。專為交涉各國之用。一面布告各國。並商結外援。嗣後臺灣總統均由民舉。遵奉正朔。遙作屏藩。俟事稍定。臣能脫身。即奔赴宮門席藁請罪。昧死上聞請代奏云。如此奇文竟出意外。汝可無庸前往。往亦無地可交。候旨再定。

寄伯行光緒二十一年五月初四日午刻

頃接伊藤初三亥初電稱。李中堂閣下。本日來電已接到。樺山提督明日早晨可抵淡水。本大臣詳審料量。深信當此時節。兩國特派大員會晤之期。越早越妙。此事極有關係。極屬緊要。是以本大臣盼望中國特派大員立即啟程。不必以所處艱礙緦緦過慮。萬一果有不虞。樺山提督自必按照本大臣前寄貴大臣之電所陳者出力助護云。聞臺灣已自立為民主之國。布告各國。恐無出而援助者。紳民義憤。固無如何。惟不應奉署撫唐景崧為總統。使朝廷號令不行。日本豈不明知。必有責言。慮生他釁。李經方奉命前往交地。茲既無地可交。此外各事無從過問。伊藤仍催赴淡水會齊。原係照約辦理。李經方既去。亦不過作壁上觀。戰斷難設法排解。究應如何處置。及經方應否速往。伏乞電旨迅速指示機宜。請代奏。以上電署。汝應一面料理。仍候旨遵辦。呂文經今早搭飛鯨前去。可令子梅招呼。此人可為嚮導。

伯行上海來電光緒二十一年五月初五日辰刻到

支午電謹悉。福接淡水稅務司電稱。臺民自主是實。日來必有戰爭云。福已電樵野達署。

伊藤催赴淡水。旨必飭速往。各事早齊。初六晚可起程。初七早在吳淞口候呂文經並船。

## 寄伯行光緒二十一年五月初五日戌刻

本日奉旨。李鴻章電奏已悉。臺民劫制生變。事出意外。無從過問。李經方既經照約派往。若不速行。轉令生疑。伊藤電內既有出力助護之說。自應剋日前往相機商辦。即使不能排解。彼亦無可藉口也。欽此。各國均疑臺民自主。係由朝廷嗾使。日人不能無疑。汝往晤樺山。彼若謂唐撫主使。直告以旨令開缺來京。本已無官。乃為臺民強留。即不得目為華官。彼即戰爭。應在臺地。不當波及他處。致礙和局。一切進止機宜。務宜妥慎籌商防護。如有可設法通電之處。隨時電知。以釋系念。呂文經初五早開。須初八到吳淞。能少待否。何日起程。候電轉奏。

## 寄譯署光緒二十一年五月初六日辰刻

欽奉電旨。飭李經方剋日往臺。相機商辦等因。遵即轉電飭遵。俟啟程定期即報。並密屬以各國均疑臺民自主。係由朝廷嗾使。日人不能無疑。樺山若怪唐撫主使。應告以已奉旨令開缺來京。乃為臺民強留。即不得目為華官。彼即戰爭。應在臺地。不當波及他處。致礙和局。如日兵上岸攻勦。聞該處有勇百營。豈能一鼓潰滅。臺民素悍。竹圍甚多。伏莽到處抗拒。勢須曠日持久。汝似未能久待。自應查照伊藤四月二十三日電云。按照兩國批准馬關和約。臺灣所有主治地方之權。業已交與日本。只須將治理臺灣之事。並了結地方變亂之法。一併照約交給日本特派大員。自行經理。備文知照樺山。俟其照復到後。酌量回舟。以後應與我國無干云云。請代奏。事勢至此。似只有如此辦法。

寄譯署光緒二十一年五月初六日未刻

李經方魚電。旨令速往。準初七日啟程。力疾前往。隨帶道員馬建忠。西文翻譯伍光建。東文翻譯盧永銘陶大均。文員張柳黃正洪冀昌邵守先。武員呂文經函斬春等十員。餘謹遵辦理。乞代奏。

寄伯行光緒二十一年五月初六日酉刻

頃電覆伊藤云。西五月二十六日即中五月初三日來電。業經接到。樺山提督既剋期往抵淡水。中國特派大員本應即往會晤。前因臺地民情大變。深恐會商無益於事。未免躊躇。茲貴大臣電稱。此事關係緊要。不必以所處艱礙過慮。並允按照前電出力助護等語。本大臣已奏明飭催李經方迅速啟程。據該員電報。準於五月初七日由上海前往。若途間無風霧阻滯。初九十日可到淡水。惟近聞臺灣紳民公議。已自立為民主之島國。不服我國家號令。李經方必更呼應不靈。且恐激生意外之變。回憶西五月十七日即中四月二十三日貴大臣來電按照兩國批准馬關和約。臺灣所有主治地方之權。業已交與日本。其了結地方變亂之法。勿庸兩國會議。中國政府只須將治理地方等事。交與日本所派大員云云。是李經方到淡水後。自應查照貴大臣前電語意。與樺山提督會商。想樺山自能設法辦理。臺民已為自主之島國。中朝實難遙制。即中國特派大員。亦只能照約交出臺灣。此外一切均無從過問。祈貴大臣電致樺山提督。格外原諒。通融辦理為幸。至來電謂果有不虞。樺山必按照前電所陳者出力助護。具見友誼關愛。尤感盛情於不盡也云。除電總署代奏外。……

寄譯署光緒二十一年五月初八日午刻

劉含芳虞電。頃民船盛連敏初四午自旅順開。據稱旅僅日艦一隻。每日來往裝運商輪五六隻七八隻不等。臺局之物。無不運去。存兵寥寥。聞三禮拜皆去等語。

寄譯署光緒二十一年五月初十日午刻

李經方佳巳滬尾來電。初九寅刻到淡水。樺山留兵船名千代田在口外候。並送初七函稱。本委員曾經如約前往淡水。何計在該處兵丁等放鎗要擊。無由進口。乃取道基隆附近將入臺北府。因此特派兵船候貴委員來。即請轉駕此兵船。或與之同航速來會云。方祇得即刻同千代田前往基隆。與樺山接晤。據日船兵官稱。樺山帶兵船四。陸兵二萬已登基隆岸再此電託海關代送去。

寄譯署光緒二十一年五月初十日午刻

劉道含芳佳電。旅順南來民船逃稱。日輪來往。無物不裝。即花盆等微物亦均掠去。惟既不明白交地。但恐日去之後。各局廠所剩之裝修。又被居民殘取。芳現密派蕭永義於月半後搭民船潛往。藏伏民間。俟日去後各處暫雇在旅津民兩人看守。一面將情形派人搭船來稟云。已電飭照辦。

覆煙臺劉道光緒二十一年五月初十日午刻

佳電悉。即照所擬妥慎辦理。宜多派妥人。勿惜小費。已轉電署。

寄譯署光緒二十一年五月十二日申刻

滬局沈道本日申刻電。頃洋報傳單。基隆已失。此戰華兵死者三百人云。

寄譯署光緒二十一年五月十二日酉刻

李經方自上海來電。本日申正平順回滬。臺事交接清楚。甚順手。餘詳續電云。請代奏。

寄譯署光緒二十一年五月十三日辰刻

李經方文電。商辦交接臺灣節略。佳已電自淡水發後。開赴基隆。中正抵基隆口外之海灣名三雕澳。船泊定。樺山請初十巳正相見。屆時往晤樺山云。奉命來臺。以為和約批准。交接甚易。乃伊藤接中國政府電告。臺事棘手。始帶領水陸各軍到淡水後。派小兵輪欲進口知照華官。華兵開砲要擊。故來基隆。又為華兵艙砲轟擊。不得已暫住三雕澳。現陸軍一萬已登岸。日內可取基隆。經方答以奉命照約來此。將與貴委員商辦事件。臺灣如何交接。望先明告。樺山云。諸事棘手。交接甚難。俟我攻取基隆到臺北府後再徐議交接。經方云。和約批准。伊藤自認中國已將臺灣治理事權交與日本。此來照約將堡壘軍器工廠及屬公物件等交與貴委員耳。臺民已變。豈能登岸一一點交。我自馬關回。臥病已久。在滬調治。奉旨力疾前來。此處風濤險惡。不能起立。若候貴委員登岸到臺北府。不知何時。全臺地方甚大。民變非一日可平。恐非數年不能交接清楚。今兩國和好。須按照友誼和衷商辦。不可強我所難。伊云雖然如此。交接事大。不能遷就。辯論至未初。經方昏眩。坐不能定。樺山云。請回船我即來商議。經方為多人扶回。樺山未正來拜。首云。和約批准。願兩國實心和好。永遠不改。答以誠然。伊云。既如此。何以淡水基隆中國兵丁皆放鎗砲要擊。此處復見有華官告示。令軍民人等抗拒。答以和約批准後。大皇帝既派我來臺。帶有全權交接臺灣。且特旨令文武各官陸續內渡。此為兩國實行和好憑據。臺民不服生變。何事不為。淡水開鎗。我未目見。不知虛實。但據貴委員之言。想必團練士兵所為。風聞楊提督等已內渡。其餘文武各官。雖為臺民劫留。未能遵旨一律內渡。民不奉朝命。官久無權。告示皆臺民所為。官豈能過問。辯詰數時。伊云。伊願抗拒各事。如貴委員所說。非官與兵所為。經方復云。交接之事。究竟如何辦理。樺山云。早間所說即是辦法。經方云。固執過甚。似非和衷。樺山云。我甚和衷。但辦事不得不然。今見貴委員病狀顛連。若久留於此。萬有不測。我實疚心。但交接之事。貴委員如何辦法。經方答以照約辦理外無他法。樺山云。須有清單。經方云。非地方官。何從開清單。此時民變。將來平定後。衙署文卷何從查考。終無清單。和約內既無清單字樣。何必多立名目。強我所難。伊云。清單任貴委員如何寫法。總須有此名目。方合款式。經方云。於清單內寫一臺灣全島。澎湖全島之各海口。並各府廳縣所有堡壘軍器工廠及屬公物件。伊云。太含糊。經方云。強我開清單。祇能如此。不然。即請將清單二字刪去。伊見方詞意甚決。始允照辦。樺山又云。由難灣至福建之海線。係臺灣屬公物件。伊須照收。經方云。海線非岸上產業。何能交讓。況海線登岸。非兩國政府議明不能。我未奉命商辦此事。無此權力。且和約內未言及。伊云。既然如此。祇好寫明臺灣至福建海線。應如何辦理之處。俟兩電政府隨後商定。彼此辯論。自未正至酉正始定議。樺山即命其參贊。先將漢文東文清稿交方閱看。其稿措詞尚合和約。因與福士達商酌。福云。此文據但照抄和約。於和約外不增減一事。實為簡明妥洽。非其意料所及。勸方即刻署名蓋印。恐稍遲有變。另生枝節。亥正即彼此署名蓋印。事畢。十一子刻開船。本日申正到滬。感受瘴癘。病益加劇。乞將問答節略核酌代奏。至交接文據。即續鈔電。云請代奏。並交總署備案。

寄譯署光緒二十一年五月十三日巳刻

李經方電稱。交接臺灣文據。大清帝國大皇帝陛下。及大日本帝國大皇帝陛下。為照在下關之所定和約第五款第二條交接臺灣一省。大清帝國大皇帝陛下簡派二品頂戴前出使大臣李經方。大日本帝國大皇帝陛下簡派臺灣總督海軍大將從二位勳一等子爵樺山資紀。各為全權委員。因兩全權委員會同於基隆所辦事項如左。中日兩帝國全權委員。交接光緒二十一年三月二十三日即明治二十八年四月十七日在下之關兩帝國欽差全權大臣所定和約第二款中國永遠讓與日本之臺灣全島及所有附屬各島嶼並澎湖列島。即在英國格林尼次東經百十九度起。以至百二十度止。及北緯二十三度起。至二十四度之間諸島嶼之管理主權。並別冊所示各該地方所有堡壘軍器工廠及一切屬公物件。均皆清楚。為此兩帝國全權委員。欲立文據。即行署名蓋印。以昭確實。光緒二十一年五月初十日。明治二十八年六月二日訂於基隆。繕寫兩分。大清帝國欽差全權委員二品頂戴前出使大臣李經方。大日本帝國全權委員臺灣總督海軍大將從二位勳一等子爵樺山資紀。臺灣全島及所有附屬各島嶼並澎湖列島所有堡壘軍器工廠及屬公物件清單。一臺灣全島澎湖列島之各海口。並各府廳縣所有堡壘軍器工廠及屬公物件。一臺灣至福建海線。應如何辦理之處。

俟兩國政府隨時商定云。乞代奏。又據電稱。交接文據。漢文東文各一分。擬派隨員齎送到津。求咨送總署備案。俟文到即轉咨。

寄譯署光緒二十一年五月十三日戌刻

滬局電洋報傳單。今晨接臺北電。此處大為震動。撫台已逃走。衙門並鄰近之房均被燬。民與兵四處劫掠。西人幸尚無恙。滬尾亦亂云。

寄譯署光緒二十一年五月十四日戌刻

滬局電頃接福州商局電。唐及大小官員。十二夜赴滬尾。擬坐駕時船往申。被兵士扣留。日未進臺北城。大隊往攻滬尾。又聞駕時船被擊云。

寄伯行光緒二十一年五月十四日酉刻

總署電。本日奉旨。李鴻章三電均悉。臺事既經李經方與樺山交接清楚。立有文據。此後臺灣變亂情形。即與中國無涉。應由李鴻章電知伊藤。以為了結此事之據。至海線如何辦理。應飭電局豫為籌議。以備隨後商定。前派李鴻章王文韶為全權大臣。與日使商辦事件。該使有無來津消息。並著探明電聞。欽此。擬俟林董至津告知。但林尚無起程確信。

寄譯署光緒二十一年五月十五日巳刻

滬電。閩局戌刻電唐坐駕時至滬尾。砲臺攔截。德兵船開砲擊。得脫去。臺北焚藥局。斃百餘。人日尚未進臺北城云。

寄伯行光緒二十一年五月十五日午刻

頃接伊藤十四日申正來電。李中堂閣下。林董已於昨日乘本國兵船由橫濱起程赴任。本大臣求託閣下。於林大臣到津時。賜予優待幫助。庶於奉使本旨得有裨益。本大臣曷勝心感預謝之至。當即電覆以西六月初六日即中五月十四日來電收到。林董大臣已起程赴任。到津時自必優待。遇事幫助以敦友誼。而副尊屬。臺灣亂變情形。前已屢次電聞在案。李經方初九日到基隆海灣。與樺山提督會商。蒙其格外照料體諒。即日互立文據。將臺灣一切事宜照約交接清楚。以後治理地方之權。係貴國政府責任。應由樺山自行妥辦。即與中國無涉。想貴大臣必已聞知。至林董駐京。原為辦理中國政府前電所陳各案。可先在津商辦。昨奉上諭。派李鴻章王文韶為全權大臣。與日本使臣商辦事件。欽此。林大臣自不必先行進京。本大臣病假將滿。當會同署督王大臣遵旨款留。與之和衷妥商辦理。請貴大臣迅即電知林大臣遵照為要云。已電署請代奏。

覆譯署光緒二十一年五月二十三日酉刻

日使林董本日申刻到津。派羅道豐祿往晤。據稱齎有國書。留津四五日即赴京。約二十四上午來謁。晤時商定再國聞。

寄譯署光緒二十一年五月二十四日辰刻

滬局養電。駕時昨夜到。停商局北棧江中。遣人到該船詢。據水手說唐由此船來。昨夜即上岸。不知何往。至日之入臺由土人引。從基隆後荒僻之徑搭橋渡一小河而進。又由某秀才等自基隆引到臺北。日兵僅二百名。先時兵勇搶掠。及日兵到。即不搶。駕時自淡水開駛。由撫署來銀三萬五千兩。為大砲臺所見。即向駕時開砲。該船係掛德旗。改名益達。德商經理。德兵船遣人到砲臺詢以何故。砲臺答以三個月無餉。現忽有銀裝出故擊之。德兵船即飭將銀送交砲臺。半途已搶失數千。旁有一土砲臺仍未得銀。復向駕時連擊五砲。中二。傷數人。日送粵勇到廈。琛航裝往廣東云。

國家圖書館出版品預行編目資料

近代中日關係研究. 第一輯：甲午戰爭外交秘錄 / 陸奧宗光編者 /
陳鵬仁譯著. -- 初版. -- 臺北市：
蘭臺出版社, 2021.05
冊；　公分-- (近代中日關係研究第一輯；3)
ISBN 978-986-99507-3-2(全套：精裝)
1.中日關係 2.外交史
643.1　　　　109020145

近代中日關係研究 第一輯 3

甲午戰爭外交秘錄

編　　者：陸奧宗光
譯　　者：陳鵬仁
主　　編：沈彥伶、張加君
編　　輯：盧瑞容
美　　編：陳勁宏
封面設計：陳勁宏
出 版 者：蘭臺出版社
地　　址：台北市中正區重慶南路1段121號8樓之14
電　　話：(02)2331-1675或(02)2331-1691
傳　　真：(02)2382-6225
E—MAIL：books5w@gmail.com或books5w@yahoo.com.tw
網路書店：http://5w.com.tw/
https://www.pcstore.com.tw/yesbooks/
https://shopee.tw/books5w
博客來網路書店、博客思網路書店
三民書局、金石堂書店
經　　銷：聯合發行股份有限公司
電　　話：(02) 2917-8022　傳 真：(02) 2915-7212
劃撥戶名：蘭臺出版社　帳號：18995335
香港代理：香港聯合零售有限公司
電　　話：(852)2150-2100　傳真：(852)2356-0735
出版日期：2021年5月 初版
定　　價：新臺幣12000元整（精裝，套書不零售）
ISBN：978-986-99507-3-2